13가지 죽음

13
가지 죽음

어느 법학자의 죽음에 관한 사유

●

이준일 지음

지식프레임

죽음을 법 앞에 세워야 할 이유

결혼하지 않은 채 혼자 살던 처남이 겨우 쉰의 나이에 지병으로 세상을 떠났다. 화장터에서 돌아오던 날, 늙은 장모는 눈물도 없이 아들이 혼자 살던 좁은 아파트로 달려가 생전에 사용하던 물건들을 정리해 태워버렸다. 말 그대로 '한 줌의 재'가 된 아들이 기억날까봐 무덤도 만들지 않았다.

죽음은 한 사람의 모든 흔적을 마치 처음부터 존재하지 않았던 듯 되돌려놓았다. 이제 남은 것이라고는 사람들의 머릿속에 새겨진 그에 관한 추억뿐이다. 죽음은 아무것도 남기지 않는 '허무'였고, 인간이 극복할 수 없는 '한계'였다. 유족들은 말로 표현할 수 없는 슬픔을 느꼈고, 동시에 언젠가 찾아올 자신들의 죽음에 대해 생각했다.

2014년 4월, 수백 명의 승객을 태우고 진도 앞바다를 달리던 여객선이 침몰했다. 대책 없이 갈팡질팡하던 해경과 정부는 수학여행을 떠났던 어린 학생들을 포함한 수많은 시민들을 구조하지 못한 채 수

장(水葬)시키고 말았다. 사람의 안전이나 생명은 안중에 없고 오로지 이윤만을 추구한 탐욕스러운 해운회사와 재난 앞에서 아무런 대책도 내놓지 못한 무능한 정부가 무고한 시민들을 억울한 죽음으로 내몰았다. 죽은 사람들의 억울함은 유족들에게 가슴 깊은 원한으로 새겨졌다. 죽음은 저항할 수 없는 폭력이었고, 우리는 죽어가는 사람들을 목전에 두고도 아무것도 하지 못하는 무능함을 목격해야 했다.

죽음의 폭력 앞에서 유족들을 포함한 한국 사회는 참을 수 없는 분노를 느꼈다. 세월호 참사를 목격한 많은 사람들은 "잊지 않겠습니다"라는 말을 되뇌며 그 분노를 다시는 이런 희생이 없도록 하는 각성의 계기로 삼겠다고 다짐했다.

죽음은 때로는 '실존적 운명'으로, 때로는 '사회적 폭력'으로 인간에게 다가온다. 그리고 어느 경우든 인간에게 끊임없이 질문을 던진다. 죽음은 당사자에게 삶의 마지막 과정이면서, 남은 사람의 삶에도 영향을 미치는 사건이다. 지금 당장 나의 일이 아닐지는 몰라도, 언젠가는 반드시 찾아올 일이다. 그래서 인간이라면 누구나 죽음에 대해 고민할 수밖에 없다.

인간의 삶을 규율하는 법은 죽음까지도 규율해야 할 책임이 있다. 물론 거기에는 철학적·종교적·윤리적·의학적 성찰이 담겨야 하기에 순수한 의미의 법학적 통찰만으로 죽음을 규율할 수는 없다. 그렇지만 법은 공동체의 권위를 대표하는 결정으로서, 죽음과 관련한 많은 쟁점에 대해 최종 결정을 내린다. 죽음에 대한 법학적 사유가 중요한 이유가 여기에 있다. 이 책은 법이 우리 사회의 죽음을 어떻게 규율하는지를 살펴봄으로써, 죽음이 가지는 다양한 의미들을 검토하고자 기획됐다.

　죽음은 지금 이 세상(이승)에서의 마지막을 의미한다. 종교적 신념에 따라 부활이나 내세를 믿든 윤회나 다음 생을 믿든 이 사실은 변하지 않는다. 톨스토이(Lev N. Tolstoy)의 소설 《이반 일리치의 죽음》에서 죽음을 앞둔 이반 일리치는 말한다. "난, 내가 조금씩 조금씩 산을 내려오는 것도 모르고 산 정상을 향해 나아간다고 믿고 있었던 거야. 정말 그랬어. 세상 사람들이 보기엔 산을 오르는 것이었지만, 실은 정확히 그만큼씩 내 발밑에서 진짜 삶은 멀어져 가고 있었던 거지. 그래, 이제 다 끝났어. 죽는 일만 남은 거야!" 그의 말대로 죽음은 인간이 삶의 끝자락에서 경험하는 고통과 상실의 순간이다. 죽음이 슬프고 안타까운 사건이 되는 이유는 아마 그것이 최후라는 사실 때문일 것이다. 누구나 한번쯤은 죽음에 대해서 숙고하지만, 어느 누구도 쉽게 죽음을 선택할 수 없는 까닭이 여기에 있다.

　수많은 사람들이 죽음을 넘어서려고 했지만 누구도 죽음을 피할 수는 없었다. 세상의 부와 권력을 다 가지고 모든 것을 할 수 있을 것 같았던 사람도 죽음 앞에서는 무력한 존재가 되고 만다. 숙명으로 받아들여야 할 죽음 앞에서 인간은 허무와 절망에 괴로워한다. 죽음은 인간이 넘을 수 없는 한계라는 점에서 인간의 유한성을 가장 잘 표상한다. 까뮈(Albert Camus)가 적절하게 표현했던 것처럼 죽음은 평생을 따라다니는 "어두운 바람"과도 같다.[1] 이 죽음의 바람을 누구도 피할 수 없다는 점에서 모든 사람은 평등하다. 죽음의 '일회성'과

프롤로그

'불가피성'은 인간으로 하여금 죽음을 운명으로 받아들이게도 하고, 숙연하게 만들기도 한다.

하지만 살아있는 사람들에게 죽음은 여전히 멀게만 느껴진다. 그렇기에 많은 사람들은 아직 죽음에 대해 고민해야 할 이유가 없다고 생각하며, 그런 고민을 무섭고 불편한 것으로 여긴다.

죽음은 인간에게 두려움의 대상이기도 하다. 그래서 아무리 다른 사람의 생명을 구하기 위해서라고 해도, 기꺼이 자신의 목숨을 희생하는 일은 쉽지 않다. 죽음을 내세운 협박 앞에서 단호하게 저항할 수 있는 사람 또한 많지 않다. 예수 같은 신적(神的) 존재도 십자가형으로 죽을 운명에 처했을 때는 두려움을 느꼈다.[2] 하물며 평범한 사람들에게 죽음은 '공포'의 대상일 수밖에 없다.

이렇게 두렵기만 한 죽음은 충분히 예측하고 대비할 수 있을 정도로 자연스럽게 다가오기도 하지만 예상하지 못한 순간에 갑작스럽게 들이닥치기도 한다. 어느 날 불쑥 의사로부터 불치병을 통보받기도 하고, 교통사고처럼 예기치 못한 사고를 당하기도 하며, 범죄의 희생양이 되어 느닷없이 죽음을 맞기도 한다. 재난이나 전쟁은 자주 일어나지는 않지만 한 번 발생하면 커다란 규모로 많은 사람들을 뜻밖의 죽음으로 몰아넣는다.

그런데 이런 죽음들에는 지금까지 말한 죽음의 일반론과 구분되는 한 가지 공통점이 있다. 바로 그것이 누구에게나 일어나는 불가피한 일회성의 사건이 아니라, 유독 나에게 벌어진 '충분히 피할 수 있었던 사건'이라는 점이다. 어떤 죽음은 궁극적으로 피할 수는 없지만 미룰 수 있는 사건이 될 수도 있다. 암을 예방할 수 있는 운동을 하고 몸에 좋은 음식을 섭취하거나, 교통사고에 대비해 졸음운전을 자제하고 음주운전을 하지 않거나, 범죄를 예방하기 위해 대책을 세우거나, 재난이나 전쟁에 대비하는 것. 인간은 이렇게 죽음에 저항하고, 죽음과 싸우며, 죽음의 시점을 유예하여 생명을 연장하고자 한다.

더 나아가 인간은 인공호흡기나 영양공급기 같은 '생명연장장치'를 만들어 의식이 없는 식물인간의 생명까지도 유지하고자 한다. 심지어 생명연장의 꿈은 물리적 차원을 넘어 정신적이고 영적인 차원으로 확대되기도 한다. 인간은 사람들에게 영원히 기억되기 위해 치열한 삶을 살아내며 이 세상에 자신의 흔적을 남기고자 한다. 또 영원불멸의 삶을 꿈꾸며 종교에 귀의하여 절대자에게 의지하는 사람들도 적지 않다.

이렇게 죽음은 인간의 삶을 구성하는 데 있어 중요한 자리를 차지한다. 죽음은 인간이 타인과 맺는 개인적·사회적 관계에 영향을 미치는 사건이다. 또 그 죽음이 남은 사람들에게 어떻게 받아들여지는가는 그 사회의 생명 존중 문화와도 관련이 있다. 법은 인간의 삶이 타인의 삶 혹은 공동체의 가치와 관계될 때 그 자리에 개입한다. 그래서 죽음에 대한 법적 개입은 불가피하다.

죽음에 대한 법과 국가의 개입은 죽는 순간까지 자유롭지 못한 인간 실존의 한계를 보여주기도 한다. 하지만 한 사람의 죽음을 법 앞에 세운다는 것은 인간의 존엄에 대한 '최후의 예우'를 의미한다. 인간 존엄의 궁극적 완성은 '존엄한 죽음'에 있기 때문이다. 존엄하게 죽을 권리를 보장하는 것은 죽음의 원인을 규명하고 죽음의 의식을 규율하는 사후적 차원뿐 아니라 죽음의 여부를 결정하고 그 방법을 선택하는 사전적 차원까지 포함된다.

그래서다. 죽음에 관한 법학적 사유는 기본적으로 죽음에 대한 근본적인 이해, 다시 말해 철학적·종교적·윤리적, 그리고 의학적 해석으로부터 출발해야 한다. 죽음에 대한 법의 의미는 죽음 그 자체를 이해하고, 삶 속에서 그 의미를 성찰한 후에야 비로소 규명될 수 있다. 법은 한 사회가 공유하는 최소한의 윤리로서 자연사의 '실존적 의미'뿐 아니라 사고·자살·범죄 등 외부 원인으로 인한 죽음(변사)의 '사회적 의미'까지 두루 아우른다.

여기서는 죽음의 유형에 따라 그 기준과 의미를 검토하고, 그에 관한 법적 쟁점들을 차례로 논의해보기로 한다. 이 책을 읽는 많은 사람들이 죽음에 대한 법학적 사유, 곧 삶에 대한 성찰을 끝까지 끌고 나갔을 때 마주하게 되는 구체적인 죽음의 풍경과 그것을 대하는 개인과 사회의 반성적 태도를 한 걸음 가까이서 바라볼 수 있기를 기대한다.

Jurisprudential Thoughts on Death

Contents

일러두기

1. 단행본은《 》, 단편소설을 비롯해 회화, 영화 및 언론 매체의 제호는 〈 〉로 표기하였다.

2. 미주는 저자의 것이며, 각주는 편집자가 단 것이다.

3. 법령과 판례는 경우에 따라 맞춤법을 따르지 않고 그대로 실었다.

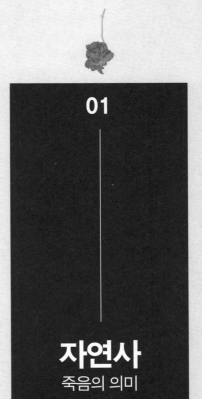

01

자연사
죽음의 의미

어쩌면 바로 이것이 어쩔 수 없이 나를 그들로부터 다시 갈라놓는 점이었다.
그들은 현재 자신들의 모든 노력이 완수될 미래를 지향하며 살고 있었다.
그런데 내게 미래는 낯설고 증오스러운 시간이었다.
마리안이 죽을 그 시간,
우리의 삶이 시대의 바다 속에 삼켜져
쓸모없이 버려진 것으로 내게 나타날 그 시간,
그리고 그 시간 역시 자기 차례가 되면 삼켜지도록 운명 지어져 있는,
쓸모없이 버려질 시간이었다.

– 시몬 드 보부아르(Simone de Beauvoir), 《모든 인간은 죽는다》 중에서

영생을 믿었던 중세 사람들은 죽음을 두려워하지도, 현세에 집착하지도 않았다고 한다. 그런데 중세 후기에 들어 사람들은 준비되지 않은 상태에서 맞아야 하는 죽음을 두려워하고, 그 부조리함을 고발하기 시작했다. 죽음을 대하는 중세인의 태도가 변하게 된 데는 당시 유럽에 널리 퍼졌던 인본주의도 한몫을 했다.

14세기 이탈리아 르네상스를 이끌었던 프란체스코 페트라르카(Francesco Petrarca)의 장시 〈개선(Trionpi)〉 중 '죽음의 승리'는 죽음 앞에 선 인간의 숙명을 그리고 있다. 이 작품에서 죽음의 신 모르스는 페트라르카의 연인이었던 라우라의 죽음이 목전에 다가왔음을 알린다. 라우라는 그날 밤 슬픔에 잠긴 페트라르카의 꿈에 나타나 죽음을 두려워하지 말라고 말한다.

〈개선〉은 르네상스 예술에 커다란 영향을 미쳤고, 특히 '죽음의 승리'에 영감을 받은 화가들은 비슷한 주제로 다양한 작품을 남겼다.

〈죽음의 승리〉 1503
프란체스코 페트라르카의 장시 〈개선〉의 프랑스어판 삽화. 죽음의 신이 시신이 실린 우마차를 타고 발 아래로 낫을 휘두르고 있다.

프랑스 국립미술관에 소장된 동명의 회화 〈죽음의 승리〉에는 운명의 바퀴 아래 신분이나 나이에 상관없이 죽음을 숙명으로 받아들여야 하는 인간의 모습이 인상적으로 묘사되어 있다.

하이데거(Martin Heidegger)는 인간을 "죽음을 향해 가는 존재(Sein zum Tode)"라고 말하며 죽음을 미래의 사건으로 설명했다. 하이데거가 말하는 죽음은 '사망(Ableben)'과는 구분되는, 삶의 일부로서의 죽음이다. 그에 따르면 죽음은 현존재가 살아있는 한 여전히 가능성으로만 존재한다. 하지만 자신이 존재한다는 사실, 즉 실존에는 그 자체로 죽음의 가능성이 포함되어 있다. 현존재는 죽음을 은폐하지 않고 죽음의 가능성을 성찰함으로써 자신의 고유한 존재를 이해하고 자유롭게 삶을 정초(定礎)할 수 있다.

그러나 인간은 죽음을 생각하면서 미래를 기획할 수 있는 존재가 아니라 죽음 앞에 아무것도 할 수 없는 존재이기도 하다. 죽음은 우리 모두가 직면한 현재의 사건이며 폭력이다. 레비나스(Emmanuel Levinas)는 죽음 앞에 선 인간의 절망적 한계를 역설했다.

죽음은 우리가 그에 대해 아무것도 할 수 없는 현실, 즉 그에 대해 우리의 권력이 충분하지 못한 현실을 알려주는 것이 아니다. 우리의 힘을 넘어서는 현실들은 이미 빛의 세계 안에서 스스로 나타난다. 죽음의 접근에서 중요한 것은 우리가 특정한 순간부터 할 수 있음을 더 이상 할 수 없다는 점이다. 바로 여기에서 주체는 주체로서 자신의 지배를 상실하게 된다.[1]

죽음의 필연성은 동양철학에서도 중요한 화두였다. 장자(莊子)의 도가사상에 영향을 미친 양주(楊朱)는 세상의 만물이 삶에서는 서로 다르지만 죽음에서는 모두 같다고 보았다.[2] 누구나 살아있을 때는 부유하거나 가난하고, 현명하거나 어리석어 차이가 있을지라도 죽으면 모두 썩고 소멸되어 같아진다는 것이다.

하루하루 숨을 거두는 사람이 수없이 많고 그들의 처지도 모두 다르지만, 죽음이 '인생의 끝'을 의미한다는 점은 누구에게나 동일하다. 두 개의 목숨을 가진 사람은 없고, 영원한 목숨을 가진 사람도 없으므로 태어난 사람은 반드시 죽어서 소멸해야 하는 것이 인간의 숙명이다. 아무리 불멸과 영생을 꿈꾼다고 해도 언젠가는 반드시 세상에서 사라져 더 이상 존재하지 않게 되는 것이 인간이다.

실존의 끝, 죽음

통계청 자료에 따르면 1990년부터 최근까지 대한민국에서는 매년 24만~26만여 명 정도가 사망하는 것으로 나타난다.* 하루 평균 사망자수로 계산해보면 해마다 조금씩 차이는 있지만 이 세상을 떠나는 사람이 매일 700명 정도다. 세계 최대 항공기 제작사인 보잉의 항공기 가운데 승객을 가장 많이 태울 수 있는 '777-300ER'의 좌석이 338석이니까 매일 두 대의 보잉777기가 저 세상으로 날아가는 셈이다.

---

* 부록 [표1] 사망자수 및 조사망률 추이 참조.

《죽음이란 무엇인가》의 저자 셸리 케이건(Shelly Kagan)의 말처럼 사람은 죽음으로 인해 "살면서 얻을 수 있는 좋은 것들"을 더 이상 누릴 수 없게 된다. 그렇기에 죽음은 결핍이고 고통이며, 따라서 '나쁜 것'이다.[3] 그뿐인가. 산 자와 죽은 자는 서로를 다시는 만날 수 없다. 죽음은 사랑하는 사람과의 이별을 뜻하며, 모든 죽음은 그래서 슬픔이고 회한일 수밖에 없다.

물론 죽음에 대해 대화를 나누고 성찰을 공유함으로써 우울함보다는 유쾌함이나 즐거움을 얻을 수 있다는 견해도 있고, 그것이 틀린 것도 아니다.[4] 하지만 아무리 천수(天壽)를 다하고 세상을 떠나는 사람이라고 해도 그의 죽음 앞에서 웃음을 보이며 기뻐할 수는 없다. 영혼이나 사후 세계를 믿는 사람이라고 하더라도 망자를 앞에 두고 노래 부르며 축하하지는 못한다. 태어나자마자 숨을 거두는 신생아나 요절한 청년을 보면 활짝 피어보지도 못하고 지는 꽃을 보는 것 같은 아쉬움에 더 큰 슬픔을 느끼지만, 호상(好喪)이라 부르는 노인의 죽음 앞이라고 해서 눈시울이 뜨거워지고 가슴이 먹먹해지지 않는 것은 아니다.

세상과의 영원한 이별을 의미하는 죽음은 많은 사람들에게 공포로 다가오기도 한다. 죽으면 더 이상 세상에 존재하지 않게 된다. 숨을 쉬고 움직이며 생각하고 느끼던 존재가 세상에서 영원히 사라지는 것이다. 그래서 죽음을 눈앞에 두고 공포나 불안을 느끼지 않는 사람은 흔치 않다. 하이데거의 지적처럼 '죽음을 향해 가는 존재'로서 인간은 염려(Sorge)와 불안(Angst)의 존재일 수밖에 없다.[5]

구스타프 클림트 〈죽음과 삶〉 1910
죽음의 신이 아직 살아있는 사람들을 바라보고 있다. 죽음이 노리는 생명은 모든 세대와 인종을 아우른다.
산 자들은 죽음을 의식하지 않는 듯이 눈을 감고 있거나 평온한 표정이다. 〈죽음과 삶〉의 순환 구도는 개인
적 차원의 죽음이 아닌 '생(Life)' 자체의 알레고리를 보여준다.

하지만 죽음이 아무리 두렵다고 해도 다른 사람으로 하여금 나의 죽음을 대신하게 할 수는 없다. 설령 그럴 수 있다 할지라도 그 희생은 나의 죽음을 잠시 유보하는 것일 뿐 영원히 미루는 것은 아니다. 또 유예된 죽음의 당사자 역시 살아났다는 안도감보다는 오히려 그 자리에 있어야 할 자신의 죽음을 보며 "나도 죽을 수 있다"는 두려움을 갖게 된다.

톨스토이(Lev N. Tolstoy)의 소설 《이반 일리치의 죽음》에서 이반 일리치의 장례식을 찾은 그의 친구 표트르는 죽은 이반 일리치를 통해 자신의 죽음을 생각한다. 죽음이 두렵긴 하지만 아직은 자신에게 도래하지 않았다는 사실에 안심하는 그의 모습은 인간이 가까운 사람의 죽음을 바라보며 느끼는 감정을 사실적으로 묘사하고 있다.

세상에, 사흘 밤낮을 끔찍한 고통에 시달리고 나서야 겨우 숨을 거두다니! 사실 언제든, 아니 지금 당장이라도 나한테 똑같이 닥칠 수 있는 일이잖아. 이런 생각이 들자 순간 그는 두려움에 사로잡혔다. 하지만 어찌 된 조화인지 거의 동시에 '이건 이반 일리치에게 일어난 일이지 나한테 일어난 일이 아니야.'라는 지극히 평범한 생각이 그를 안심시키는 것이었다.[6]

표트르에게서 볼 수 있는 것처럼 사실 타인의 죽음은 곧 '살아있음'에 대한 안도로 바뀌기도 한다. 프로이트(Sigmund Freud)는 인간의 이러한 심리를 조금 과장되게 표현하고 있다.

사실 우리 자신의 죽음을 상상하는 것은 불가능하고, 우리가 자신의 죽음을 상상하려고 할 때마다 실제로는 여전히 관찰자로서 여기에 존재하고 있다는 사실을 깨닫게 된다. 그러므로 심리분석학에서는 과감하게도 다음과 같이 주장할 수 있다. 어느 누구도 마음속으로는 자신의 죽음을 믿지 않는다. 혹은 달리 말하면, 우리 모두는 무의식 속에서 자신의 불멸을 확신하고 있다.[7]

하지만 프로이트의 주장과 달리 불멸에 대한 확신이 죽음의 두려움을 완전히 제압했다고 보기는 어렵다. 의식의 차원에서 죽음에 대한 불안감과 죽지 않았음에 대한 안도감이 공존하는 것처럼 무의식의 차원에서도 불멸에 대한 확신과 함께 죽음에 대한 상상이 공존하기 때문이다. 이런 점에서 프로이트가 후기에 '죽음에 대한 상상', 즉 죽음 충동(Todenslieb)에 주목하며 인간 정신의 깊숙한 곳에 내재하는 파괴적 성향을 드러내고, 삶을 "쾌락"이 아닌 "죽음 충동과의 투쟁"으로 정의한 것도 놀랄 만한 일은 아니다.

죽음의 색깔은 모두 다르다

인생이 한 번 더 주어질 수만 있다면 추가로 주어진 한 번의 인생쯤은 본능과 욕망을 따라 살 수 있을지도 모른다. 하지만 오로지 한 번만 살 수 있는 인생이기에 후회 없는 삶을 위해서 우리는 살아있는 동안 모든 결정과 행동에서 진지하고 신중할 수밖에 없다. 죽음이 삶에 대해 가지는 의미는 이것이다. 죽음이라는 인생의 종착점이 있기에 사람들은 단 한 번 주어진 삶에 끊임없이 의미와 동기를 부여하고, 후회 없는 죽음을 위해 열정을 다해 살아간다. 무라카미 하루키(村上 春樹)는 이를 작품에 대한 열정으로 표현하기도 했다.

> 언제나 그렇다. 언제나 같다. 소설을 쓰면서 나는 죽고 싶지 않다, 죽고 싶지 않다, 죽고 싶지 않다, 라고 계속 생각한다. 적어도 그 소설을 무사히 끝마칠 때까지는 절대로 죽고 싶지 않다. 이 소설을 완성하지 않은 채 도중에 죽게 되는 것을 생각하면 나는 눈물이 나올 정도로 분하다. 어쩌면 이것은 문학사에 남을 훌륭한 작품은 되지 않을지도 모른다. 하지만 적어도 이것은 나 자신이다. 좀 더 극단적으로 말하면 그 소설을 완성시키지 않으면 내 인생은 정확하게는 이미 내 인생이 아닌 것이다.[8]

우리는 살면서 여러 번의 기회를 만난다. 그런데 그때마다 매번 최선을 다하는 이유는 이번 기회를 마지막으로 세상을 떠나게 될지도 모른다는 염려와 불안 때문이다. 사람이 만약 영원히 살 수 있다면 굳이 오늘 하루 최선을 다해 살아야 할 이유나 동기를 발견하기 어려울 수도 있다. 오늘은 새털처럼 수많은 날들 가운데 하루에 지나지 않으므로 해야 할 일도 내일로 얼마든지 미룰 수 있을 것이다. 하지만 그렇게 되면 인생은 오히려 지겹고 무의미한 것으로 느껴지지 않을까.

인간은 언젠가는 다가올 죽음을 알면서도 죽지 않을 것처럼 산다.

기계적이고 습관적으로 돌아가는 일상으로 도피하면서 매일 "사슬 속으로 귀환"한다. 거대한 바위를 산꼭대기까지 끊임없이 굴려야 하는 '시지프'처럼 오늘도 우리는 "부조리한 영웅"이 되어 죽음과 싸우며 치열하게 살아간다.[9] 삶이 아무리 지겹고 지루해도, 구차하고 비루해도, 심지어 힘겹고 고통스러워도 우리는 죽음을 선택하는 대신에 하루하루를 꾸역꾸역 살아간다. 때로는 권태에 못 이겨 더 살고 싶지 않은 마음이 들다가도 살아있음에 감사할 수 있는 것은 그래도 살아서 숨 쉬는 것이 죽어서 사라지는 것보다 의미 있다고 여기기 때문이다.

물론 아무리 계산해 봐도 죽음을 선택하는 것이 오히려 현명한 적자인생이라고 생을 비관하는 사람도 있을 수 있다. 그렇더라도 차마 죽지 못하는 이유는 삶이 더 의미 있어서라기보다 죽음의 공포가 훨씬 커서일 수도 있다. 심지어 도대체 삶의 의미라고는 찾을 수 없는, 왜 사는지를 알 수 없는 죽어 마땅한 파렴치한들도 존재한다. 따라서 누구에게나 삶이 죽음보다 무조건 의미 있다고 말할 수는 없다.

중요한 것은 죽음보다 삶을 선택하고, 그런 삶이 의미 있는 것이 되도록 삶의 방식을 결정하는 데 있다. 어떻게 살았느냐에 따라 죽음의 의미는 완전히 달라질 수 있다. 어차피 죽기 때문에 언제 죽든, 죽는 날까지 어떻게 살든 상관없는 사람의 죽음과 하고 싶고 해야 할 일들을 다 이뤄서 죽어도 여한 없는 날에 비로소 스스로 떳떳하게 죽음을 맞이하는 사람의 죽음은 다르다. 세상 속으로 내던져졌다고 해서 아무런 책임감도 없이 나약하고 무기력하게 살아가는 것이 아니라, 어차피 세상에 던져졌으니 스스로 삶의 의미를 찾고 만들어냄으로써 자신의 실존에 책임을 지는 존재가 될 때 삶은 비로소 죽음보다 더 가치 있다고 말할 수 있을 것이다.

죽음은 부정하고 회피한다고 해서 사라지지 않는다. 오히려 죽음을 인정하고 대면할 때 우리는 죽음으로부터 삶의 의미를 찾을 수 있다. 니체(Friedrich W. Nietzsche)의 말처럼 죽음을 두려워하지 않고, 죽음을 당당하게 맞이하기 위해서는 "삶을 완성시키는 자"가 되어야 한다.[10]

순수한 자연사는 20%에 불과하다

죽음이 사람마다 각각 다른 의미로 다가오는 것처럼 사람이 사망하는 원인도 다양하다. 그 가운데 사람들이 가장 원하는 죽음은 수명을 다하여 죽는 '자연사'다. 사람들은 왜 자연사를 원하는 것일까? 자연사는 천수를 누린 죽음이기 때문에 장수를 바라는 대부분의 사람이 가장 원하는 죽음이다. 또 나이 들어 고통 없이 죽는 것을 뜻한다는 점에서 자연사는 고통 없는 죽음을 소망하는 사람들이 바라는 죽음이기도 하다.

하지만 자연사의 의미는 생각처럼 단순하지 않다. 장수에 대한 꿈은 사실 영생에 대한 꿈이기도 하다. 때문에 생각을 달리하면 죽지 않고 영원히 살기를 바랐던 사람에게 자연사는 오히려 원하지 않지만 받아들여야만 하는 죽음일 수 있다. 반대로 세상에는 장수를 원하지 않는 사람들도 있을 것이다. 그들에게는 자연사가 부득이한 삶의 연장일 수도 있다. 수명과 별개로 고통 없는 죽음에 있어서도 자연사가 유일한 답은 아니다. 안락사도 고통 없는 죽음을 선사하기 때문이다. 결국 자연사는 당사자가 억울하지 않은 죽음이라는 점에서, 살아 있는 사람이 부채의식을 느끼지 않아도 되는 죽음이라는 점에서만 의미가 있다.

그런데 과연 많은 사람들이 원하는 자연사가 흔하게 일어나는 일일까? 아무런 질병에도 걸리지 않은 채 나이 들어 세상을 떠나는 순수한 자연사가 얼마나 어려운지를 보여주는 통계가 있다.

통계청의 '사망원인통계'는 사망원인을 신생물(각종 암), 내분비 및 대사성 질환(당뇨병 등), 순환기계통 질환(고혈압, 심장질환, 뇌혈관질환 등), 호흡기계통 질환(폐렴, 만성하기도 질환 등), 소화기계통 질환(간질환 등), 사망의 외부요인(운수사고, 추락사고, 익수사고, 화재사고, 중독사고, 자살, 타살 등)으로 분류한다.[*] 2012년의 경우 인구 10만 명당 순수한 자연사는 20퍼센트 정도에 불과했다. 이처럼 대부분의 사람들은 암을 포함한 질병이나 사고, 자살로 숨지기 때문에 나이가 들면 불가피하게 걸리는 질병을 고려한다고 해도 순수한 자연사는 한낱 '인간의 꿈'에 불과할지도 모른다.

다만 충분한 영양공급과 청결한 위생상태, 쾌적한 환경을 통해 인간의 수명은 연장될 수 있다. 한국인의 기대수명은 2003년에 77년에서 2012년에 81년으로 4년이 늘어났다. 이렇게 수명이 연장되면 죽음보다는 노년에 대한 고민이 앞서지만 그럼에도 불구하고 수명

[*] 부록 [표2] 사망원인 및 사망원인 순위 참조.

을 연장하려는 인간의 꿈, 심지어 영원히 살고 싶은 인간의 욕망은 여전히 현재진행형이다.

극히 예외적인 경우를 제외하면 수명을 늘려 건강하게 오래 사는 것은 모든 인간의 꿈이다. 그렇다면 국민을 위한 최대의 복지는 수명 연장이라고 해도 과언이 아니다. 국가는 복지 증진을 통해 인간의 수명을 연장해야 하고, 수명이 늘어난 만큼 삶의 질을 높이기 위한 제도적 장치들도 강화해야 한다. 그렇지 않으면 단지 길어졌을 뿐인 삶은 얼마든지 고단하고 불행한 것이 될 수 있다.

조나단 스위프트(Jonathan Swift)의 《걸리버 여행기》에 등장하는 영원히 죽지 않는 사람들, '스트럴드블럭'의 삶은 이런 상상을 구체적으로 보여준다. 걸리버는 죽음에 대한 불안과 공포로부터 해방된 스트럴드블럭을 부러워한다. 하지만 정작 그들은 오히려 영원한 생명을 갖게 되었을 때 과연 어떤 일을 하며 어떻게 살아가야 하느냐고 반문한다. 스트럴드블럭은 80세에 이르면 법적으로 죽은 것으로 간주되어 즉시 재산을 상속자에게 물려줘야 한다. 그들은 항상 질병을 달고 살지만 그 질병은 나을 수 있는 것이 아니다. 기억력이 떨어져 사물의 명칭이나 사람의 이름도 쉽게 잊어버리고, 친한 친구나 가족들의 이름조차 기억하지 못하게 된다. 책을 읽어도 앞의 내용을 잊어버려 독서의 즐거움도 누릴 수 없다. 스트럴드블럭은 세대 간에 서로의 말을 잘 이해하지도 못할 뿐만 아니라 2백 년이 지나면 몇 마디의 기본적인 단어를 제외하고는 사람들과 대화를 나눌 수도 없다.

스트럴드블럭을 보면서, 영원한 생명에 대한 나의 욕

망이 많이 줄어들었다는 것을 독자들은 쉽게 알 수 있을 것이다. 영원한 생명에 대하여 가지고 있던 몇 가지의 즐거운 상상들이 나를 부끄럽게 만들었다. 내가 스트럴드블럭과 같은 생활을 하게 된다면, 아무리 무서운 사형법이 있더라도 나는 그것을 달게 받아들이겠다고 생각하였다.**11**

삶의 질 향상이 국가의 과제라면 같은 맥락에서 국가는 죽음의 질도 제고하도록 노력해야 한다. 죽음에 대한 국민의 관심은 날로 높아지고 있다. 국가는 이런 맥락에서 어떤 시대적 요구를 읽어낼 필요가 있다. 다시 말해 국가는 모든 사람이 죽음에 관해 거리낌 없이 이야기하고, 편안한 죽음을 맞이하게 준비할 수 있도록 지원해야 한다. 또 죽음을 선택하여 삶이 주는 수많은 좋은 것들을 포기하지 않도록 개인을 돌봐야 한다. 죽음의 의미에 대하여 교육하고 상담해주는 것은 그래서 중요하다.

죽음은 더 이상 두려움과 공포의 대상으로 이야기하기조차 꺼려지는 주제여서는 안 된다. 오히려 언젠가는 반드시 찾아와 맞닥뜨려야 하는 숙명적 사건이라는 점에서 죽음은 모두가 기꺼이 이야기할 수 있는 주제여야 한다.

물론 죽음을 이야기한다고 해서 죽음과 쉽게 친해질 수는 없다. 하지만 적어도 죽음이 삶의 한 과정으로 수용될 수는 있을 것이다. 이렇게 죽음이 인생의 종착점으로서 삶의 영역으로 편입되면, 사실 그 효과는 죽음 자체에 그치지 않는다. 우리는 죽음을 통해 삶을 전체적으로 조망함으로써 삶에 대한 이해를 넓히고 삶 전체를 보다 풍요

롭게 가꿀 수 있다. 그래서 죽음에 관한 대화는 '죽음을 위한 대화'가
아니라 '삶을 위한 대화'다.

죽음을 기록하다 : 사망신고

　죽음은 법적으로 어떻게 마침표를 찍게 될까? 국가는 조세, 병역,
복지, 선거, 상속 등을 위해 개인의 출생과 사망에 관한 사실을 공부
(公簿)에 기록할 필요가 있다. 한국에서도 개인의 생사를 '가족관계
등록부'라는 공부에 등록한다.*

　대한민국 국민이면 누구나 개인별로 가족관계등록부가 작성된다.
여기에는 등록기준지[12]를 포함하여 성명, 본(本), 성별, 출생연월일
및 주민등록번호, 가족관계의 발생 및 변동에 관한 사항 등이 기록된
다. '사망'도 가족관계에 변동을 일으키는 사항이므로 가족관계등록
부에 기록된다.

　국적을 통해 국민과 외국인이 구분되는 엄연한 현실에서 국가의
공부에 기록된다는 것은 국민임을 확인하는 중요한 증거가 된다. 특
히 한국처럼 모든 국민에게 고유번호인 주민등록번호가 부여되는
제도를 가지고 있는 국가에서는 더욱 그렇다. 비슷한 맥락에서 유엔
아동권리협약(Convention on the Right of the Child)은 모든 아동의 출
생을 공부에 기록하도록 하고 있다.[13] 출생을 등록하는 것이 한 사람
의 존재에 대한 공적 확인이기 때문이다. 이렇게 출생과 사망을 공식

---

* 부록 [가족관계의 등록 등에 관한 법률] 참조.

문서에 기록하는 것은 개인의 존재를 공적으로 확인하고, 국가의 행정적 필요를 채우기 위해 불가피한 측면이 있다.

사망의 등록은 어떤 사람이 이 세상에 존재했었다는 기록(존재의 증거)이면서 그 사람이 이 세상에 더 이상 존재하지 않는다는 기록(비존재의 증거)이기도 하다. 법은 사람이 어떤 인생을 살았는지에 대해서는 전혀 관심이 없지만, 적어도 그 사람이 이 세상에서 살다가 떠났다는 사실을 기록함으로써 그를 기억해준다.

다만 현재로서는 신고를 해야만 법적 기록을 남길 수 있도록 되어 있다. 그런데 여기서 신고를 통해서만 존재가 기록되는 현실을 다시 한 번 생각해볼 필요가 있다. 세상에 태어나면 신고 없이도 자동적으로 출생이 등록될 수 있도록 하는 것이 어린 생명에 대한 최소한의 존중인 것처럼, 죽었을 때에도 사망 사실이 확인되면 신고 없이 곧바로 사망이 등록될 수 있도록 하는 것이 망자에 대한 최소한의 예의가 아닐까? 그렇다면 사람이 사망했을 때도 신고 없이 죽음이 기록될 수 있도록 제도를 개선할 필요가 있다.

하지만 사람이 죽었음을 알린다고 해서 무조건 신고가 받아들여지는 것은 아니다. 사망신고를 위해서는 반드시 의사가 교부한 '사망진단서'나 '시체검안서'가 필요하다. 위조나 허위 문서가 아닌 이상 사망진단서나 시체검안서는 사람의 죽음을 증명하는 유일한 공적 서류가 된다. 사람의 죽음을 결정하는 데 있어 법이 그만큼 의학적 판단을 중요하게 본다는 의미다.

죽음을 기록한 문서를 보면 그가 살아있는 동안 사용했던 이름과 주민등록번호가 남아 있다. 법은 인적사항으로 망인을 다른 사람과 구분하고, 그를 죽음에 이르게 한 사망 혹은 사고의 원인으로 그 사람을 간단하게 묘사한다. 사망신고서*에는 죽은 사람의 학력이나 직업 혹은 혼인 상태 같은 인생의 발자취가 허무하게도 몇 글자로 표시돼 있다. 그 양식을 찬찬히 읽어 보면, 죽은 뒤 내가 어떤 모습으로 기록될지 생각해보게 된다.

망자의 서 : 상속, 재판, 유언

법은 세상의 존재를 사람과 물건으로만 구분한다. 따라서 사람이 사망하면 법적으로 죽은 사람의 몸은 물건으로 취급된다. 더 이상 숨 쉬지 않고 피가 흐르지 않는 사람은 물건으로 분류되어 다른 물건을 소유할 수 있는 주체가 되지 못한다. 이제는 그가 남긴 재산을 누가 차지할 것인지가 문제이고, 생전에 형성된 재산관계를 정리해야 한다. 여기서 중요한 절차가 '상속'이다. 상속은 사망과 동시에 개시된다. 상속 순위는 사망시점에 형성돼 있던 가족관계에 따라 결정되기 때문에 사망시점을 확정하는 것은 상속에서 매우 중요한 의미를 갖는다.

한편 죽음은 재판을 종료시키기도 한다. 민사소송에서는 원고나 피고 가운데 한쪽이 죽으면 소송 절차가 중단된다. 원칙적으로 민사소송법이 적용되는 가족이나 친족 간의 분쟁, 즉 '가사소송'의 경우 원고가 사망하면 다른 제소권자가 소송 절차를 물려받거나, 그렇지

---

* 부록 [사망신고서] 참조.

않을 경우 소가 취하된 것으로 본다. 한편 형사소송법에서도 피의자나 피고인이 사망하면 수사나 재판을 통해 그를 기소하거나 처벌할 필요가 없어진다. 때문에 수사 단계에서 검사가 공소를 제기하기 전에 피의자가 사망하면 불기소처분*으로 '공소권 없음'을 결정하게 된다(검찰사건사무규칙 제69조 제3항).**14** 이미 공소가 제기된 후에 피고인이 사망한 경우에는 법원이 공소를 기각한다(형사소송법 제328조 제1항).**15**

유언 역시 법적 효력을 지니기 위해서는 법이 요구하는 조건**을 충족해야 한다. 보통 유언에는 살아온 인생에 대한 감사와 반성·회한을 남기기도 하고, 남아 있는 가족과 친지에 대한 부탁이나 소원을 담기도 하며 재산 상속에 관한 의사를 표현하기도 한다. 이 가운데 법적으로 의미 있는 유언은 재산에 관한 것이다. 상속인에게는 법정 유류분***이 보장되기 때문에 유언집행자는 지체 없이 그 재산 목록을 작성하여 상속인에게 교부해야 한다.**16** 하지만 이때 유언이 법이 정한 요건을 충족하지 못하면 아무리 망인의 뜻으로 작성되었다 할지라도 법적으로는 무의미한 것이 된다.

A는 2005년 11월2일 "본인은 모든 재산을 아들에게 물려준다(강남구 일원동 집 기타 등등), 사후에 자녀 간에 불협화음을 없애기 위하여 이것을 남긴다"는 내용의 유언장을 자필로 작성하였

---

* 무죄나 증거불충분 등 공소 요건을 충족하지 못해 검사가 피의자를 기소하지 않음.

** 부록 [민법] 참조.

*** 遺留分, 망인이 남긴 재산 가운데 상속인이 일정한 비율로 확보할 수 있는 부분. 피상속인이 재산을 처분할 때는 유류분의 제한을 받기 때문에 재산의 일부를 반드시 남겨 두어야 한다.

다. 그는 유언장의 말미에 작성한 날짜, 주민등록번호, 성명을 기입하여 날인하였고, 작성 연월일 옆에 "암사동에서"라고 적었다. 그의 주민등록상 주소지는 유언장을 쓰기 한 달여 전부터 2008년 사망할 때까지 서울 강남구 일원동에 위치한 자기 소유 주택으로 되어 있었지만, 2007년부터 이 주택을 전세로 주었다. A가 유서에 "암사동에서"라고 적은 집은 그의 아들이 2005년부터 머물던 집이었다.

법원은 법이 정한 요건과 방식에 어긋난 유언은 그것이 유언자의 진정한 의사에 의한 것이어도 무효라고 판결했다. 자필증서에 의한 유언은 유언자가 그 전문과 연월일, 주소, 성명을 모두 자서(自書)하고 날인하여야만 효력이 있다. 그러므로 유언자가 주소를 적지 않았다면 그 효력은 인정되지 않는다. 문제의 "암사동에서"라는 부분은 설령 A가 아들의 암사동 집에서 살았더라도 다른 주소지와 구별될 정도로 구체적으로 기재한 것으로 보기는 어렵기 때문에 유언장은 주소의 자서가 누락되어 법정된 요건과 방식에 어긋나므로 그 효력이 없다.

대법원 2014. 9. 26. 선고 2012다71688 판결 참조

민법은 유언의 방식을 자필증서, 녹음, 공증인이 작성한 증서(공정증서), 생전에 작성한 유언을 밀봉하여 공증인에게 확인받은 증서(비밀증서), 2명 이상의 증인이 참여한 가운데 말로써 유언을 남기고 본인과 증인이 이를 확인한 증서(구수증서) 등 5종으로 구분한다.

따라서 상속을 비롯해 법적으로 문제가 되는 내용을 유언으로 남길 때는 법이 정한 요건에 부합하는지 특별히 주의할 필요가 있다.

Jurisprudential Thoughts on Death

02

뇌사

죽음의 정의

> "나는 나를 수술하라고 허락하지도 않았어. 그리고 또 마찬가지로…
> (그는 천장을 향하여 두 눈을 위로 치켜 뜨고,
> 마치 모종의 법률적 문구라도 회상해 내려는 듯했다.)
> 마찬가지로, 내 친족들의 동의도 없었다고.
> 나는 민사상의 손해 배상을 청구할 권리를 가지고 있어."
>
> ─ 미하일 불가코프(Mikhail Bulgakov), 《개의 심장》 중에서

삶과 죽음의 경계를 가르는 기준은 무엇일까?

플라톤은 육체와 영혼을 분리하면서 영혼의 불멸을 주장했다. 반면 아리스토텔레스는 육체와 영혼은 서로 분리될 수 없는 '하나'라고 설명했다. 인간을 포함한 모든 생명체가 가지는 육체는 질료(hyle)이고 그 영혼은 형상(eidos)이며, 육체가 없는 영혼은 존재할수 없다는 것이다. 아리스토텔레스에 따르면 육체의 형상에 불과한영혼은 육체가 죽으면 함께 죽는다. 그는 영혼의 불멸을 인정하지 않았다. 훗날 토마스 아퀴나스는 여기에 반대하며 다시 육체와 영혼의분리를 주장했다. 아퀴나스는 육체가 죽은 뒤에도 영혼은 사라지지않아서 인간의 육체가 부활하면 육체와 영혼은 다시 결합한다고 주장했다.

이처럼 육체와 영혼의 분리를 죽음의 기준으로 이해했던 사상은오랫동안 사람들의 생각을 지배했다. 실제로 1768년에 출간된 브리

태니커 백과사전 초판에는 죽음이 "영혼과 육체의 분리"로 정의되어 있는 반면, 2007년 판은 죽음을 "모든 생물이 종국에 경험하게 되는 생명이 완전히 중단되는 현상"으로 정의하고 있다.[1]

심폐소생술은 심장을 다시 뛰게 하고, 호흡을 멈춘 폐를 인공적으로 다시 숨 쉬게 만들었다. 이로써 인간은 과거에는 죽을 수밖에 없었던 사람을 다시 살릴 수 있게 되었다. 심장에 피가 흐르게 하고, 폐에 산소를 공급할 수 있게 되어 죽음의 시점을 상당히 미룰 수 있게 된 것이다. 하지만 단지 숨을 쉰다고 해서 움직이지도 않고 의식도 없으며 외부 자극에 조금도 반응하지 않는 사람을 살아있는 사람이라고 할 수 있을까? 산소를 공급하여 생명을 연장하는 것을 정말 '삶'이라고 부를 수 있을까?

도대체 죽음이란 무엇이고, 죽음을 판단하는 구체적인 기준은 무엇인가? 죽음에 관한 논의는 의학계는 물론 철학, 신학, 사회학, 인류학 등 여러 학문 분야에서 진행되고 있다. 그러나 법은 특정한 공동체에서 합의된 최소한의 윤리라는 점에서 어쩌면 이 모든 논의의 바탕이 되는 일일지도 모른다.

사망의 시점을 앞당기다

전통적으로 죽음은 '심폐사'를 뜻했다. 심폐사는 심장과 폐의 죽음, 말 그대로 심장의 박동이 멎어 피가 흐르지 않고 폐의 호흡이 끊어져 숨을 쉬지 않는 것을 의미한다.[2] 피가 흐르지 않으면 인간의 신체는 폐로 들어온 산소를 온몸으로 전달하지 못하게 된다. 또 호흡이 멈추면 생명의 근원인 산소가 아예 공급되지 않는다. 이렇게 숨이 멎고, 피가 흐르지 않는 심폐사에 이르면 몸이 딱딱하게 굳어 움직이지 않는 사후경직이 발생하고, 사체의 부패가 시작된다.

그런데 20세기 들어 '심폐사보다 앞선 죽음'이 논의되기 시작했다. 뇌사, 즉 뇌가 불가역적[3] 또는 회복불가능한 손상 상태에 놓이게 되는 시점을 사망의 시점으로 정의해야 한다는 주장이 제기된 것이다.[4] 1959년 프랑스의 신경생리학자인 몰라레(Pierre Mollaret)와 굴롱(Maurice Goulon)은 의식, 움직임, 감각, 반응이 없는 상태를 의미하는 전통적인 의미의 혼수상태(coma)보다 "더 진행된 혼수상태(coma dépassé)"라는 개념을 추가하여 뇌사의 개념을 인정하는 기초를 만들었다.[5]

그 후 1960년대에 장기이식 기술이 발전하면서 신장이나 심장의 이식도 가능해졌다. 하지만 이를 위해서는 죽은 사람의 살아있는 장기가 필요했다. 그리고 1967년 남아프리카공화국에서 뇌사 상태에 빠진 환자로부터 심장을 이식하는 수술이 성공적으로 이루어지면서 본격적으로 뇌사에 관한 논쟁이 불붙게 된다.

마침내 1968년 하버드대학 의과대학의 특별위원회가 뇌사를 "뇌기능의 완전한 정지" 또는 "불가역적 혼수상태"로 정의하면서 처음으로 뇌사의 기준이 제시됐다.[6] 호주 시드니에서 열린 제22차 세계의사총회에서는 뇌사를 사망의 시점으로 인정해야 한다는 '시드니 선언'이 채택되었다. 이어서 미국에서는 1981년에 모든 주에 통일적으로 적용되는 사망 기준을 마련해야 한다는 논의가 제기되었고, 미국의학협회(AMA)와 미국변호사협회(ABA), 국가통일주법위원회의 (NCCUSL)는 '사망판정에 관한 통일법(UDDA)'을 제정하였다. 이 법은 종래의 심폐사와 함께 뇌 전체의 기능이 불가역적으로 정지된 상태를 사망으로 규정하고 있다.[7]

하지만 이것으로 뇌사를 둘러싼 논란이 완전히 종결된 것은 아니다. 뇌는 대뇌와 소뇌, 그리고 뇌간으로 구성되어 있다. 때문에 이러한 뇌 전체의 기능이 손상되었을 때를 뇌사라고 볼 것인지(전뇌사), 아니면 뇌간이 살아있어 숨을 쉬고 혈압과 체온은 유지되지만 대뇌가 손상되어 의식과 인식 능력이 없는 이른바 식물인간 상태를 뇌사라고 볼 것인지(대뇌사)를 두고 논란이 된다.[8] 대뇌사를 주장하는 사람들은 인간의 핵심 능력인 생각하고, 느끼고, 의사소통하는 능력이 상실된 상태를 죽음으로 봐야 한다고 말한다. 여기서 알 수 있듯이 뇌사가 심폐사와 결정적으로 구분되는 지점은 '정신 활동'을 죽음의 기준으로 삼는다는 점이다. 심폐사는 인간의 죽음을 육체의 소멸로 이해하는 반면, 뇌사는 정신(영혼)의 소멸로 이해한다.

'어디서부터 죽음으로 볼 것인가'의 문제는 사망에 대한 사회·문화적 인식을 바탕으로 논의된다. 육체의 죽음을 사망이라고 보는 사회에서는 심폐사가 죽음의 시점으로 이해되는 반면, 정신(영혼)의 죽음을 사망이라고 보는 사회에서는 정신의 기능을 담당하는 뇌, 특히 대뇌가 죽는 시점을 사망의 시점으로 이해한다.

또한 죽음에 관한 권리가 인권으로 이해되면서 죽음의 시점도 인간이 스스로 결정할 수 있어야 한다는 인식이 확산되었다. 특히 뇌사 이후에 심폐소생술과 같은 무의미한 연명치료를 중단하도록 요구할 수 있는 권리를 주장하는 사람들이 많아지면서 죽음의 시점을 앞당겨야 한다는 논의가 본격화되었다.

한국에서는 1999년 2월에 장기 등 이식에 관한 법률(이하 장기이식법)이 제정되어 뇌사를 인정할 수 있는 법적 근거가 마련되었다. 이 법은 "뇌사자가 이 법에 따른 장기 등*의 적출로 사망한 경우에는 뇌사의 원인이 된 질병 또는 행위로 인하여 사망한 것으로 본다"고 규정함으로써(동법 제21조 제1항) 심폐사와 함께 뇌사를 법적 사망시점으로 인정하고 있다. 인간의 사망을 심폐사와 뇌사로 구분하면서 뇌사자의 법적 사망시점을 뇌사 시점으로 규정한 것이다. 따라서 뇌사자의 경우 직접적인 사인이 장기적출이라고 하더라도 사망시점은 뇌사판정을 받은 때로 보고 있다.

하지만 뇌사를 사망시점으로 인정한다고 해도 벌 수 있는 시간은 그리 길지 않다. 자연적으로 사망했을 경우보다 고작 10여 시간, 길어야 2주 남짓 죽음이 앞당겨질 뿐이다. 그래서 굳이 사망시점을 앞당겨야 하는지에 대해서는 아직 많은 사람들이 의문을 제기하고 있다.

현실적으로 뇌사자의 사망시점을 앞당겨야 하는 이유는 사실 매우 명료하다. 곧 심폐사에 이르러 죽게 될 사람의 장기를 그가 살아있을 때 적출하여 장기이식이 필요한 사람들의 건강과 생명을 지키고자 하는 것이다. 장기이식법은 뇌사판정의 목적을 "뇌사추정자의 장기 등을 기증하기 위하여"라고 규정하고 있다(동법 제16조 제2항).

---

* 장기이식법은 신장, 간, 췌장, 심장, 폐 등의 내장과 함께 골수와 각막 등 이식이 필요한 조직을 '장기 등'으로 정의하고 있는데, 이 책에서는 편의상 '장기'로 통칭한다.

하지만 그렇게 해서 유리해지는 사람은 뇌사자의 장기 등을 이식받게 되는 타인(제3자)이다. 사실 뇌사를 인정해서 뇌사자 본인에게 크게 유리해지는 점은 없다. 죽음의 시점을 스스로 결정할 수 있다거나 무의미한 연명치료의 중단을 요구할 수 있다는 사실은 뇌사자의 현실적 이해와는 밀접한 관련이 없기 때문이다.

그럼에도 굳이 뇌사를 인정하는 데는, 한 사람의 죽음으로 여러 사람의 건강과 생명을 지킬 수 있다면 예견된 죽음을 조금 앞당겨도 도덕적으로 문제 되지 않는다는 믿음이 깔려 있다. 따라서 뇌사가 인정되기 위해서는 누군가의 죽음을 앞당겨 장기를 이식함으로써 다수의 건강과 생명을 지키는 행위가 정당화되어야 한다. 하지만 사람의 가치는 숫자만 가지고 평가될 수 있는 게 아니다. 단지 더 많은 사람의 건강과 생명을 지킨다는 이유만으로 한 사람에게 무조건적인 희생을 강요할 수는 없는 이유가 여기에 있다.

따라서 뇌사자의 희생은 이런 공리주의적 논리로 접근하기보다, 오로지 당사자의 '동의'로만 정당화될 수 있을 것이다. 여기서 뇌사자 본인이 장기이식을 원하지 않는다는 의사를 생전에 표시했다면 사실상 뇌사를 인정해야 할 필요성이 사라짐을 알 수 있다. 사망시점을 본인의 의사와 무관하게 뇌사 시점으로 앞당길 경우 강제적(비자발적) 안락사를 허용하는 것과 동일한 결론에 이른다는 문제점이 발생한다. 환자가 원치 않는 죽음을 맞게 될 가능성을 배제할 수 없다는 의미다. 따라서 뇌사가 인정되려면 뇌사 상태에 빠졌을 때 자신을 사망한 사람으로 취급해도 좋다는 본인의 동의가 필요하다. 이러한 동의는 뇌사 상태를 염두하고 생전에 문서의 형태로 명시적으로 표시되어야 한다. 같은 맥락에서 가족의 동의만으로 뇌사를 인정하는 현행 장기이식법(동법 제17조 제3항 제1호)은 여전히 문제를 안고 있다.

질병관리본부의 통계에 따르면 우리나라의 경우 2013년 국내 장기이식 대기자[9]는 26,036명에 달한 반면 기증자는 2,416명에 지나지 않았다. 이런 상황에서 자발적인 장기이식이 선행으로 평가받을 수 있는 것은 분명하지만, 그만큼 장기이식 대기자가 많다보니 선행이 강요되고 있는 것도 현실이다. 많은 사람들이 운전면허증에 장기기증의 의사를 표시하도록 사실상 강요받은 경험이 있을 것이다. 또 의사들은 불치병에 걸린 말기 환자들에게 장기기증의 의사를 물어야 하는 심적 부담을 호소하고 있다. 심지어 본인은 명시적인 장기기증 의사가 없음에도 불구하고 가족의 말만 듣고 장기기증의 의사가 추정되기도 한다. 이런 분위기를 타고 의료산업은 뇌사라는 개념을 이용해 장기이식수술을 늘리려는 시도를 하기도 한다.

그래선지 뇌사라는 개념 앞에서 사람들은 두려움을 느낀다. 아직 죽지 않았는데도 뇌사라는 불분명한 기준에 따라 죽은 사람으로 취급되어 장기가 적출되는 것은 아닐까? 뇌사판정을 받고도 살아난 사람들의 이야기는 이런 불안감을 더욱 가중시킨다. 실제로 2011년 10월 영국에서 교통사고를 당해 뇌사 상태에 빠졌던 사람이 장기이식수술을 바로 앞두고 의식을 되찾는 '기적'이 일어나기도 했다. 심각한 교통사고로 혼수상태에 빠져 뇌사판정을 받았던 이 여성은 생명유지장치를 제거하기 직전 "손가락을 움직여보라"는 의사의 말에

반응했고, 죽음의 문턱에서 걸어 나올 수 있었다.[10]

한편 의사들 역시 불안하기는 마찬가지다. 뇌사가 정말로 죽음을 의미하는가? 도대체 뇌사를 판단하는 객관적인 기준은 무엇인가? 뇌사의 기준과 뇌사판정을 위한 절차가 명확하게 구성되어야 하는 이유가 여기에 있다.

그에 앞서 장기이식이 필요하다면 굳이 죽음을 앞당기기보다 살아있는 사람 또는 죽음이 임박한 사람들의 장기이식을 적극적으로 활용하는 방안이 대안이 될 수도 있다.[11] 이른바 "죽은 자만이 장기를 기증할 수 있다는 원칙(dead-donor rule)"을 포기하는 것이다.

더욱이 뇌사는 뇌의 기능을 과대평가한 결과인지도 모른다. 슈몬(D. Alan Shewmon)의 주장에 따르면,[12] 뇌사는 인간의 몸을 "신체적으로 통합된 결합체"로 전제하면서 뇌가 이를 조종한다는 가설에 기초하고 있다. 하지만 정작 뇌는 그러한 역할을 수행하지 못하고, 오히려 인간의 몸은 어떤 하나의 핵심적 기관이 아니라 몸의 모든 세포와 조직이 상호작용하면서 하나의 결합체로 통합되는 것에 가깝다고 한다. 인간의 몸이 가진 이러한 '비국부성(非局部性, non-localizability)'은 오로지 하나의 국부적 기관이 몸 전체를 조종하는 핵심 기관이 될 수 없다는 사실을 보여준다.[13] 뇌사가 곧바로 인간의 사망을 의미하지는 않는다는 뜻이다.

이런 반론들까지 고려했을 때 이제껏 진행돼온 장기기증 논의의 방향을 조금 바꿀 필요도 있어 보인다. 죽은(dead) 사람이 아니라 여전히 살아있지만 죽음이 임박한(dying) 사람도 장기를 기증할 수 있도록 하는 대안이 필요하다.

누가 죽음을 결정하는가?

뇌사판정에서 가장 중요한 문제는 누가 뇌사 여부를 판단할 것인가, 즉 누가 뇌사판정의 '주체'가 되어야 하는가이다. 사망의 판정은 기본적으로 의학적 관점에서 내려져야 하므로 뇌사판정의 주체는 의사가 되는 것이 합리적일 것이다. 우리나라의 경우도 뇌사판정은 오로지 의료기관만이 할 수 있다.

의료기관이 뇌사판정 업무를 수행하기 위해서는 국립장기이식관리기관[14]의 장에게 이 사실을 통보하면 된다(장기이식법 제16조 제1항).[15] 다만 뇌사판정 업무를 수행하는 의료기관에는 인공호흡기 및 감시 장비가 설치된 중환자실이 마련돼 있어야 한다. 또 뇌파측정기, 뇌혈류측정기 및 혈액가스검사기 등의 시설과 장비뿐 아니라 신경과 전문의, 임상병리사, 간호사, 사회복지사 등의 인력도 갖추어야 한다(장기이식법 시행규칙 제10조).

이와 함께 해당 기관은 '뇌사판정위원회'를 꾸려야 한다. 뇌사판정위원회에는 전문의사 2명과 의료인이 아닌 위원 1명 이상을 포함하여 4~6명의 위원이 포함되어야 한다(동조 제2항). 위원회의 위원은 의료인, 변호사 자격이 있는 사람, 공무원, 교원, 종교인, 학식과 사회적 덕망이 높은 사람 가운데서 위촉되어야 한다(장기이식법 시행령 제18조 제3항). 뇌사판정위원회가 설치되지 않은 의료기관에서도 뇌사판정을 할 수는 있다. 다만 이 경우에는 다른 의료기관의 위원회를 활용하여야 한다(동법 제16조 제4항). 사람의 생명과 직접적으로 관련된 뇌사판정의 업무를 의학적 관점에 국한시키지 않고 법적·철학적·윤리적·종교적 관점까지 고려한 것은 합리적이라고 판단된다.

한편 사람의 장기를 이식하려면 의료기관은 보건복지부장관으로부터 '장기이식 의료기관'으로 지정받아야 한다(동법 제25조 제1항). 여기에는 뇌사자의 장기적출도 포함된다. 이렇게 뇌사판정과 장기이식은 언뜻 별개로 분리되어 이루어지는 것처럼 보이지만 장기이식 수술을 할 수 있는 의료기관이라면 당연히 뇌사판정 업무를 수행할 수 있는 시설과 장비, 인력을 갖추고 있을 것이다. 실제로 의료계에서는 뇌사판정과 장기이식을 동시에 수행하는 경우가 흔하다.

그런데 이 때문에 뇌사판정에 문제가 있다는 의견이 나온다. 장기이식수술을 위해 뇌사판정을 보다 적극적으로 내릴 수 있다는 의심이 제기되는 것이다. 따라서 뇌사판정이 객관적으로 수행될 수 있도록 하기 위해서는 의료기관이 뇌사판정과 장기이식 업무를 동시에 수행할 수 없도록 규제할 필요가 있다. 아니면 적어도 동일인에 대해서는 뇌사판정과 장기적출을 별도의 기관에서 받도록 해야 한다.

죽음은 어떻게 결정되는가?

뇌사판정의 주체가 정해지더라도 어떠한 절차를 거쳐 뇌사 여부가 결정될 것인지의 문제는 여전히 남는다. 절차가 합리적이어야만 그 결과 역시 합리적일 수 있기 때문이다. 뇌사판정을 위해서는 뇌사로 의심되는 상태에 있는 환자(뇌사추정자)의 검사기록 및 진료담당의사의 소견서를 첨부하여 뇌사판정기관에 뇌사판정을 신청하면 된다. 뇌사판정은 원칙적으로 뇌사추정자의 가족, 즉 배우자나 직계비속, 직계존속, 형제자매, 4촌 이내의 친족이 신청할 수 있다(장기이식법 제4조 제6호). 하지만 이를 대신해줄 가족이 없는 경우에는 뇌사추정자가 장기기증을 희망할 때에 한해 법정대리인이나 진료담당의도 뇌사판정을 신청할 수 있다(동법 제17조 제2항 및 제3항).

신청을 받은 뇌사판정기관은 현장에 출동하여 뇌사추정자의 상태를 파악하고, 2명 이상의 전문의사와 진료담당의사가 함께 작성한 뇌사조사서를 첨부하여 뇌사판정위원회에 뇌사판정을 요청하게 된다(동법 제18조 제1항).

뇌사조사서를 작성할 때에는 반드시 신경과 전문의가 1명 이상 포함되어야 한다(장기이식법 시행규칙 제13조 제2항). 위원회는 2명 이상의 전문의사와 1명 이상의 비의료인을 포함한 과반수의 위원이 출석한 가운데 출석자 전원의 찬성으로 뇌사를 판정하게 된다(동조 제2항). 이렇게 출석 위원 전원의 찬성이 필요하기 때문에 의사들만의 판단으로 뇌사가 결정되지는 않는다. 그러나 의료계 외부의 위원이 의사의 의견에 반하여 뇌사판정에 반대하기가 현실적으로 어려운 것도 사실이다.

뇌사판정위원회가 뇌사를 판정할 때에는 우선 다음 선행 조건을 모두 만족해야 한다.[16]

- 환자를 뇌사에 이르게 한 원인이 분명해야 한다.
- 치료가 불가능한 뇌병변이 있어야 한다.

- 심각한 혼수상태로 인해 환자가 자발적으로 호흡할 수 없어, 인공호흡기에 의존해 호흡이 유지되어야 한다.
- 치료할 수 있는 약물중독(마취제, 수면제, 진정제, 근육이완제, 독극물 등으로 인한 중독)이나 대사성 장애의 가능성이 없어야 한다.
- 치료할 수 있는 내분비성 장애(간성혼수, 요독성혼수, 저혈당성뇌증 등)의 가능성이 없어야 한다.
- 저체온 상태가 아니어야 한다.
- 쇼크 상태가 아니어야 한다.

환자가 위의 조건을 모두 만족했다면 다음으로 아래의 판정 기준을 모두 만족해야 한다.

- 외부 자극에 전혀 반응이 없는 깊은 혼수상태여야 한다.
- 자발호흡이 되살아날 수 없는 상태로 소실되었어야 한다.
- 두 눈의 동공이 확대 · 고정되어 있어야 한다.
- 뇌간반사*가 완전히 소실되어 있어야 한다. 이에 따라 빛을 비췄을 때 동공의 변화(광반사), 각막을 건드렸을 때 눈꺼풀의 움직임(각막반사), 머리를 한쪽으로 돌렸을 때 안구의 움직임(안구두부반사), 차가운 물로 전정**을 자극했을 때 안구의 움직임과 상태(전정안구반사), 척수에 자극을 줬을 때 동공의 움직임(모양체척수반사), 먹어서는 안 되는 것이 입안에 들어갔을 때 구역질을 하는지 여부(구역반사), 폐와 연결

---

* 의식이 없어도 뇌간의 기능이 남아 있을 경우 외부 자극에 보이는 신체의 반사 반응.

** 달팽이관과 연결된 귀 안쪽의 공간.

된 기도를 자극했을 때 기침을 하는지 여부(기침반사)를 모두 확인해야 한다.

- 자발운동, 제뇌경직·제피질경직*, 경련 등이 나타나지 않아야 한다.
- 무호흡검사 결과 자발적인 호흡이 되살아날 수 없다고 판정되어야 한다.

죽을 권리와 생명권이 충돌할 때

뇌사를 인정할 때 가장 중요한 요소가 본인의 동의라면 유언이나 사전 의료지시로 생명연장장치를 거부했음에도 불구하고 이러한 요구에 반하여 생명연장장치를 부착하는 것은 부당하다. 하지만 본인의 의사가 무엇보다 중시되어야 한다는 이런 원칙에 의문이 제기될 때가 있다. 바로 생명을 잉태한 산모가 뇌사에 빠졌을 경우다.

실제로 미국에서 산모(뇌사자)의 죽을 권리와 태아의 생명권이 충돌해 논란을 낳은 일이 있었다. 불의의 사고로 뇌사판정을 받은 무뇨스는 생전에 남편에게 생명연장장치에 대한 거부 의사를 여러 차례 표명했다. 하지만 의료진은 임신 14주의 뱃속 태아를 살리기 위해 그녀의 의사에 반하여 생명연장장치를 사용했다.[17] 텍사스 주법은 기본적으로 뇌사를 사망으로 인정한다.[18] 이에 따라 그녀의 가족은 이미 죽은 아내에게서 생명연장장치를 떼어달라고 병원에 요구했다. 하지만 병원 측은 이를 거부하며 시간을 끌었고, 무뇨스는 낙태 시기

---

* 사지가 굳는 전신 근육의 지속적인 긴장 현상.

를 놓치고 만다.

텍사스 주법은 생전유언으로 생명연장장치를 명시적으로 거부했을지라도 뇌사자가 산모인 경우는 예외에 해당한다고 규정한다.[19] 병원은 이 조항을 근거로 생전유언에 대한 예외를 주장하며 연명치료 중단을 거부했던 것이다. 결국 무뇨스는 뇌사 상태에 빠지고 8주가 지나 태아가 정상적으로 태어날 수 없음이 판명되고 나서야 비로소 생명연장장치를 뗄 수 있었다.

무뇨스의 사례에서 우리는 인간 존엄이 죽음의 순간에도 보장되어야 함을 다시 한 번 확인하게 된다. 인간 존엄의 본질은 인간을 수단이 아니라 목적으로 대해야 한다는 데 있다. 무뇨스는 생전유언으로 연명치료 거부의 뜻을 명시적으로 표명했다. 그런데 그 의사에 반해 뇌사 상태의 산모를 단지 출산을 위한 '인큐베이터'로 이용했다는 것은 태아의 생명을 위해 산모의 신체를 도구화함으로써 인간 존엄을 심각하게 침해한 것이다.

비슷한 사례로 2013년 헝가리의 한 병원에서는 뇌사판정을 받은 산모가 아기를 낳은 일도 있었다.[20] 가족과 의료진은 뇌사자(산모)의 명시적 의사 표명이 없는 상태에서 아기의 생명을 살리는 데 뜻을 모았고, 임신 27주째 제왕절개로 아기가 태어나는 순간 산모는 세상을 떠났다. 같은 맥락에서 이런 경우에도 본인의 의사와 무관하게 자의적으로 생명연장장치를 부착해 생명을 연장할 수 있는지 논란이 될 수 있다.

새로운 생명을 위하여

호주 국민을 대상으로 진행된 한 연구는 장기기증에 관한 흥미로운 결과를 보여준다.[21] 이 연구에 따르면 장기기증 의사를 묻는 질문에 남성보다는 여성, 노인층보다는 청년층, 장기기증에 대한 지식이 적은 사람들보다는 많은 사람들이 장기기증에 긍정적인 태도를 보였다. 또 종교를 가진 사람들, 특히 불교나 이슬람교를 믿는 사람들은 장기기증에 대한 지식도 적을 뿐 아니라 그에 대해 덜 우호적이거나 반대하는 것으로 나타났다. 이렇게 성별이나 나이, 지적 배경이나 종교에 따라 장기기증을 바라보는 시선은 천차만별이다.

그래서 뇌사자의 장기적출을 누가 결정할 것인지의 문제는 생각처럼 간단치 않다. 죽음의 의미는 개인이 속한 사회·문화적 배경에 따라 다르기 때문이다. 예컨대 이슬람교를 믿는 무슬림 사회에서는 뇌사의 인정을 살인 행위로 여긴다.[22] 당연히 뇌사가 그 자체로 사망의 기준이 될 수도 없다. 또 개인의 자율성과 독립성을 중시하는 서양에서는 뇌사자의 장기이식을 결정할 때 본인의 의사를 가장 중요하게 여긴다. 반면에 가족의 관계성과 상호의존성이 중요시되는 동양에서는 본인의 의사와 함께 가족의 의사가 강조된다.[23]

그러나 이런 사회·문화적 배경을 감안하더라도 죽음의 결정에 있어 무엇보다 당사자의 입장이 고려되어야 함은 분명해 보인다. 누구도 본인의 동의 없이 개인의 신체를 침해할 수 없기 때문이다. 따라서 뇌사자의 장기를 적출해 이식할 때는 반드시 본인의 동의가 필요하며, 본인과 가족의 의사가 충돌할 때 하나를 선택해야 한다면 본인의 의사가 우선적으로 존중되어야 한다.

장기이식법은 "장기 등을 기증하고자 하는 자의 의사는 자발적인 것이어야 한다"고 명시하고 있다(동법 제2조 제2항). 뇌사자의 경우 역시 뇌사 전에 본인이 동의한 경우에만 장기의 적출을 허용하고 있다(동법 제22조 제3항 제1호). 이때 동의는 본인이 서명한 문서나 민법이 정한 규정에 따른 유언의 방식으로[24] 이루어져야 한다(동법 제12조 제1항 제1호).

하지만 현행 장기이식법은 본인의 의사와 별개로 그 가족의 의사 또한 중요하게 받아들이고 있다. 가령 본인이 장기기증 의사를 밝혔을지라도 가족이 이를 명시적으로 거부하면 뇌사자의 장기를 적출할 수 없다. 이러한 거부 의사는 뇌사자의 배우자나 직계비속, 직계존속, 형제자매, 4촌 이내의 친족의 순서에 따라 우선순위에 해당하는 1명이 표시할 수 있다(동조 제2항). 비슷한 맥락에서 본인의 사전 의사 표명이 없었거나 확인되지 않을 때에도 가족의 동의가 있으면 장기를 적출할 수 있다(동법 제22조 제3항 제2호). 이 경우에도 위와 같은 순서에 따라 선순위 가족 1명의 서면 동의가 필요하다.

다만 선순위자가 미성년자라면 다음 순위의 가족 또는 유족 1명이 함께 동의해야 한다. 또 선순위자가 행방불명이거나 그 밖의 부득이한 사유로 동의를 할 수 없으면 그 다음 순위자가 동의할 수 있다(동법 제12조 제1항 제2호). 한편 뇌사자가 16세 미만의 미성년자이면 부모의 동의가 있어야 장기를 적출할 수 있다. 부모 중 1명이 사망 또는 행방불명이거나 부득이한 사유로 동의할 수 없을 때에는 나머지 1명의 동의가 있어야 한다.

이렇게 장기적출의 법적 절차를 살펴보면 '본인의 의사가 우선적으로 존중되어야 한다'는 기본 원칙이 경우에 따라 지켜지지 않을 수도 있다는 것을 알 수 있다. 가족이 반대한다는 이유로 생전에 명시적인 의사 표현이 있는 경우에도 본인의 의사에 반하여 장기적출을 법적으로 금지하는 것은 문제가 있다. 반대의 경우, 즉 본인이 생전에 명시적으로 장기기증 반대 의사를 밝혔음에도 불구하고 가족의 동의만으로 뇌사자의 장기를 적출하는 것 역시 근본적인 문제에서 자유롭지 못하다.

장기를 적출하는 것은 뇌사자의 생사를 가르는 중대한 문제다. 따라서 현행 장기이식법을 어떻게 개선할 것인가에 관한 성찰이 필요하다. 그리고 그 성찰은 원칙적으로 본인의 의사가 우선 고려되는 방향으로 이뤄져야 할 것이다. 또 뇌사자 본인과 가족의 의견이 충돌할 때에는 본인의 의사를 우선하는 방향으로 결정을 내릴 필요가 있다. 이때 본인의 동의는 엄격한 절차를 거쳐 확인되어야 한다. 장기적출에 관한 의사는 당사자가 뇌사 상태에 빠지기 전에 직접적으로 언급했어야 하고, 명확하게 그것에 동의했어야 하며, 그 내용은 서면에 표시되어야 할 것이다. 입법 과정 역시 이 같은 원칙에 입각하여 엄격하게 진행될 필요가 있다.

Jurisprudential Thoughts on Death

03

안락사
죽음의 권리

하지만 난 알고 싶지 않다.
다시 돌아오는 이 힘겨움을, 이제 막 기억나는 물결이
나도 모르는 사이 나를 싣고 간 저 입구에서
한걸음 한걸음 다시 애써 멀어지는 이 힘겨움을 내가 감내하고 싶을까.
난 알고 있다. 조금만 동의해도, 살짝만 무너져도 충분히 이 문을 통과해
영원히 저 너머 강으로 흘러들어갈 수 있었던 이 순간들을 곧 잊게 될 것임을.
영원히 사라짐, 별로 아쉬워할 것도 없이.

– 크리스타 볼프 (Christa Wolf), 《몸앓이》 중에서

토마스 모어(Thomas More)의 《유토피아》는 세상에 없는 낙원을 그리고 있다.[1] 유토피아에서는 질병을 앓고 있는 사람들에게 병을 치료하고 고통을 완화하기 위해 엄청난 보살핌을 제공한다고 한다. 하지만 그 고통이 너무 심해 고문당하는 것과 같고, 치유될 수 있는 병도 아니라면 자신과 주변 사람의 부담을 덜기 위해 환자는 스스로 죽음을 선택할 수 있다. 애당초 모어는 사후 세계에 대한 믿음을 강조하기 위해 이런 상황을 묘사한 것이었다. 하지만 오늘날 《유토피아》의 이 대목은 안락사 논의의 시발점으로 평가되기도 한다.

생명을 고통 없이 유지하는 것은 생명 그 자체의 가치만큼이나 중요하다. 그래서 자살에 대해 부정적 평가를 내리는 사람조차도 불치의 질병으로 극심한 고통을 겪고 있는 사람의 자살에는 관용적일 수밖에 없다. 심지어 고통에 시달리다 죽음을 선택한 환자를 도와주는 의사에게는 비난 대신에 "자비를 베풀었다"는 찬사가 주어지기도 한

다. 여기에는 의술을 이해하는 두 가지 상반된 시선이 담겨 있다.

의사들이 지켜야 할 윤리를 담은 '히포크라테스 선서'에는 서로 충돌하는 두 가지 가치가 포함돼 있다. 하나는 반드시 환자의 생명을 존중해야 한다는 것이고, 또 하나는 환자에게 해악을 끼쳐서는 안 된다는 것이다. 전자에 의하면 의사는 환자의 요구가 있더라도 결코 생명을 중단시킬 수 없지만, 후자에 의하면 환자가 원할 경우 약물로써 고통을 완화하는 것이 환자에게 해악을 끼치지 않는 일이다. 이렇게 충돌하는 두 가지 가치 앞에서 우리는 본인의 의사에 반하여 생명을 연장시키는 것만이 도덕적으로 올바른 것인지 다시 한 번 묻게 된다.

생명을 최고의 가치로 생각하는 사람에게는 고통이 아무리 심하더라도 생명을 유지하는 것 자체가 중요하다. 하지만 어떤 사람은 생명만큼 중요한 가치가 있다고 생각할 수도 있다. 그에게는 고통 없는 삶의 가치, 다시 말해 고통스런 삶을 거부하는 것도 경우에 따라 생명의 가치만큼 존중되어야 한다.

애연가였던 프로이트는 16년 동안 구강암에 시달렸다. 그는 친구이자 주치의이기도 한 슈어 박사에게 의미 없는 투병 생활은 고문에 불과하다며 자살을 도와달라고 부탁한다. 3일 동안 모르핀 주사를 맞은 프로이트는 1939년 9월 23일 숨을 거둔다.[2] 사람들은 프로이트의 죽음을 의사 조력자살 혹은 자발적·적극적 안락사로 불렀다. 인간의 행동을 '리비도'라는 충동으로 설명했던 프로이트는 1920년에 발표한 논문[3]에서 삶을 향한 충동과 함께 죽음을 향한 충동의 존재를 인정하는데 그가 이 무렵 암의 발병 사실을 확인한 것은 우연일까?

죽음을 결정할 권리 : 안락사의 쟁점들

본격적으로 안락사를 이야기하자면 생명의 가치보다 '고통 없는 삶의 가치'가 더 중요하게 여겨지는 맥락을 짚어볼 필요가 있다. 안락사를 논의할 때는 근본적으로 죽음을 앞둔 인간이 스스로 자신의 목숨을 끊을 권리가 있는지, 나아가 스스로 목숨을 끊기로 결정했지만 실행에 옮길 수 없을 때 의사를 포함한 누군가의 도움을 요구할 수 있는지를 생각해보아야 한다. 경우에 따라서는 본인의 분명한 의사표시가 없더라도 불치의 병으로 고통받는 환자나 의식이 없이 인공호흡기에 의지하여 겨우 생명을 유지하고 있는 환자의 목숨을 의사나 가족의 판단만으로 중단시킬 수 있는지도 문제가 될 수 있다.

이런 맥락에서 안락사는 일반적으로 불치병에 걸린 말기 환자가 겪게 되는 극심한 고통을 제거하는 수단으로 당사자가 죽음을 원할 때 죽도록 도와주는 행위를 일컫는다. 여기서 '고통'을 육체적 고통으로 한정하는 견해도 있지만 정신적 고통으로까지 확대해야 한다는 주장도 있다. 이러한 주장에 따르면 안락사는 "현재 앓고 있는 치명적인 질병의 마지막 단계에서 육체적인 죽음에 처한 경우, 고유한 생존적 · 정서적 고통을 피하기 위해 타인의 도움을 받거나 또는 도움 없이 자살하는 행위"로 정의되기도 한다.[4]

안락사는 환자의 동의 여부에 따라 '자발적 안락사'와 '비자발적 안락사'로 구분되곤 한다. 하지만 현실적으로 환자의 동의가 없는 비자발적 안락사는 살인 행위로서 범죄에 해당한다.[5] 죽음은 오로지 본인만이 결정할 수 있고, 그것은 안락사의 경우에도 마찬가지다. 안락사는 불치의 질병으로 고통받는 환자가 치료를 중단하거나 죽음에 이르는 약물을 투여하는 결정을 내림으로써 스스로 죽음을 선택할 것을 전제로 한다.

안락사를 둘러싼 또 하나의 쟁점은 연명치료를 중단하는 소극적 방식인지, 의사가 처방한 약물을 투여하는 적극적 방식인지에 따른 차이에서 기인한다. 일반적으로는 약물 투여 등 죽음을 직접적으로 유발하는 방법을 동원하는 '적극적 안락사'만 금지되어야 한다고 보는 견해가 지배적이다.[6] 엄밀히 살인에 해당하는 행위의 불법성(반가치성)에 주목해서다.

반면 인공호흡기 같은 생명유지장치를 제거하거나 생명을 유지하는 데 필요한 영양분, 약물 등의 공급을 중단하는 방식으로 시행되는 '소극적 안락사'는 보다 많은 사람들이 관용적인 시각을 갖고 있는 것으로 보인다.[7] 적극적으로 사람을 살해하는 행위보다는 죽어가는 사람을 그러도록 내버려두는 소극적 안락사의 불법성이 덜하다고 생각하기 때문이다.

물론 사람의 생명을 인위적으로 중단시키는 행위인 안락사에 대해 그 의도나 방법 여하를 묻지 않고 부정적으로 평가하는 사람들도 있다. 적극적으로 사람을 살해하는 행위나 소극적으로 죽어가는 사람을 방치하는 행위나 결과적으로 사람을 죽게 만든다는 점에서는 동일하다는 견해다. 이런 입장에서는 소극적 안락사에 대해서도 부정적일 수밖에 없다.

존엄하게 죽을 권리

의사 조력자살

2012년 칸 영화제에서 황금종려상을 수상한 미하엘 하네케의 영화 〈아무르〉(2012)는 음악가로서 행복하고 평화로운 일상을 보내던 노부부가 아내의 갑작스러운 마비로 겪게 되는 고통과 죽음의 풍경을 잔잔하면서도 먹먹하게 그리고 있다. 남편 조르주는 반신불수가 된 아내 안느를 헌신적으로 돌보지만 시간이 지나면서 그녀의 의식은 헛소리를 할 정도로 희미해져 간다. 사랑하는 아내의 고통을 바라보다 마침내 그가 선택한 극단적 결정은 의사 조력자살의 필요성을 암시한다.

미디어를 통해 우리는 종종 말기 환자들에게 시행되는 안락사를 목격한다. 환자가 움직일 수 있는 경우라면 의사가 약물을 제공하는 것만으로 환자의 죽음에 기여할 수 있겠지만, 움직일 수 없는 환자를 위해 의료진이 안락사에 필요한 장치를 만들어주는 경우도 있다. 다만 그럴 경우 적어도 환자가 자신의 손으로 장치를 작동할 수 있도록 돕는 게 일반적이다.

불치병으로 고통받는 환자의 자살을 도운 의사까지도 자살 방조로 처벌해야 할까? 의사 조력자살은 안락사 허용 여부를 논할 때 주요 쟁점으로 떠오르곤 한다. 소극적 안락사에 대해서는 대체로 긍정적인 견해가 많지만 환자의 생명을 직접적으로 중단시키는 적극적 안락사에 대해서는 반대하는 의견이 강하기 때문이다. 안락사에 찬성하는 사람들도 법적으로는 소극적 안락사만을 허용해야 한다고 주장하는 경우가 많다.

하지만 생명을 중단시킬 수 있는 약물을 직접 환자에게 투여하거나 제공하여 자살을 돕는 적극적 형태의 안락사까지 찬성하는 입장이 없는 것은 아니다. 미국의 유명한 작가이자 칼럼니스트인 앤드류 솔로몬(Andrew Solomon)은 1995년 〈뉴요커〉에 게재한 칼럼에서 자궁암으로 투병하던 어머니의 자살을 소개했다.[8] 그는 형과 함께 말기암으로 고통받는 어머니가 자살하기 위해 수면제를 먹는 것을 도왔던 고통스런 체험을 털어놓는다. 어머니의 자살을 도운 죄로 기소될지도 모른다는 두려움을 갖게 되었다는 그의 고백은 안락사의 법적 허용범위를 다시 한 번 고민하게 만든다. 또 치료가 불가능한 질병으로 극심한 고통을 겪고 있는 환자가 스스로 목숨을 끊기로 결정하여 의사에게 도움을 요청한 경우, 환자에게 죽음 대신에 고통을 선택하라고 강요할 수 없는 의사의 내면적 갈등도 외면할 수는 없다. 불가피하게 자살방조죄를 처벌할 수밖에 없다고 하더라도 그 적용에 예외가 필요한 이유가 여기에 있다.

안락사의 요건을 충족한 환자에 한하여, 그를 도울 수밖에 없는 의사의 처지를 감안한다면 자살방조의 예외를 인정할 필요가 있다. 예컨대 1997년에 제정된 미국 오리건 주의 '존엄사법(The Oregon Death with Dignity Act)'은 의사 조력자살을 합법적인 자살방조로 인정한다. 법은 6개월 안에 사망할 개연성이 있는 환자가 의사에게 치명적인 약물을 처방해달라고 요구할 경우, 그가 말기 환자에 해당하고 의사표현 능력이 있으며 그의 판단이 우울증이나 정신질환으로 인한 것이 아니라면 환자가 원하는 약물을 처방해줄 수 있도록 하고 있다.[9] 한편 반대의 사례도 없는 것은 아니다. 같은 해 미국에서는 의사 조력자살을 인정하지 않는 판결도 있었다. 원고는 의사 조력자살을 법적으로 금지함으로써 말기환자가 죽음을 선택할 권리 또는 그를 위해 의사의 도움을 받을 권리를 침해한다며 소송을 제기했다. 재판에서 연방대법원은 말기환자에게 이러한 권리가 헌법적으로 보장되지 않는다고 판시하였다.[10] 법원은 다만 말기환자에게 고통완화 치료를 받을 헌법적 권리가 보장됨을 재확인했다.

비슷한 쟁점에서 '존엄하게 죽을 권리'도 문제가 된다. 안락사는 흔히 존엄사와 같은 의미로 사용되는데, 연명치료중단을 위시한 소극적 안락사만을 존엄사로 부를 것인지 아니면 의사 조력자살 같은 적극적 안락사도 존엄사에 포함돼야 하는지를 두고는 의견이 분분하다.[11] 하지만 이런 논쟁이 크게 의미가 있어 보이진 않는다. 소극적 안락사든 적극적 안락사든 거기에는 죽음을 선택한 환자 본인의 동의가 존재한다. 따라서 의사의 도움을 받아 죽음을 결행하는 적극적 방식의 안락사만을 구분하여 존엄사로 지칭할 필요는 없다. 마찬가지로 소극적 안락사만을 존엄사로 불러야 할 이유도 없다. 죽음을 선택하는 방식이 소극적이든 적극적이든 중요한 것은 당사자의 자발적 결정이다.

연명치료 중단

응급의료에 관한 법률은 응급환자, 다시 말해 "즉시 필요한 응급처치를 받지 아니하면 생명을 보존할 수 없거나 심신에 중대한 위해(危害)가 발생할 가능성이 있는 환자"에 대해 응급처치나 진료 같은 응급의료[12]가 필요하다고 규정하고 있다. 이 법에 따라 의사는 응급환자가 있으면 즉시 응급의료를 해야 할 의무를 지고, 정당한 사유 없이 이를 거부하거나 기피할 수 없다(동법 제6조 제2항). 또 정당한 사유 없이 응급의료를 중단할 수도 없다(동법 제10조).

소극적 안락사가 주로 문제가 되는 경우는 생명을 연장하기 위해서 투입되는 치료, 즉 연명치료의 중단이다. 병원에서 환자에게 생명연장장치를 설치하고 영양분이나 약물을 공급하는 것은 치료 행위의 일환이다. 따라서 비록 불치의 질병으로 극심한 고통을 겪고 있는 환자라 할지라도 치료를 중단했을 때 생명을 보존할 수 없거나 심신에 중대한 위해가 발생할 가능성이 있으면 치료를 중단할 수 없다. 하지만 안락사의 차원에서는 현실적으로 연명치료 중단이 인정되는 사례도 엄연히 존재한다.

A는 기관지 내시경을 통한 폐종양조직검사를 받던 중 예기치 못한 사고로 과다출혈이 발생해 심정지에 이르렀다. 저산소증으로 심한 뇌손상을 입은 A는 뇌기능과 신체기능을 상당 부분 상실했다. 자기공명영상(MRI) 검사에서 A의 뇌는 전반적으로 심하게 위축돼 있었고, 대뇌피질 역시 심하게 파괴되어 있었다. 뿐만 아니라 기저핵 시상, 뇌간 및 소뇌도 심한 손상을 입은 상태였다. A의 담당 주치의는 A에게 자발호흡은 없지만 뇌사 상태는 아니며 지속적 식물인간 상태로, 의식을 회복할 가능성이 5% 미만으로 매우 낮다고 판단했다. 진료기록 감정의는 진료기록을 토대로 A가 뇌사 상태에 가까우며 회생 가능성이 희박하다고 밝혔으며, 신체감정의들도 A가 회

복불가능한 사망의 단계에 진입했다고 봤다.

한편 A는 독실한 기독교 신자였다. 그는 15년 전 교통사고로 입은 상처를 남에게 보이기 싫어 여름에도 긴 옷을 입을 정도로 정갈한 모습을 유지하고 싶어 했다. 또 텔레비전에서 병석에 누워 간호를 받는 사람을 보고 "나는 저렇게까지 남에게 누를 끼치며 살고 싶지 않고 깨끗이 이생을 떠나고 싶다"고 말하기도 했다. 3년 전 남편의 임종 당시에는 며칠 더 생명을 연장할 수 있는 기관절개술을 거부하며 "내가 병원에서 안 좋은 일이 생겨 소생하기 힘들 때 호흡기는 끼우지 말라. 기계에 의하여 연명하는 것은 바라지 않는다"는 뜻을 밝힌 바 있다. 대법원은 A가 회복불가능한 사망의 단계에 진입해 연명치료 중단의 요건에 해당한다고 보고, 또 비록 연명치료 중단에 대한 사전 의료지시가 있었던 것은 아니지만 일상생활에서의 대화나 현재 상태 등을 종합하여 연명치료 중단을 구하는 환자의 의사를 받아들일 수 있다고 판시했다.

대법원 2009. 5. 21. 선고 2009다17417 전원합의체 판결 참조

법원은 연명치료 중단과 관련하여 다음과 같이 판결했다.

이미 의식의 회복가능성을 상실하여 더 이상 인격체로서의 활동을 기대할 수 없고 자연적으로는 이미 죽음의 과정이 시작되었다고 볼 수 있는 회복불가능한 사망의 단계에 이른 후에는, 의학적으로 무의미한 신체 침해 행위에 해당하는 연명치료를 환자에게 강요하는 것이 오히려 인간의 존엄과 가치를 해하게 되므로, 회복불가능한 사망의 단계에 이른 후에 환자가 인간으로서의 존엄과 가치 및 행복추구권에 기초하여 자기결정권을 행사하는 것으로 인정되는 경우에는 특별한 사정이 없는 한 연명치료의 중단이 허용될 수 있다.

하지만 여기서 논증의 핵심적인 문구로 반복되는 "회복불가능한 사망의 단계"를 다시 생각해볼 필요가 있다. 회복불가능한 사망의 단계란 의학적으로 환자가 의식의 회복가능성이 없고 생명과 관련된 중요한 생체기능을 회복할 수 없으며 환자의 상태에 비추어 짧은 시간 내에 사망에 이를 수 있음이 명백한 경우를 말한다.

'사망의 단계'라는 말에서 알 수 있듯이 법원은 사망을 일정한 시점에 발생하는 것이 아니라 흘러가는 단계나 과정으로 이해하고 있다. 다시 말해 죽음이 시작되는 시점과 끝나는 시점이 따로 있다는 논리다. 물론 연명치료 중단의 요건을 엄격하게 제한하기 위해 불가피하게 죽음을 과정으로 볼 수밖에 없었던 대법원의 고민을 이해할 수는 있다. 연명치료 중단은 살아있는 사람이 아니라, 이미 죽어가기 시작한 사람에 한하여 허용될 수 있기 때문이다.

하지만 일반적인 상식으로 보면 죽음은 특정한 순간이다. 죽음을 시간의 흐름으로 이해하기 시작하면 살아있지만 죽어갈 수밖에 없는 모든 사람에게 이미 죽음이 시작되었다고 볼 수 있게 된다. 대법원의 이러한 논리는 일반적인 상식에 반하고, 자칫 오해를 불러일으켜 남용될 여지를 남긴다는 점에서 문제가 있다.

연명치료 중단은 명백하게 살아있는 사람의 생명을 인위적으로 중단시키는 안락사에 포함된다. 바꿔 말해 아직도 살아있는 사람의 생명이 중단되는 시점을 앞당기는 행위라는 의미다. 연명치료 중단이 죽음의 문제인 것은 죽음에 이르는 과정을 단축시켰기 때문이 아니라 생명 자체를 단축시켰다는 데 있다. 따라서 대법원은 연명치료 중단을 안락사의 문제로 논증했어야 한다. 또 그 논증에서 안락사는 죽은 자가 아니라 살아있는 자의 문제로 구성되어야 할 것이다. 그래야만 안락사 인정의 요건이 엄격하게 제한될 수 있기 때문이다.

한편 대법원은 연명치료 중단의 요건으로 환자의 의사, 곧 "자기결정권"을 들고 있다. 자기결정권은 헌법에서 규정한 인간의 존엄과 가치 및 행복추구권에 의하여 보호되는 기본권이다. 의사가 진료를 할 때에는 이 권리에 입각해 환자의 동의를 구해야 한다. 법원은 연명치료중단에 관한 환자의 의사를 판단할 때 역시 이런 원칙에 입각해 사전의료지시나 그것을 추정할 만한 근거가 있어야 한다고 보고 있다.

사전의료지시는 환자가 회복불가능한 사망의 단계에 대비하여 미리 의료인에게 연명치료의 거부 내지 중단에 관한 의사를 밝힌 경우를 말한다. 법원은 사전의료지시의 효력을 인정하기 위해서는 그것이 진정한 자기결정권 행사로 볼 수 있을 정도의 요건을 갖추어야 한다고 밝히고 있다. 즉, "의사결정능력이 있는 환자가 의료인으로부터 직접 충분한 의학적 정보를 제공받은 후 그 의학적 정보를 바탕으로 자신의 고유한 가치관에 따라 진지하게 구체적인 진료행위에 관한 의사를 결정하여야" 한다는 것이다. 또 이 같은 의사를 확인할 때에는 환자 자신이 작성한 서면이나 의료인의 진료기록 등에 의하여 자기결정권을 행사한 사실이 명확하게 입증될 수 있어야 한다.

따라서 위 사례에서처럼 '추정적 의사'만으로 본인의 의사를 인정할 수 있다고 본 대법원의 판결은 납득하기 어렵다.

한편, 환자의 사전의료지시가 없는 상태에서 회복불가능한 사망의 단계에 진입한 경우에는 환자에게 의식의 회복가능성이 없으므로 더 이상 환자 자신이 자기결정권을 행사하여 진료행위의 내용 변경이나 중단을 요구하는 의사를 표시할 것을 기대할 수 없다.

대법원의 주장처럼 추정적 의사에 대한 확인이 아무리 객관적으로 이루어진다고 해도 그것은 여전히 환자 본인의 직접적이고 명시적인 의사라고 할 수 없다. 그럼에도 불구하고 법원은 추정적 의사에 입각한 연명치료 중단의 여지를 남겨두고 있다.

그러나 환자의 평소 가치관이나 신념 등에 비추어 연명치료를 중단하는 것이 객관적으로 환자의 최선의 이익에 부합한다고 인정되어 환자에게 자기결정권을 행사할 수 있는 기회가 주어지더라도 연명치료의 중단을 선택하였을 것이라고 볼 수 있는 경우에는, 그 연명치료 중단에 관한 환자의 의사를 추정할 수 있다고 인정하는 것이 합리적이고 사회상규에 부합된다. 이러한 환자의 의사 추정은 객관적으로 이루어져야 한다. 따라서 환자의 의사를 확인할 수 있는 객관적인 자료가 있는 경우에는 반드시 이를 참고하여야 하고, 환자가 평소 일상생활을 통하여 가족, 친구 등에 대하여 한 의사표현, 타인에 대한 치료를 보고 환자가 보인 반응, 환자의 종교, 평소의 생활 태도 등을 환자의 나이, 치료의 부작용, 환자가 고통을 겪을 가능성, 회복불가능한 사망의 단계에 이르기까지의 치료 과정, 질병의 정도, 현재의 환자 상태 등 객관적인 사정과 종합하여, 환자가 현재의 신체상태에서 의학적으로 충분한 정보를 제공받는 경우 연명치료 중단을 선택하였을 것이라고 인정되는 경우라야 그 의사를 추정할 수 있다.

한편 소수의 반대 의견은 연명치료 중단을 허용했을 때의 문제점을 지적하고 있다.

사람의 생명은 그 무엇과도 바꿀 수 없는 고귀한 것이고, 살아있다는 것 자체로 가치가 있다. 사람의 정신과 뇌의 기능은 오묘한 것이어서 단순히 물리적으로 또는 의학적으로만 판단하기 어려운 측면이 있음은 누구도 부인하기 어렵다. 지속적 식물인간 상태로 10여 년 이상의 장기간이 지난 후에 의식이 회복된 예도 있고, 자발호흡이 없어 인공호흡기를 제거하면 곧 사망에 이를 것이라는 판단 아래 인공호흡기를 제거하였으나 수년간을 더 생존한 예도 있음을 우리는 알고 있다.

'추정적 의사'를 객관적으로 확인할 수 있다고 담보할 수 없는 상황에서 이러한 반대 의견도 어느 정도 일리가 있어 보인다.

또한 법원의 사후적 평가에 따라 환자를 죽음에 이르게 했다는 혐의로 형사 책임까지 져야 하는 의료인의 입장도 고려할 필요가 있다.

연명치료를 중단하는 데 있어 조금이라도 문제가 될 것 같으면 의료인은 방어적인 태도를 취할 수밖에 없다. 실제로 많은 의사들이 환자 측의 요구에도 불구하고 연명치료 중단에 소극적인 것도 같은 맥락에서 이해될 수 있다. 소수의견은 이런 문제가 "절차적 요건이 마련되지 않은 상태에서 실체적 요건을 제시하는 것만으로는 근본적으로 해소되기 어렵다"고 지적한다. 이처럼 대법원의 판결은 오히려 연명치료 중단에 관한 입법의 필요성을 확인하게 해준다.

당당하고 존엄한 죽음을 위하여

불치병으로 시한부 판정을 받은 환자가 무의미한 연명치료를 중단하고 죽음을 준비할 수 있도록 하는 치료를 '호스피스'라고 부른다. 호스피스는 삶을 연장하는 치료를 중단했다는 점에서 소극적 안락사에 해당하지만, 단지 죽음을 기다리는 차원이 아니라 신체적·정신적 고통을 완화하는 치료가 병행된다는 점이 특징이다. 또한 환자가 죽음 앞에 비굴해지지 않고 죽음을 당당하게 맞이함으로써 존엄한 죽음을 선택할 수 있도록 돕는다는 점에서 존엄사로 지칭되기도 한다.

물론 호스피스도 연명치료를 거부함으로써 생명의 인위적인 지속을 중단시키는 일종의 '자살'로 이해될 수 있을 것이다. 하지만 단지 연명에 지나지 않는 무의미한 치료를 굳이 받지 않고 자연스럽게 죽음을 맞이할 수 있다는 점에서 호스피스는 '자연사'로 이해될 수도 있다.

이런 관점에서 최근에는 죽음을 소외시키는 '빠른 의학'에서 벗어나 환자의 몸과 마음을 돌보는 '느린 의학'의 필요성이 제기되고 있다. 주변을 둘러보면 의료진은 환자가 조만간 죽을 수밖에 없다는 사실을 침묵한 채 고통스럽고 무의미한 연명치료를 행하기에 바쁜 경우가 많다. 느린 의학의 측면에서 죽음의 질을 높이고 죽음을 자연스럽게 맞이하기 위해 호스피스의 활성화가 필요한 이유다.

죽음은 코앞에 닥치기 전에는 상상하는 것조차 꺼려지는 어떤 것이 아니라 친숙하고 거룩한 것으로 인식될 필요가 있다. 호스피스처럼 죽음과 맞닥뜨리기 훨씬 이전부터 죽음을 준비하는 길을 마련하고, 기꺼이 자신과 가족의 죽음에 직면할 용기를 가질 수 있어야 한다. 그렇지 않으면 죽음에 대한 공포를 상업적으로 이용하면서 마치 죽음을 영원히 미룰 수 있을 것처럼 포장하는 의료산업의 감언이설에 넘어갈 수밖에 없다.

법, 안락사를 말하다

알레한드로 아메나바르의 영화 〈씨 인사이드〉(2004)에는 다이빙을 하다 목 아래로 전신이 마비된 한 사내가 등장한다. 주인공 라몬은 사지가 마비돼 스스로의 힘으로는 지옥 같은 삶을 끝낼 수조차 없다. 죽을 수 있도록 도와 달라는 진심어린 부탁에도 불구하고 안락사를 원하는 그의 소망은 자살방조를 처벌하는 법 때문에 이루어질 수 없다. 마침내 법정으로 간 라몬은 "죽음은 나에게 주어진 마지막 자유"라고 외치며 죽음을 결정할 수 있는 권리가 누구에게 있는지를 묻는다. 하지만 법원도 그의 죽음을 허락하지 않고, 라몬은 끝내 "인간의 존엄은 자유롭게 죽음을 선택할 수 있을 때"라는 말을 남기고 친구들이 준비해준 독극물을 마시며 죽어간다.

1975년 미국에서는 저명한 신학자인 헨리 반 두센(Henry van Dusen) 박사 부부가 비슷한 주장을 하며 함께 목숨을 끊은 사건이 있었다.[13] 두센 박사는 죽기 5년 전 73세가 되던 해에 심각한 뇌졸중으로 인해 신체 활동뿐 아니라 정상적으로 말하는 것마저 불가능하게 됐다.[14] 비슷한 시기에 그의 아내는 노인성 관절염으로 점차 심해지는 고통에 시달리고 있었다. 미국 안락사협회의 회원이었던 부부는 다량의 수면제를 복용해 자살을 시도했다. 그 결과 아내는 즉시 세상을 떠났고, 그는 2주 후에 심장마비로 사망했다.

그들은 자녀와 친지들에게 남긴 유서에서 행복한 인생을 살았지만 나이가 들어가면서 건강이 나빠져 하고 싶은 것을 할 수 없게 되었고, 죽는 것은 두렵지 않다고 말했다. 또한 자신들의 선택으로 실망을 안긴 사람들에게 용서를 구하기도 했다. 부부는 "세월이 지나 우리가 선택한 방식이 더욱 일상적인 것으로 인정될 수 있기를 바란다"는 기원을 남겼다. 이들의 죽음은 미국 사회에서 존엄하게 죽을 법적 권리에 대한 논쟁이 촉발되는 계기가 되었다.

실제로 안락사에 대한 입법은 세계 각국에서 이미 활발하게 논의되었고 법으로 제정된 사례도 상당하다. 네덜란드는 2001년, 벨기에는 2002년, 룩셈부르크는 2009년에 안락사를 합법화했고, 미국의 오리건 주는 1997년, 워싱턴 주는 1998년에 의사 조력자살을 합법화했다.[15] 특히 미국의 일부 주에서는 연명치료 중단을 자연사의 차원으로 이해하는 법률을 제정하고 있다.

예컨대 워싱턴, 아이다호, 워싱턴 DC, 노스캐롤라이나 등에서는 '자연사법(Natural Death Act)'이라는 명칭으로 연명치료의 중단을 요구할 수 있는 치료거부권을 보장하고 있다. 자연사법은 정해진 요건과 절차를 갖춘 생전유언이나 사전지시가 있으면 의료진이 환자에 대한 연명치료를 중단하여 자연적으로 죽음에 이르도록 허용한다. 이 법에 따르면 소극적 안락사(연명치료중단)가 자연사로 받아들여지고, 연명치료가 오히려 이런 자연사를 거스르는 행위로 이해된다.

따라서 안락사를 규율하는 입법에 앞서 자연사의 경계가 과연 어디인지 사회적인 재고가 우선되어야 할 것이다. 나아가 연명치료를 중단함으로써 죽음을 앞당기는 것이 섭리를 거스르는 것인지, 아니면 연명치료를 통해서 죽음을 늦추는 것이 섭리를 거스르는 것인지도 다시 생각해볼 수밖에 없다.

한편 안락사가 원칙적으로 합법화된다고 하더라도 이 법을 모두에게 적용할 수 있는지는 여전히 논란의 여지가 있다. 아직 성인이 아닌 미성년자가 안락사를 요청할 경우가 그렇다.

2008년 영국에서는 불치병에 걸린 소녀가 '존엄하게 죽을 권리'를 주장하며 수술을 거부하고 죽음을 선택한 일이 있었다.[16] 다섯 살에 백혈병 진단을 받은 그는 죽기 직전까지 병마와 싸워야 했다. 약물 치료를 받느라 심장이 약해져 심장 이식 수술을 받게 된 소녀는 수술이 실패로 돌아갈 수도 있고, 설령 성공한다 해도 끔찍한 치료가 남아 있다는 사실을 잘 알았다. 병원은 소송을 통해 강제로라도 수술을 관철하려 했지만, 소녀는 남은 삶을 즐기며 "인간답게 살고 싶다"는 주장을 굽히지 않았다. 그의 죽음은 본인의 확고한 의지와 부모의 동의 아래 결정되었다. 이 사례는 영국에서 미성년자 안락사에 관한 논란을 촉발하는 계기가 되었다.

미성년자는 법정대리인의 동의를 얻어야만 법률행위를 할 수 있다는 점에 비춰 본인의 의사만으로 안락사를 허용하는 것은 불가능하다는 주장도 제기된다. 죽음은 한 번 결정하면 돌이킬 수 없으므로 소극적 안락사에 한정하더라도 미성년자의 안락사는 인정할 수 없다는 입장이다. 뿐만 아니라 부모가 치료비 부담으로 자녀의 치료를 거부하는 상황도 배제할 수 없다.

하지만 이런 주장의 대척점에서 죽음에 관한 한 자기결정권을 인정하여 미성년자도 자신의 죽음을 선택할 수 있다는 주장도 가능하다. 삶과 죽음에 관한 결정은 나이와 상관없이 본인이 내릴 수 있어야 하고, 같은 취지로 유엔아동권리협약에서도 아동의 복리는 본인의 결정이 우선되어야 한다고 보고 있기 때문이다. 이에 따라 2014년 현재 네덜란드와 벨기에가 미성년자의 안락사를 허용하는 국가로 확인되고 있다.

이런 추세에 비춰볼 때 연명치료를 중단할지를 포함해 안락사를 결정해야 할 때마다 그 개별 사례를 모두 법원이 판단하도록 하는 우리의 현실에는 심각한 문제가 있다. 그 범위나 절차가 어떻든 우리나라에도 안락사를 규율하는 입법이 필요하다. 우선 안락사의 요건과 절차를 명확하게 규율하는 입법을 마련하고, 모호한 규정이 있을 경우에만 법원이 판단할 수 있는 여지를 남겨두는 방식이 바람직할 것이다. 여기에는 두 가지 중요한 원칙이 깔려 있다. 기본권에 관한 사항은 법률에 의한 규율이 필요하다는 '법률유보원칙', 특히 안락사와 같이 기본권의 본질적인 사항을 규율하는 법은 반드시 의회가 제정해야 한다는 '의회유보원칙'이 그것이다.

입법 과정에서 가장 중요하게 고려되어야 할 것은 안락사의 허용 요건, 그 가운데서도 '상황적 요건'이다. 안락사는 당시의 의학 기술로는 치료가 불가능한 질병으로 환자가 극심한 고통을 받는 경우에 한해 허용될 필요가 있다. 환자가 고통받는다는 사실을 객관적으로 확인할 때에는 육체적 고통 외에 사람마다 차이가 있는 정신적 고통도 배제하기 어렵다. 때문에 육체적 고통과 정신적 고통을 군이 분리할 것이 아니라 환자가 겪고 있는 고통을 종합적으로 평가해야 한다.

한편 상황적 요건만큼이나 중요한 것이 당사자의 의사를 반영한 '주관적 요건'이다. 안락사를 인정할 때에는 본인의 동의가 반드시 있어야 하며, 이러한 동의는 타인의 강요에 의한 것이 아니라 자발적인 것이어야 한다. 그리고 그 사실이 직접적·명시적으로 표현되어야 한다. 따라서 안락사를 결정할 때는 환자가 명확하게 자신의 의사를 표현할 수 있을 때 서명과 함께 서면으로 작성된 문서나 법적 효력이 인정되는 유언이 필요하다.

그밖에도 '절차적 요건'으로 안락사를 원하는 환자는 충분한 상담을 받고 일정한 숙려 기간을 거칠 필요가 있다. 진정한 의미의 자발적 결정은 안락사나 자살에 대한 충분한 정보를 제공받은 상태에서 충분히 숙고한 후에나 이루어질 수 있기 때문이다. 정신과 의사인 스캇 팩(Morgan Scott Peck) 박사는 구체적으로 "병, 그 병의 병력, 진행 상황, 예후에 대한 질문들", "환자가 그 병에 대해 갖고 있는 느낌과 환상은 어떤 것이고 죽음과 죽음을 맞이하는 느낌과 환상은 어떠한지", "환자가 안락사를 원하는 이유", "환자의 가족들과 부양 방식, 화해 가능한 갈등이 있는지" 등을 확인할 것을 주문하고 있다.[17]

마지막으로 '방법적 요건'으로 안락사가 결정되면 이는 반드시 의사가 시술하도록 하고, 그것은 어떠한 경우에도 인간의 존엄성을 해치지 않는 방식으로 이루어져야 한다.

안락사

04

병사
죽음과 복지

스위스의 상징주의 화가 페르디낭 호들러(Ferdinand Hodler)는 역사적 사건, 노동하는 사람들, 자연 풍경을 담은 수많은 작품을 남겼다. 그 가운데서도 가장 주목받은 작품은 삶과 죽음, 그리고 사랑을 주제로 그린 초상화들이다. 특히 젊고 사랑스런 아내 발렌틴 고데-다렐의 투병과 죽음을 그린 연작은 호들러의 대표작으로 꼽힌다.

호들러와 함께 산 지 3년, 딸을 낳고 3개월밖에 지나지 않은 1914년 발렌틴은 부인과에서 암 수술을 받았고, 그로부터 1년 뒤에 세상을 떠났다. 1912년부터 1915년 사이 호들러는 병마와 싸우는 발렌틴의 모습을 수없이 기록했다. 암 투병이라는 길고 고통스런 시간과 갑작스럽고 무자비한 죽음의 순간을 그렇게 그림을 그리며 버틴 것이다. 부모와 다섯 형제를 모두 먼저 떠나보냈던 그로서는 죽음을 회피하는 것보다 정면으로 마주보고 낱낱이 기억하는 것이 사랑하는 이의 곁을 지키는 방법이었으리라. 그래선지 호들러가 남긴 발렌틴

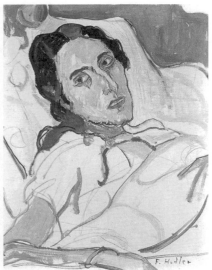

페르디낭 호들러
〈헝클어진 머리의 발렌틴〉 1915, 〈아픈 발렌틴〉 1914, 〈병상에 누운 발렌틴〉 1915(위 왼쪽부터 시계 방향)
〈죽은 발렌틴〉 1915(81쪽)

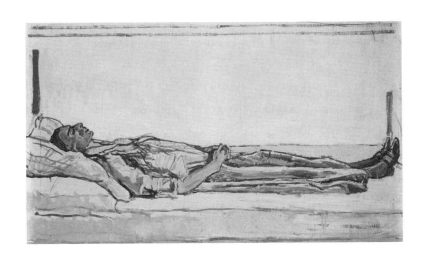

의 그림들은 보는 이로 하여금 인간이 병들어 사망에 이르는 과정을
사실적으로 바라보도록 한다.

질병, 특히 사람을 죽음에 이르게 하는 병은 당사자뿐 아니라 그를
지켜보는 사람들에게도 견디기 힘든 고통을 안긴다. 질병을 피할 수
만 있다면 좋겠지만 평생 그 어떤 병에도 걸리지 않는 사람은 흔치
않다. 더구나 나이가 들면 병에 더 쉽게 걸리고, 그것을 고치기도 점
점 어려워지거나 심지어 병을 고치지 못하고 죽음에 이르기도 한다.
죽을 수밖에 없는 병에 걸리게 되면 누군가는 질병의 유전자를 물려
준 부모를 원망할 수도 있고, 누군가는 수많은 사람 중에 하필이면
자신이 그런 병에 걸리게 된 운명을 탓할 수도 있다.

사람을 죽음에 이르게 하는 병은 다양하다. 이 가운데는 현대의 의
학수준으로 치료가 불가능한 질병도 있지만 충분히 치료할 수 있는
질병도 많다. 불치병에 걸려 죽는 것은 어쩔 수 없겠지만 치료할 수

있는 병인데도 '경제적 빈곤'으로 사망에 이르게 되었다면 그만한 비극도 없을 것이다.

2014년이 끝날 무렵 서울 구로구의 한 다세대 주택에서 40대 남성의 시신이 발견된다. 인기척 없는 집에 며칠째 켜진 텔레비전과 현관문 틈으로 흘러나온 알 수 없는 액체를 이상하게 여긴 주민의 신고로 경찰이 출동했고, 유서는 발견되지 않았다. 검시를 마친 경찰은 방 안에서 발견된 간경화 약과 황달기가 있는 시신의 눈동자, 복수가 차서 부풀어 오른 배 등으로 미루어 질병으로 인한 사망이라고 결론 지었다. 망인은 숨지기 1년 전까지만 해도 공사 현장에서 목수로 일했으나 간경화가 심해진 뒤로는 일을 하지 못했다. 가족들이 간호를 하고 치료비를 보탰지만 여의치 않았다. 수입이 끊긴 그는 전셋집을 빼서 월세방으로 옮기고 남은 전세 보증금으로 치료비와 생활비, 월세를 충당했다. "빨리 병이 나아 스스로 일해 먹고살고 싶다"던 망인은 누나와의 마지막 통화를 끝으로 누구와도 연락하지 않았고 결국 숨진 지 20일 만에 발견됐다. 망인의 사연은 2014년의 마지막 날 일간지를 통해 세상에 알려졌다.[1]

그보다 앞서 2007년의 마지막 날에도 우리는 비슷한 죽음을 목격했었다. 공장에서 일하다 실직한 어느 외국인 근로자가 복막염으로 사망한 것이다. 그는 1999년 관광비자로 입국했으나 이후 한국 생활이 길어지면서 불법체류자가 됐다. 실직으로 치료비도 없었고, 신분상 병원에 갈 엄두도 내지 못한 망인은 이틀 동안 극심한 복통에 시달리다 동료들에 의해 병원으로 옮겨졌지만 끝내 숨을 거두고 말았다.[2]

간경화나 복막염처럼 현대 의학으로 쉽게 치료될 수 있는 질병에도 여전히 많은 사람들이 목숨을 잃는 이유는 무엇일까. 지금의 경제구조에서는 의료 행위도 시장에서 판매되는 서비스에 속한다. 구매능력이 없는 사람들에게는 의료서비스 역시 다른 재화처럼 감히 구매를 '포기'해야 하는 대상일 수 있다. 특히 희귀병이나 난치병처럼 치료비가 많이 드는 질병이라면 아무리 경제적으로 여유가 있는 사람이라고 하더라도 재정적 어려움을 겪을 수밖에 없다.

건강에 대한 국가의 책임

병들어 죽는 것은 사고로 사망한 것이 아니므로 자연사에 속할 수 있다. 의학적으로도 외부 요인이 아니라 신체의 이상으로 죽기 때문에 모든 자연사는 병사를 의미한다. 하지만 문제는 같은 병이라 할지라도 개인이 처한 환경적 요인에 따라 죽음의 시점이 앞당겨질 수 있다는 데 있다. 사실 질병의 원인은 유전적인 것도 있지만 경제적 빈곤으로 인해 건강과 멀어진 생활환경, 특히 불충분한 영양 공급이 결정적인 이유일 수 있다. 빈곤은 질병을 발생시킬 뿐만 아니라 악화시키고, 종국적으로 치료를 받지 못해 죽음에 이르게도 한다.

따라서 기본적으로 죽음의 원인이 되는 질병을 퇴치하기 위해서는 '빈곤의 퇴치'가 필수적이다. 국가 차원에서도 최소한 경제적 빈곤으로 의료서비스를 제공받지 못해 환자가 죽음에 이르게 되는 상황이 발생하지 않도록 사회보장제도로서 의료서비스를 보장할 필요가 있다.

헌법은 '인간다운 생활을 할 권리'를 규정함으로써(헌법 제34조 제1항) 사회보험을 받을 권리를 포함한 다양한 사회권을 보장하고 있다. 특히 헌법 제36조 제3항은 보건에 관한 국가의 의무를 규정하고 있는데, 여기에서 '보건권'이 도출된다.

헌법재판소는 보건권을 다음과 같이 해석한 바 있다. "국민의 보건에 관한 권리는 국민이 자신의 건강을 유지하는 데 필요한 국가적 급부와 배려를 요구할 수 있는 권리를 말하는 것으로서, 국가는 국민의 건강을 소극적으로 침해하여서는 아니 될 의무를 부담하는 것에서 한 걸음 더 나아가 적극적으로 국민의 보건을 위한 정책을 수립하고 시행하여야 할 의무를 부담하는 것을 의미한다."[3] 헌재의 판결은 보건권을 건강에 대한 국가의 불가침 차원에서 이해할 게 아니라 국가가 적극적으로 질병의 예방과 치료에 힘써야 함을 시사한다.

헌법재판소는 "건강보험수급권의 보장은 인간다운 생활을 할 권리의 보장을 의미한다"며 사회보험수급권에 건강보험도 포함된다고 봤다.[4] 그보다 앞서 "사회보장수급권은 헌법 제34조 제1항에 의한 인간다운 생활을 보장하기 위한 사회적 기본권 중의 핵심적인 것이고, 의료보험수급권은 바로 이러한 사회적 기본권에 속한다"고 판시하기도 했다.[5] 헌법상의 권리와 헌재의 결정은 국민 건강에 대한 국가의 책임을 일관되게 명시하고 있다. 이러한 제도적 보장은 가입자의 보험료로 운영되는 '건강보험'이나 세금으로 운영되는 '의료보장'을 통해서 구체화될 수 있다.

건강보험을 둘러싼 갈등

　기본적으로 보험은 화재나 교통사고와 같이 불의의 사고로 발생할 수 있는 위험에 대비하기 위한 상품으로 기업(보험회사)에 의해 설계된다. 기업은 사고가 발생할 확률에 기초하여 보험가입자가 매달 납부해야 할 보험료를 책정하고, 사고가 발생했을 때 피보험자에게 지불해야 할 보험금을 계산한다. 기업의 목적은 이윤추구이기 때문에 보험의 경우에도 이윤이 남지 않는다면 상품을 판매할 이유가 없다. 보험상품은 이윤을 남기고자 하는 기업의 의도와 사고로 인한 위험에 대비하기 위한 소비자의 필요가 맞물려 생산되고 소비된다.

　하지만 이윤 추구가 목적이 아닌 보험도 있다. 공동체구성원 모두가 경험할 수 있는 위험은 모든 구성원들이 대비할 수 있도록 그 가입이 법으로 강제되어야 할 필요가 있는데 이러한 보험이 사회보험이다. 질병, 노령, 사망, 실업과 같이 누구나 경험할 수 있는 '보편적 위험'에 대비하기 위하여 대부분의 국가는 사회보험제도를 설계한다. 이처럼 사회보험은 기본적으로 보험의 속성을 갖지만 법으로 규율되면서 국가가 관리하고 가입이 강제된다는 점이 특징이다. 평소에 일정 금액을 정기적으로 납부하고, 질병에 걸렸을 때 저렴한 비용으로 의료서비스를 받을 수 있는 건강보험제도가 여기에 속한다.

　우리나라는 국민건강보험법을 제정해 건강보험제도를 규율하고 있다. 건강보험제도의 가장 큰 특징은 강제가입이다. 이 법에 따르면 "국내에 거주하는 모든 국민"은 가입자로든 피부양자로든 건강보험에 반드시 가입해야 한다(동법 제5조 제1항). 그래서 건강보험 가입을 강제하는 것에 대해 비판을 제기하는 사람들도 있다. 헌법재판소는 이런 의무가입(가입강제)제도가 헌법에 위배되지 않는다고 결정했다. 건강보험이 의무가입제도로 운영되는 것은 국가의 정당한 공공복리를 효과적으로 달성하기 위함이며, 경제적인 약자에게도 기본적인 의료서비스를 제공하기 위해서 생활이 어려운 경우 보험료 부담 없이 의료 혜택을 받을 수 있도록 하는 보험료 경감 장치를 두고 있다는 것이다. 헌재는 가입강제제도가 행복추구권이나 재산권을 침해한다는 주장도 인정하지 않고 있다.

건강보험의 문제를 시장경제의 원리에 따라 사보험에 맡기면 상대적으로 질병발생 위험이 높거나 소득수준이 낮은 사람들은 보험에 가입하는 것이 매우 어렵거나 불가능하게 되어, 국가가 소득수준이나 질병위험도에 관계없이 모든 국민에게 동질의 의료보장을 제공하고자 하는 목적을 달성할 수 없으므로, 원칙적으로 전국민을 강제로 보험에 가입시키고 경제적 능력에 비례하여 보험료를 납부하도록 함으로써 의료보장과 동시에 소득재분배 효과를 얻고자 하는 것이다. 이와 같이 국가가 국민을 강제로 건강보험에 가입시키고 경제적 능력에 따라 보험료를 납부하도록 하는 것은 행복추구권으로부터 파생하는 일반적 행동의 자유의 하나인 공법상의 단체에 강제로 가입하지 아니할 자유와 정당한 사유 없는 금전의 납부를 강제당하지 않을 재산권에 대한 제한이 되지만, 이러한 제한은 정당한 국가목적을 달성하기 위하여 부득이한 것이고, 가입강제와 보험료의 차등부과로 인하여 달성되는 공익은 그로 인하여 침해되는 사익에 비하여 월등히 크다고 할 수 있으므로, 위의 조항들이 헌법상의 행복추구권이나 재산권을 침해한다고 볼 수 없다.[6]

하지만 이 같은 취지에도 불구하고 건강보험제도에 관한 불만은 여전히 남아 있다. 직장가입자와 지역가입자의 형평성 논란이 그것이다. 건강보험 가입자는 직장가입자와 지역가입자로 구분된다(동법 제6조 제1항). 법에 따라 모든 사업장의 사용자와 근로자, 공공기관의 공무원 및 학교의 교직원은 직장가입자에 해당한다. 직장가입자로 건강보험에 가입되면 가입자 본인을 포함해 배우자, 자녀, 친족내외, 형제·자매 가운데 소득이 없는 사람이 건강보험의 혜택을 받을 수 있다(동법 제5조 제2항). 한편 직장가입자와 그 피부양자를 제외한 가입자는 지역가입자에 해당한다. 지역가입자는 직장가입자와 달리 개개인이 가입하도록 되어 있어 따로 피부양자를 포함하지는 않는다.

직장가입자는 벌면 버는 대로 국가에 보고되어 상대적으로 쉽게 소득이 파악되며 그것이 즉시 건강보험료 책정에 반영된다. 이 때문에 '유리 지갑'이라는 볼멘소리가 나온다. 반면 지역가입자는 소득뿐 아니라 재산에 대해서도 보험료를 부과하는 것은 부당하다고 주장한다. 예를 들어 전세 아파트에 살며 자가용 한 대를 가진 지역가입자의 경우 월 소득뿐 아니라 전세금(부동산), 자가용(재산)도 건강보험료 책정의 바탕이 된다. 또 소득에 적용되는 보험료의 비율도 직장가입자와 다르다. 그래서 소득이 같아도 많게는 몇 배의 보험료를 지불해야 하는 경우가 있다.

하지만 헌법재판소는 형평성에 어긋난다는 양측의 이런 주장에 대해서도 위헌이 아니라고 판결했다. 그 근거는 '국가의 노력'이다. 직장가입자와 지역가입자의 소득파악 수준의 격차가 좁혀지고 있으며, 보험료 산정 방식도 합리적으로 개선하기 위해 국가가 노력하고 있다는 것이다. 헌재는 국가가 이런 노력을 통해 직장가입자든 지역가입자든 각자의 경제적 능력에 맞게 보험료를 산정함으로써 평등권을 침해하지 않는다고 판시했다.

직장가입자와 지역가입자 사이에는 소득파악률, 소득신고의 방법, 소득결정방법, 보험료 부과대상소득의 발생시점 등에서 근본적인 차이가 있고, 특히 직장가입자의 소득은 거의 전부 파악되는데 반하여, 지역가입자의 소득은 일부분밖에 파악되지 않는다는 점에서 현저한 차이가 있다. 이처럼 현저한 차이가 있는 직장가입자와 지역가입자의 보험료부담의 형평을 보장하기 위하여 직장가입자의 경우에는 표준보수월액을, 지역가입자의 경우에는 부과표준소득을 기준으로 보험료를 산정하도록 규정함으로써 직장근로자의 경우에는 소득만을 기준으로 하고, 소득 파악이 어려운 지역가입자의 경우에는 소득뿐만 아니라 재산, 생활 수준, 직업, 경제활동참가율 등 다양한 변수를 참작한 추정소득을 기준으로 하도록 하는 것인 바, 이러한 차별취급은 경제적 능력에 따른 부담의 원칙에 입각하고 있고, 지역가입자와 직장가입자의 본질적인 차이를 고려하여 그에 상응하게 보험료의 산정을 달리하도록 한 것이므로 헌법상의 평등권을 침해하는 것이라 할 수 없다.[7]

같은 맥락에서 직장가입자와 지역가입자의 재정을 통합하면 직장가입자에게 불리하다는 주장도 제기됐지만, 헌재는 이 역시 위헌이 아니라고 결정했다. 지역가입자의 소득을 객관적으로 추정하기 위하여 1년 반의 유예기간을 두고 있고, 재정운영위원회를 통해 보험료 분담율을 조정함으로써 평등을 보장하는 법적 장치를 마련하고 있다는 게 그 이유다. 또 직장가입자의 비중이 점차 커지고 있는 상황에서 재정을 분할할 경우 발생할 수 있는 문제점도 판단의 근거가 됐다. 세대간·계층간 분리를 방지하기 위해서라는 것이다.

국민건강보험법 제정 이후 지역가입자의 다수가 지속적으로 직장가입자로 편입됨에 따라, 소득활동이 없는 노년층, 영세 자영업자, 일용직 노동자 등이 지역가입자의 대부분을 차지하게 되었는데, 이러한 상황에서 직장가입자와 지역가입자의 재정을 분리할 경우, 청·장년층과 노년층의 세대별 분리와 함께 소득활동이 있는 자와 없는 자의 경제적 분리가 발생하게 되어 경제적 계층이 형성될 수 있다. 이러한 경제적 계층의 형성을 방지하기 위하여 입법자는 1999년 2월 8일 법 제정 당시 도입되었으나 시행이 연기되었던 재정통합조항을 2003년 7월 1일 시행하여 직장가입자와 지역가입자의 재정을 통합하여 운영하도록 한 것이다. 따라서 재정통합조항은 재정통합을 통하여 경제적 계층의 형성을 방지하고 소득재분배와 국민연대의 기능을 높이고자 하는 것으로서 입법형성권의 범위를 벗어났다고 보기 어려우므로 청구인들의 평등권과 재산권을 침해하지 않는다.[8]

하지만 직장가입자와 지역가입자를 구분하는 것에 대해서는 여전히 반론이 만만치 않다. 특히 소득이 얼마인지 국가가 즉시 파악할 수 있는 직장가입자의 불만이 크고, 피부양자제도가 인정되지 않는 지역가입자의 불만도 크다. 이런 문제점을 보완하기 위해서 가입 형태와 상관없이 모두에게 소득을 기준으로 보험료를 부과하는 원칙을 세우고, 근로소득 이외에 금융소득 · 양도소득 · 상속소득 · 퇴직소득 등에 대해서도 보험료를 부과하는 방안이 대안으로 제시되기도 한다.

건강보험제도를 둘러싼 갈등은 가입자뿐 아니라 의사와 환자 간에도 존재한다. 국민건강보험법은 질병, 부상, 출산 등으로 인해 병원에서 진료를 받아야 하는 경우 '요양급여'를 받을 수 있도록 하고 있다(동법 제41조 제1항). 법은 사실상 모든 의료기관을 요양급여 실시기관으로 지정하고 있다. 이른바 '요양기관 강제지정제'다. 죽게 될지도 모르는 질병이나 부상으로 고통받는 환자들은 모든 의료기관에서 건강보험이 적용된다는 점을 다행으로 여길 것이다. 하지만 원치 않는 환자를 받아야 하는 의사들의 입장에서는 이 제도가 그리 달갑지 않을 수도 있다. '직업의 자유'가 제한되기 때문이다. 하지만 헌재는 법에 의한 이 같은 자유의 침해 역시 위헌이 아니라고 판시하였다. 법으로 얻는 이득이 개인의 자유를 침해한 것과 균형을 이루어야 한다는 비례성원칙에 입각해 사회보장제도의 중요성을 재확인하면서 의사의 부담이 공익보다 크지 않다고 본 것이다.

요양기관 강제지정제는 의료보장체계의 기능 확보 및 국민의 의료보험수급권 보장이라는 정당한 입법목적을 달성하기 위한 적정한 수단이다. (…) 의료보험의 시행은 인간의 존엄성 실현과 인간다운 생활의 보장을 위하여 헌법상 부여된 국가의 사회보장의무의 일환으로 모든 현실적 여건이 성숙될 때까지 미룰 수 없는 중요한 과제이므로, 요양기관 강제지정제는 최소침해원칙*에 위배되지 않는다. 요양기관 강제지정제를 통하여 달성하려는 공익적 성과와 이로 인한 의료기관 개설자의 직업수행의 자유의 제한 정도가 합리적인 비례관계를 현저하게 벗어났다고 볼 수도 없으므로 의료기관 개설자의 직업수행의 자유를 침해한다고 볼 수 없다.[9]

법의 보호를 받지 못하는 사람들

법은 건강보험이나 의료급여제도로 공공의료 서비스를 제공하고 있지만, 그럼에도 의료서비스를 누리지 못하는 법의 사각지대는 여전히 남아 있다. 제도가 시행되는 과정을 전체적으로 살펴보면, 공공의료 서비스를 받지 못하는 사람이 과도하게 많다는 사실을 알 수 있다. 이는 곧 보건권을 침해당한 사람이 많다는 의미다. 앞서 말했듯이 헌법은 '보건에 관한 권리'를 보장하고 있고, 그 핵심은 보건이나 의료서비스에 관한 국가의 지원을 받을 수 있는 권리이다. 그런데

---

* 헌법 제37조 제2항에 따른 과잉금지의 원칙 가운데 하나로 국가가 국민의 기본권을 제한할 때는 그 제한이 최소한이 되도록 해야 한다는 원칙.

국가의 지원이 터무니없이 부족한 탓에 이런 최소한의 권리도 보장
받지 못한다면, 혹은 그 보장 수준이 최저 수준에도 미치지 못한다면
분명 문제가 있다. 뿐만 아니라 합리적인 이유 없이 특정한 집단을
보호 대상에서 제외한다는 점에서 평등권 침해의 소지도 있다.

감당할 수 없는 본인부담금

소득이 넉넉지 않은 가정에서 가족 중 누군가 병에 걸렸을 때, 다
른 가족이 그를 부양하기란 쉽지 않다. 이렇게 사적 부양이 곤란한
사람들을 위해 다른 공동체 구성원들이 공적 부양을 책임지는 것을
공공부조라고 한다. 공공부조의 범위에는 생계나 주거와 함께 의료
서비스도 포함된다. 건강보험에 가입하여 보험료를 납부할 수 없을
만큼 경제적으로 빈곤한 사람들은 공공부조의 일환인 의료급여제도
의 혜택을 받을 수 있다.

의료급여법은 의료서비스에 관한 공공부조를 규율한다. 의료급여
법의 보호를 받는 사람은 소득이 최저생계비에도 미치지 못할 정도
로 거의 없거나 아예 없는 사람들이다. 법은 소득이 최저생계비 이하
인 사람 가운데 부양의무자가 없거나, 부양의무자가 있어도 부양능
력이 없거나 부양을 받을 수 없는 사람을 수급권자로 정의하고 있다.
국민기초생활수급권자는 동시에 의료급여수급권자가 되는 셈이다.
법은 기초생활수급자 외에도 이재민, 의사상자, 입양 아동, 독립유공
자, 국가유공자, 중요무형문화재의 보유자와 그 가족, 북한이탈주민,
5·18민주화운동 관련자와 그 가족, 노숙인 등에 대한 의료급여도
인정하고 있다.

의료급여의 지급 범위는 다양하다. 수급 대상자는 진찰·검사뿐 아니라 처치·수술 등의 치료행위, 의약품, 치료재, 예방·재활, 입원, 간호, 이송 등 의료서비스 전반에 관한 모든 조치에 의료급여를 받을 수 있다(의료급여법 제7조 제1항). 여기에 들어가는 재원은 각 지방자치단체에 마련된 의료급여기금으로 충당된다. 기금에서 일부만 부담하는 경우에는 본인이 나머지 비용을 부담해야 한다(동법 제10조). 국민건강보험법과 의료급여법의 시행령은 본인이 부담하는 의료비의 범위를 정하고 있다. 국가가 의료서비스에 관한 비용 전부를 보전해주지는 않는다는 뜻이다.

본인부담금의 취지는 건강보험이나 의료급여제도의 남용을 방지하기 위한 것이지만, 그 비율이 지나치게 높아 의료서비스를 받을 수 없을 정도라면 오히려 제도의 근간을 흔드는 부작용을 낳기도 한다. 경우에 따라서는 높은 본인부담금 때문에 병들어도 진료를 받지 못하고, 죽음에 이를 수 있기 때문이다. 그럼에도 불구하고 헌법재판소는 본인부담금제도가 헌법에 위반되지 않는다고 보고 있다. 본인부담금이 과도하다고 볼 수 없고, 보상이나 면제를 통해 보완하고 있다는 게 그 이유다.

본인부담비율을 정하는 것은 기본적으로 의회와 정부가 자유롭게 결정할 수 있는 정책의 문제다. 하지만 보건권이 헌법적 권리로 보장되어 있다면 의회와 정부는 이러한 권리가 최대한 보장될 수 있도록 최선을 다해야 한다. 만약 국민건강보험법과 의료급여법의 보장 수준이 헌법이 요구하는 최소한의 수준에도 미치지 못한다면 헌재는 위헌을 인정하고 무효를 선언해야 한다. 이때 헌재는 국민 전반의 소득 수준, 특히 사회취약계층의 소득 수준을 고려하여야 할 것이다. 그래야 본인부담금이 어느 정도의 부담으로 작용해 보건권이나 건강보험수급권, 의료급여수급권 행사를 방해하는지 적극적으로 심사할 수 있기 때문이다.

빈곤으로 인한 급여의 제한

국민건강보험법은 애초에 급여의 제한을 두고 있기도 하다. 고의 또는 중대한 과실로 인한 범죄의 경우, 고의로 사고를 일으킨 경우, 요양기관의 지시를 따르지 않는 경우, 필요한 문서나 증빙 자료를 제출하지 않은 경우, 질문 또는 진단을 기피한 경우 등이 그것이다. 또 산업재해보상보험법을 포함한 다른 법의 보호 대상이 되는 경우도 중복 급여를 받을 수 없게 되어 있다(동법 제53조 제1항). 의료급여법 역시 예외 대상을 밝히고 있다. 건강보험과 마찬가지로 고의 또는 중대한 과실로 인한 범죄, 고의로 일으킨 사고, 지시에 불응한 경우 등에는 급여 대상에서 제외된다.

법이 '고의 또는 중대한 과실로 인한 범죄나 사고'를 제외 대상으로 규정하는 근거는 의료보험의 공공성과 공동체의식이다. 헌재는 그 이유를 다음과 같이 밝히고 있다.

가입자가 사회적 위험을 스스로 방지할 의무를 게을리 하거나 혹은 더 나아가서 스스로 사회적 위험을 야기하는 것은 보험공동체에 위해를 끼치는 행위로서 이러한 행위로 인한 보험사고에 대하여까지 보험급여를 하는 것은 의료보험의 공공성에 반한다. (…)

나아가 만일 가입자가 저지른 범죄행위로 인한 사고에 대하여도 보험급여를 실시한다면 선량한 주의의무로 사고와 질병을 방지하고 예방하는 등 보험공동체에 대하여 성실하게 책임을 다하는 국민에게 그 부담을 전가하게 되는 불합리한 결과를 가져오고 가입자의 공동체의식을 약화시키게 된다.[10]

물론 본인에게 책임이 있는 범죄나 사고로 질병이나 부상이 발생했을 때 급여를 제한할 필요가 있다는 점은 부인할 수 없다. 하지만 질병이나 부상으로 생명이 위태로울 때 돈이 없어 의료비를 부담할 수 없는데도 급여를 제한하는 것은 매우 가혹한 처사라고밖에 볼 수 없다. 당사자의 경제적 상황을 개별적이고 구체적으로 판단하여 필요한 경우 예외적으로 급여를 제공해야 할 이유가 여기에 있다.

그런가 하면 조금이나마 벌이가 있어서 의료급여의 혜택을 받지 못하지만 먹고 살기가 빠듯해 건강보험료를 낼 정도로 넉넉하지는 않은 사람도 있다. 법은 건강보험료를 납부하지 않으면 연체금을 징수하고, 그래도 납부하지 않으면 납부를 독촉한다. 독촉을 받고도 납부하지 않으면 세금을 체납했을 때와 동일하게 강제징수 절차에 들어간다. 그리고 일정 기간 이상 체납이 지속되면 보험료를 다 낼 때까지 가입자와 피부양자에 대한 보험급여가 정지된다. 건강보험 적용 대상에서 제외된다는 의미다. 결국 빈곤으로 인해 건강보험료를 납부하지 못하면 그나마 있는 소득이나 재산에 대한 강제징수가 이루어질 뿐만 아니라 건강보험의 혜택도 누리지 못하게 된다. 이렇게 개인이 빈곤으로 인해 보험의 사각지대에 놓이게 되는 상황을 방지하기 위하여 연체료를 탕감받을 수 있는 기회를 제공할 필요가 있다.

군인과 수용자에 대한 급여의 정지

건강보험의 혜택을 받을 수 없는 경우는 이뿐만이 아니다. 군대에 가거나 교도소에 수용되어도 건강보험 급여가 정지된다(국민건강보험법 제54조). 기초생활수급자 역시 급여가 정지될 수 있다. 수급자는 가족 단위로 결정되는데 그 구성원에서 제외되면 생계급여를 받지 못할 뿐만 아니라 의료급여도 받을 수 없게 된다. 이 경우에도 군대나 교도소에 들어가 가족과 떨어져 지내게 되는 것이 대표적이다. 하지만 의무로 군복무를 해야 하거나 교도소에 수감된 경우에도 급여 대상에서 제외되는 것은 문제의 소지가 있다.

2013년 뇌종양으로 사망한 한 병사의 사례는 이런 문제점을 단적으로 보여준다. 그는 군복무를 하며 잦은 두통에 시달렸다. 두통은 대수롭게 넘길 수준이 아니었다. 머리가 아프다고 의무대를 찾아갔지만 두통약과 소화제를 처방해주는 것이 전부였다. 두통을 견디며 부대생활과 혹한기 훈련을 모두 해냈지만 의무대에 가면 돌아오는 것은 꾀병이라는 핀잔뿐이었다. 결국 큰 병원에서 검사를 받은 그는 손쓸 수 없이 커져버린 머리의 종양을 발견하게 된다. 5개월이 넘도록 고통을 호소했지만 군에서는 제대로 된 조치를 취하지 않았다. 입원 치료를 받던 그는 극도로 면역력이 약해진 상태에서 별도의 격리 조치나 감염 예방에 필요한 기본적인 처치도 받지 못했고 결국 감기에 옮아 폐렴을 앓다가 의식을 잃은 끝에 사망했다.

교도소에서도 적절한 치료를 받지 못해 수용자가 사망하는 사례도 종종 발생한다. 2013년 국회 법제사법위원회가 공개한 '교도소 내 사망자 현황'에 따르면 최근 10년 간 매년 8명 정도가 건강 악화로 형집행정지를 신청했지만 받아들여지지 않아 결국 사망에 이르렀다. 이 가운데는 간암, 폐암 등 심각한 지병을 앓다 사망한 경우도 있었다. 심지어 형집행정지 결정이 늦어지는 바람에 낙담하고 자살한 재소자도 19명에 달했다.[11]

현실적으로 군대나 교도소는 의료서비스가 미흡한 집단 수용시설이다. 그래서 민간에서 신속하고 적절한 진료를 받았다면 치료될 수 있는 질병임에도 죽음에 이르는 경우가 있다. 이런 문제를 근본적으로 해결하려면 우선 집단 수용시설의 의료서비스를 민간 수준에 가깝게 제고해야 한다. 하지만 만약 그것이 현실적으로 어렵다면 적어도 민간에서 치료받기를 원하는 사람에게 건강보험이나 의료급여제도를 계속해서 이용할 수 있는 선택의 여지를 남겨둘 필요가 있다.

그럼에도 불구하고 헌법재판소는 교도소 수용자에 대한 급여 정지가 헌법에 위반되지 않는다고 보았다. 우선 건강보험의 경우에는 국가가 보건 의무를 제대로 수행하지 못했음을 인정하면서도 급여 정지가 위헌은 아니라고 보았다.

교도소에 수용된 때에는 국민건강보험급여를 정지하도록 한 국민건강보험법 제49조 제4호는 수용자에게 불이익을 주기 위한 것이 아니라, 국가의 보호, 감독을 받는 수용자의 질병치료를 국가가 부담하는 것을 전제로 수용자에 대한 의료보장제도를 합리적으로 운영하기 위한 것이므로 입법목적의 정당성을 갖고 있다. 가사[*] 국가의 예산상의 이유로 수용자들이 적절한 의료보장을 받지 못하는 것이 현실이라고 하더라도 이는 수용자에 대한 국가의 보건의무불이행에 기인하는 것이지 위 조항에 기인하는 것으로 볼 수 없다. 위 조항은 수용자의 의료보장수급권을 직접 제약하는 규정이 아니며, 입법재량을 벗어나 수용자의 건강권을 침해하거나 국가의 보건의무를 저버린 것으로 볼 수 없으므로 수용자의 건강권, 인간의 존엄성, 행복추구권, 인간다운 생활을 할 권리를 침해하는 것이라 할 수 없다.**12**

그러나 수용자들이 적절한 의료보장을 받지 못하는 현실을 인정하고도 이것이 건강보험급여가 강제로 정지된 것과 아무런 상관이 없다고 본 것은 지나친 형식논리라는 지적을 피하기 어렵다.
한편 헌재는 중복 급여를 피하기 위한 의료급여 정지도 타당하다고 판시한다.

생활이 어려운 국민에게 필요한 급여를 행하여 이들의 최저생활을 보장하기 위해 제정된 '국민기초생활 보장법'은 부양의무자에 의한 부양과 다른 법령에 의한 보호가 이 법에 의한 급여에 우선하여 행하여지도록 하는 보충급여의 원칙을 채택하고 있는 바, '형의 집행 및 수용자의 처우에 관한 법률' 및 치료감호법에 의한 구치소 · 치료감호시설에 수용 중인 자는 당해 법률에 의하여 생계유지의 보호와 의료적 처우를 받고 있으므로 이러한 구치소 · 치료감호시

---

* 假使, 가령.

설에 수용 중인 자에 대하여 '국민기초생활 보장법'에 의한 중복적인 보장을 피하기 위하여 개별가구에서 제외하기로 한 입법자의 판단이 헌법상 용인될 수 있는 재량의 범위를 일탈하여 인간다운 생활을 할 권리와 보건권을 침해한다고 볼 수 없다.[13]

물론 헌재의 결정 취지대로 생활이 어려운 국민에게 의료급여를 제공하더라도 중복 보장은 피해야 한다. 그러나 현실적으로 더 나은 보장이 있음에도 그보다 못한 다른 보장을 받고 있으니 그것으로 충분하다는 논리는 언뜻 납득하기 어려운 부분이 있다.

제각각인 요양급여 선정기관

요양급여의 경우에도 사각지대가 존재하는 것은 마찬가지다. 신청자가 법에서 정한 요양급여 기준에 맞는지는 최종적으로 건강보험심사평가원에서 심사한다. 이와 관련한 세부사항은 의약계·공단 및 평가원에서 의견을 모아 보건복지부장관이 정하게 된다. 다만 중증질환의 경우에는 처방과 약제에 관한 요양급여 적용 기준을 심의하는 별도의 기관(중증질환심의위원회)을 거쳐 건강보험평가원장이 정하도록 되어 있다.

요양급여의 전반적인 기준은 이렇게 법에 정해져 있지만 구체적인 기준은 시행규칙에서 정해지고, 시행규칙의 내용은 다시 고시에 의해 세분화된다. 국회가 만드는 법률은 절차가 복잡해 제·개정하는 데 시간이 많이 걸리지만 행정부가 만드는 시행규칙이나 시행령, 고시는 상대적으로 신속하게 제·개정할 수 있기 때문에 요양급여의 기준을 행정부에 위임하고 있는 것으로 보인다. 그런데 법의 구체적인 시행 절차를 하급 기관이 정하도록 위임하다 보면 각각의 법령이 기준을 정하고 있더라도 그 기준에 적합한지를 심사하는 기관이 달라지는 문제가 발생한다.

이러한 위임입법은 법률의 구체적 내용을 행정부가 정하도록 하여 자칫 모든 내용이 행정부의 재량에 맡겨질 가능성이 있다. 때문에 국회가 법률을 만들면서 행정부에 위임할 때는 반드시 구체적으로 그 범위를 정하여 명시해야 한다. 이러한 헌법적 원칙을 '포괄위임입법금지의 원칙'(헌법 제75조 및 제95조)이라고 부른다.

하지만 현행 국민건강보험법이 이 원칙을 지켰다고 보기에는 여전히 의문이 남는다. 구체적인 범위가 법률에 정해지지 않은 채 행정법에 위임되어 있어 요양급여의 기준이 사실상 행정부에 의해 결정되고 있기 때문이다.

누구나 질병으로부터 구제돼야 한다

이렇게 다양한 문제가 제기되는 건강보험제도를 개선하기 위해서는 다른 나라의 제도를 둘러볼 필요도 있어 보인다. 그 대표적인 사례로 영국의 무상의료시스템인 NHS(National Health Service, 국민건강보험)를 들 수 있다.[14] NHS는 병원비를 낼 수 있을 때가 아니라, 병원 치료가 필요할 때 의료서비스를 받을 수 있어야 한다는 원칙 아래 1948년 도입돼 60년 넘게 전액 세금으로 운영되고 있다. '질병

앞에선 빈부격차가 없도록' 하는 사회안전망으로서 NHS는 자국민뿐 아니라 영내에 6개월 이상 체류하는 외국인, 심지어 관광객에게도 문이 열려 있다. 국적·계층·피부색에 상관없이 누구나 영국 땅에 있다면 질병으로부터 구제돼야 한다는 철학을 읽을 수 있다.

NHS는 고용인원 170만 명, 예산 180조 원에 달하는 세계 최대 규모의 공공기관이다. 하지만 이 같은 거대 공공기관을 운영하기 위해서는 그만한 대가가 필요하다. 의료서비스를 받기 위해 적어도 한 달 이상을 기다려야 하고, 세금도 더 많이 내야 하며, 국가 차원에서는 공공병원의 의료서비스 품질도 높여야 한다. NHS는 공공의료의 질을 제고하기 위해 전국 어디서나 같은 품질의 서비스를 받을 수 있도록 하는 시스템을 구축하고 있다. 산하 병원은 정해진 치료, 간호, 사후관리 매뉴얼을 따르기만 하면 된다. 이 매뉴얼에는 환자 본인뿐 아니라 보호자가 겪는 신체적·정신적 고통에 대한 완화 치료도 포함된다.

현행 사회보험으로든 영국처럼 조세를 걷는 방식이든 공공의료서비스는 국민의 보건권을 실현하기 위하여 반드시 필요하고, 이러한 서비스는 누구보다 빈곤한 사회계층에게 더 절실하다. 사회취약계층에 속한 사람들이 과도한 본인부담금이나 연체보험료, 급여의 제한 혹은 정지 때문에 의료서비스를 받지 못하는 상황이 발생하지 않도록 제도를 개선하기 위한 사회적 논의가 시급하다.

질병, 치료에서 예방으로

죽음을 야기하는 질병을 치료하는 것도 중요하지만 그보다 더 중요한 것은 애초에 질병이 발생하지 않도록 예방하는 것이다. 따라서 건강보험제도도 질병의 치료뿐만 아니라 질병의 예방을 위해 기능할 필요가 있다.

물론 지금의 국민건강보험법도 질병의 예방을 언급하고 있기는 하다(국민건강보험법 제41조 제1항 제4호). 법은 이에 따라 질병의 조기 발견과 그에 따른 요양급여를 제공하기 위하여 건강검진을 실시할 것을 요구하고 있다(동법 제52조 제1항). 건강검진은 일반건강검진, 암검진, 영유아건강검진으로 구분하여 실시되는데 일반건강검진은 직장가입자, 세대주인 지역가입자, 40세 이상인 지역가입자 및 40세 이상인 피부양자에게 실시된다. 또 암검진은 암의 종류별 검진 주기와 연령 기준에 따라 해당하는 사람에게, 영유아건강검진은 6세 미만의 어린이에게 실시된다(국민건강보험법 시행령 제25조 제1항 및 제2항). 건강검진은 2년에 한 번 이상 받되, 사무직 종사자는 1년에 한 번 받도록 되어 있다. 다만 암검진과 영유아건강검진은 상황이나 필요에 따라 주기와 횟수를 달리할 수 있다(동조 제3항). 하지만 이는 어디까지나 질병의 조기 발견을 위한 것이어서, 질병을 예방할 수 있는 건강 관리도 필요할 것으로 보인다.

따라서 꾸준히 가입자의 건강상태를 점검하여 질병의 발생 가능성을 차단하고, 질병을 조기에 발견하여 죽음을 포함한 치명적 결과에 이르지 않도록 치료할 뿐만 아니라 가입자 스스로 건강을 유지하도록 하는 정책 개발이 필요하다. 건강보험료를 책정할 때부터 오랫동안 건강을 유지하여 의료서비스를 받지 않은 사람들에게 혜택을 부여함으로써 스스로 건강한 생활을 유지하도록 유도하는 것도 방법이 될 수 있다.

다만 자신의 의지가 아닌 외부 요인으로 불가피하게 질병에 걸려 고통받는 사람들의 치료비는 공동체 전체가 함께 부담하는 것이 합리적이다. 예방할 수도 없고 본인에게 책임도 없는 선천적 질병으로 의료서비스가 필요한 사람들을 위해서는 그 경제적 부담을 공동체 전체가 분담해야 한다. 또 사회구조적 이유로 질병에 걸릴 수밖에 없는 사람들을 위해서는 먼저 그러한 사회구조적 환경이 제거될 수 있도록 노력해야 한다.

Jurisprudential Thoughts on Death

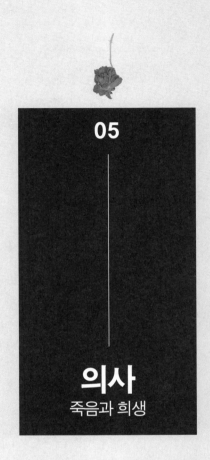

05

의사
죽음과 희생

정자가 말하기를
"진실된 이치를 마음속에 얻으면 저절로 분별된다.
진실된 이치란 진실로 옳은 것을 깨닫는 것이고,
진실로 그른 것을 깨닫는 것이다.
옛사람은 몸을 버리고 목숨을 바치는 자가 있는데
만약 진실로 깨닫지 않았다면 어찌 이렇게 할 수 있겠는가?
모름지기 이들은 삶이 의보다 중요하지 않고,
삶이 죽는 것보다 편안하지 않다는 것을 깨달은 것이다.
그러므로 자신을 죽여서 인을 완성하는 경우가 있었으니
단지 이것은 하나의 옳음을 성취한 것일 뿐이다."라고 하였다.

– 공자(孔子),《논어》, 제15편〈위령공편〉중에서

만일 목숨이 여러 개라면 그중 하나쯤은 다른 사람을 위해 희생할 수 있을지도 모른다. 하지만 사람의 목숨은 누구에게나 하나뿐이다. 그래서 다른 사람을 위해 자신의 목숨을 희생할 수 있는 사람은 흔치 않다. 아무리 죽지 못해 겨우겨우 살아가는 사람이라도 타인을 위해 목숨을 바치는 결정을 내리기는 쉽지 않다. 그래서 사회는 자신의 목숨을 타인을 위해 희생한 사람에게 존경을 표한다.

우리는 공동체에 전혀 기여하지 못하는 사람이라고 하더라도, 심지어 흉악한 범죄를 저질러 죽어 마땅한 사람이더라도 그가 목숨을 바쳐 다른 사람의 생명을 구했다면 그 죽음을 당연하게 여기지 않는다. 사회에 도움이 되지 않는 사람이라도, 극악무도한 사람이라도 마찬가지로 그의 목숨은 하나이기 때문이다. 사람에 대한 평가와 무관하게 생명을 건 모든 희생에 공동체의 평가와 보상이 필요한 이유가 여기에 있다. 이러한 보상을 법은 '사회보상'이라고 부른다.

공동체에 더 많은 공을 남길 수 있었을 사람이 타인을 위해 자신의 목숨을 희생했을 때는 더 큰 안타까움을 불러일으킨다. 이런 안타까움은 굳이 그가 위험에서 건진 다른 사람을 대신해 죽을 필요가 있었는지에 대한 의문으로 이어지기도 한다. 목숨을 바친 사람이 젊고 유능하며 장래가 촉망되는 반면에, 그 희생으로 살아난 사람은 죽을 날이 멀지 않은, 혹은 삶을 비관하여 죽음을 선택한 평범한 사람이라면 과연 그 희생을 높게 평가할 수 있는가?

심지어 한 사람이 수많은 생명을 구했다고 할지라도 이런 의문은 제기될 수 있다. 희생자가 구조된 사람들 모두를 합한 것보다 공동체에 더 많은 유익을 가져다 줄 수 있었을 사람이라면 우리는 그 희생을 선뜻 가치 있는 것으로 평가하지 못할 수도 있다. 가령 훌륭한 정치지도자로서 공동체 전체에 더 나은 삶을 기약할 수 있는 사람이 어느 날 단지 평범한 한 사람의 생명을 구하기 위해 자신의 목숨을 바쳤다면 그 희생에는 많은 사람들이 안타까움을 표시할 수밖에 없을 것이다.

그럼에도 불구하고 타인을 위해 자신의 목숨을 바친 모든 희생자를 공동체 차원에서 기리는 이유는 무엇인가? 그것은 다른 사람을 구하기 위해 목숨을 버리는 결정을 내리기가 쉽지 않음에도 불구하고, 그런 힘든 결정을 내린 것에 대한 평가와 보상으로 이해될 수 있다. 목숨을 바친 희생은 그 자체로 용기 있는 결단이자 행위로 평가되어야 하며, 본받을 만한 귀감으로 여겨져야 한다. 그 희생이 결코 헛되지 않음을 공동체 차원에서 기억함으로써, 우리는 비슷한 상황에서 희생정신을 발휘하는 데 주저하지 않을 수 있을 것이다. 때문에 희생이 강요되어서는 안 되지만 적어도 자발적으로 용기 있는 결단을 내렸다면 그에 대해서는 특별한 평가가 필요하다.

그렇지만 이런 희생을 기릴 때는 뒤르켐((D. Émile Durkheim)의 지적을 기억할 필요도 있다. "극단적 이타주의로 인한 자살을 이타적인 자살이라고 부른다. 그러나 그와 같은 자살은 또한 의무이기 때문에 행해진다는 특징을 가지므로 그 점이 명칭에 포함되어야 한다. 따라서 의무적인 이타적 자살이라고 부르기로 한다."[1] 뒤르켐의 말처럼 아무리 이타적인 자살이라고 하더라도 거기에는 강요된 의무감이 작용했을 수 있다.

베르너 푹스(Werner Fuchs)도 비슷한 지적을 한 바 있다. 개인의 희생정신을 집단의 규범으로 삼고자 할 때, 혹은 사회적 유대를 강화하기 위해 죽음을 활용하고자 할 때 공동체를 위한 투신(投身)을 합리화하려는 노력은 가장 집요하게 이뤄진다.[2] 따라서 희생은 공동체의 유대감이나 집단정신을 고취하기 위한 목적으로 개인에게 강요되는 의무여서는 안 된다. 의사자의 고귀한 죽음은 타인을 위해 자신을 소멸시키려는 순수한 희생정신의 발로여야 한다.

하나뿐인 목숨의 희생

우리는 지하철 역사에서 선로에 떨어진 사람을 구하거나 물에 빠진 사람 혹은 불구덩이에 갇힌 사람을 구하려다 목숨을 잃는 사람들을 종종 만나게 된다. 1974년생인 이수현은 스물일곱이 되던 2000

년 일본어를 배우러 도쿄에 갔다가 이듬해 술에 취해 철로에 추락한 일본인을 구하려다 끝내 숨지고 말았다. 그의 이야기는 일본인 감독 하나도 준지의 영화 〈너를 잊지 않을 거야〉(2006)로도 만들어졌다. 침몰하던 세월호의 승무원이었던 스물두 살의 박지영은 자신이 입고 있던 구명조끼를 학생에게 벗어주며, 걱정하는 학생에게 "승무원은 맨 마지막에 나가는 사람이야. 너희들 다 구하고 나서 그때 나갈게"라고 약속했지만 싸늘한 시신으로 돌아왔다. 폭설에 강당 지붕이 무너져 내리며 200명이 넘는 사상자가 발생한 2014년 경주 리조트 참사에서도 스물여섯의 양성호는 후배들을 구하기 위해 현장에 뛰어들었다가 2차 붕괴로 목숨을 잃었다.

우리는 하나뿐인 목숨을 바쳐 타인의 생명을 구하거나 위험으로부터 구출한 사람의 죽음을 '의로운 죽음'으로 기리며 그 사람을 '의사자(義死者)'로 부른다.[3] 우리 사회가 이런 숭고한 희생에 적절한 보상을 해주기 위해서는 먼저 의사자의 개념을 명확하게 정의하고, 의사자를 인정하는 합리적인 절차가 구성되어야 한다.

의사상자 등 예우 및 지원에 관한 법률(이하 의사자법)은 직무 외의 행위로서 구조를 하다가 사망한 사람, 다시 말해 자신의 생명 또는 신체상의 위험을 무릅쓰고 위급한 상황에 처한 다른 사람의 생명·신체 또는 재산을 구하기 위한 직접적·적극적 행위를 하다가 사망한 사람을 의사자로 정의하고 있다(동법 제2조 제1호 및 제2호). 다른 사람을 위하여 자신의 목숨을 희생하는 행위는 여러 가지 상황에서 발생할 수 있다. 의사자법은 다음을 의사자가 발생할 수 있는 상황으로 보고 있다.

- 강도·절도·폭행·납치 등의 범죄 행위를 제지하거나 그 범인을 체포하다가 사망한 경우
- 자동차, 열차, 그 밖의 운송수단의 사고로 위해에 처한 다른 사람의 생명·신체 또는 재산을 구하다가 사망한 경우
- 천재지변, 수난(水難), 화재, 건물·축대·제방의 붕괴 등으로 위해에 처한 다른 사람의 생명·신체 또는 재산을 구하다가 사망한 경우
- 천재지변, 수난, 화재, 건물·축대·제방의 붕괴 등으로 일어날 수 있는 불특정 다수인의 위해를 방지하기 위하여 긴급한 조치를 하다가 사망한 경우
- 야생동물 또는 광견 등의 공격으로 위해에 처한 다른 사람의 생명·신체 또는 재산을 구하다가 사망한 경우
- 해수욕장·하천·계곡, 그 밖의 장소에서 물놀이 등을 하다가 위해에 처한 다른 사람의 생명 또는 신체를 구하다가 사망한 경우
- 국가 또는 지방자치단체의 요청에 따라 구조 행위를 위하여 법령으로 정하는 통상적인 경로와 방법으로 이동하던 중에 사망한 경우
- 그 밖에 앞서 예로 든 상황에서 위험에 처한 다른 사람의 생명·신체 또는 재산을 구하다가 사망한 경우

정리하면 법은 범죄나 사고 혹은 재난 등으로 위험에 처한 사람이나 그의 재산을 구하려다 목숨을 잃은 사람을 의사자로 정의하고 있다. 하지만 구체적인 상황에서 의사자 여부를 판단하는 일은 용이하

지 않다. 희생의 상황을 객관적으로 보여줄 수 있는 증거를 모두 수집하고, 증인을 찾아야 하기 때문이다.

그래서 증거나 증인이 전혀 없거나 증인이 적극적으로 증언하기를 거부하는 경우에는 고귀한 희생일지라도 그 가치를 제대로 인정받지 못할 수도 있다. 가령 아무도 보지 않는 곳에서 누군가 타인을 구하기 위해 자신의 목숨을 바쳤다면 그 사실을 증명해줄 수 있는 사람은 오직 희생으로 목숨을 건진 사람뿐일 것이다. 하지만 희생자나 증인 중 누구도 이 사실을 다른 사람들에게 알리지 않았거나, 심지어 목격자도 없는 상황에서 둘 모두 사망하게 된다면 의사자의 희생은 영원히 묻히게 된다.

의사자를 인정하는 절차가 불합리하면 증거나 증인이 존재함에도 불구하고 의사자로 인정받지 못하는 경우도 발생할 수 있다. 같은 상황에서 사람을 구하느라 목숨을 잃었어도 누구는 의사자로 인정되고 누구는 의사자로 인정되지 못해 형평성에 어긋나는 경우가 대표적이다. 여기서 의사자가 되기 위한 요건을 명확하게 규정하고, 이를 일관되게 해석할 필요성이 생긴다.

법원은 "타인의 생명 등을 보호하기 위하여 강도 등 범행행위를 제지하거나 그 범인을 체포하기 위한 직접적이고 구체적인 행위를 하다가 사망하거나 부상을 입고 그 부상으로 사망한 경우뿐만 아니라 그러한 행위와 밀접한 행위를 하는 과정에서 사망하거나 부상을 입고 그 부상으로 사망한 경우"도 의사자에 포함된다고 보아 인정 요건을 다소 완화하고 있는 것으로 보인다.

강도 신고를 받고 출동한 경찰관 A는 사건 현장에서 부엌칼을 든 범인과 맞닥뜨리게 되었다. 걸레자루를 들고 범인의 도주로를 막아서던 A는 체포 직전 수세에 몰렸고, 범인은 이 틈을 타 A를 위협하며 그의 뒤를 쫓았다. 범인을 체포하려다가 외려 범인에게 쫓기게 된 A는 가까스로 그를 따돌리고 사건 현장으로 되돌아왔다. 그러나 현장에 있던 다른 경찰관 B가 A를 범행의 공범으로 오인해 총격을 가했고, A는 곧 사망에 이르게 되었다. 원심 재판부인 서울고등법원과 대법원은 A가 "타인의 생명, 신체 또는 재산을 보호하기 위하여 강도, 절도, 폭행, 납치 등 범죄행위를 제지하거나 그 범인을 체포하다가 사망"한 것으로 보고 그를 의사자로 인정했다.

대법원 2005. 9. 9. 선고 2005두5017 판결 참조

의사자로 인정받기 위해서는 주소지 또는 구조가 일어난 지역의 관할 기초단체장에게 신청을 해야 한다(동법 제5조 제1항).[4] 신청을 받은 기초단체장은 지체 없이 광역단체장(시·도지사)을 거쳐 보건복지부장관에게 의사자 인정 여부를 결정해주도록 청구해야 한다. 청구를 받은 보건복지부장관은 의사상자심사위원회의 심사와 의결을 거쳐 원칙적으로 60일 이내에 의사자 인정 여부를 결정해야 한다(동조 제2항 및 제4항).

경우에 따라서는 당사자나 유가족의 신청 없이도 기초단체장이 직권으로 광역단체장을 거쳐 보건복지부장관에게 의사자 인정 여부를 경정하도록 청구할 수도 있다(동조 제3항). 본인의 신청 없이도 타인을 위한 희생이 공동체로부터 정당하게 평가받을 수 있는 절차를

보장하고 있다는 점에서 직권에 의한 의사자 인정은 중요한 의미가 있다. 따라서 시장이나 군수 등 기초단체장은 관할 구역 내에서 의사자가 적극적으로 발굴될 수 있도록 주민들의 제보를 활성화할 필요가 있다.

한편 절차에서 알 수 있는 것처럼 실질적으로 의사자 인정 여부를 결정하는 것은 의사상자심사위원회다. 위원회는 보건복지부에 설치되고, 위원장과 부위원장을 포함한 15인 이내의 위원으로 구성된다. 위원회의 구성원은 의사상자와 관련하여 학식과 경험이 풍부한 사람 중 보건복지부장관이 임명하거나 위촉한다(동법 제4조 제1항 및 제2항). 현재 위원회 구성원은 일부 고위직 공무원과 의학·법학·사회복지학 전문가, 재해구호 또는 응급구조 전문가로 구성된다(의사상자 등 예우 및 지원에 관한 법률 시행령 제3조 제2항). 하지만 의사자를 인정할 때에는 객관적 사실 외에도 희생의 사회적 의미를 고려해야 하므로 아무런 전문성도 없는 고위직 공무원보다는 오히려 종교인에 대해 자격을 인정하는 것이 바람직할 것으로 보인다.

절차적 정당성도 의사자 인정의 중요한 요소다. 우선 의사자를 인정할지 논란이 되는 사안에 대해서는 배심제도를 활용할 수 있을 것이다. 의사자를 심사할 때 평균적인 상식을 가진 다수의 일반인을 참여시켜 결정하는 것도 고려해볼 수 있다.

이렇게 내려진 결정에 이의가 있으면 결정을 통보받은 날로부터 30일 이내에 보건복지부장관에게 이의를 신청할 수 있다. 신청을 받은 보건복지부장관은 다시 위원회의 심사와 의결을 거쳐 60일 이내에 그 결과를 재통보해야 한다(동법 제6조의2 제1항 및 제2항).

법은 의사자 인정 절차와 그에 따른 결정에 이의를 제기할 수 있는 절차까지 보장하고 있다. 따라서 적어도 절차상으로는 의사자 인정 여부를 결정하는 데 법적 문제가 없다고 보인다.

고인의 희생을 기리기 위하여

타인을 위해 목숨을 바치는 행위는 강요될 수 없다. 그것은 아무리 '선한 행위'라고 하더라도 오로지 자신의 자발적인 결정에 따른 것이어야만 한다. 하나밖에 없는 목숨을 바쳐 타인을 구하는 행위가 위대하게 평가될 수 있는 이유는 바로 모두가 그런 선택을 하지는 않는다는 데 있다. 만약 자기희생이 누구에게나 기대할 수 있는 평범한 일이라면 굳이 그런 행위를 높이 평가할 필요가 없을지도 모른다. 물론 이런 양적 희소성만이 선한 행위의 유일한 판단 기준은 아니지만, 그것이 비범한 일이라는 사실은 여전히 중요한 의미를 갖는다.

공동체의 연대를 강화하기 위해 사회는 이런 용기와 결단을 기리며 희생에 대한 보상을 제공한다. 그 이유는 강요할 수 없는 희생을 자발적인 선택으로 유도하려는 데 있다. 또한 자발적인 희생정신은 공동체의 구성원으로 하여금 그것을 기리도록 하는 교육적 효과도 있다. 의사자에 대한 보상의 근거는 이처럼 사회적 측면에서 찾을 수 있다.

하지만 의사자에 대한 보상에서 무엇보다 중요한 바탕이 되는 것은 유족에 대한 위로다. 공동체는 가족을 잃은 유족의 슬픔을 위로할 수 있어야 한다. 더욱이 희생자가 가족의 생계를 책임지는 가장이었다면, 유족이 감당해야 할 경제적 곤경은 사회가 분담하는 것이 바람직하다.

이런 근거에 입각해 의사자법은 "업무 외의 행위로 위해에 처한 다른 사람의 생명·신체 또는 재산을 구하다가 사망하거나 부상을 입은 사람과 그 유족 또는 가족에 대하여 그 희생과 피해의 정도 등에 알맞은 예우와 지원을 함으로써 의사상자의 숭고한 뜻을 기리고 사회정의를 실현하는 데에 이바지하는 것을 목적으로 한다"고 밝히고 있다. 이 법에 따라 국가는 의사자가 보여준 살신성인의 숭고한 희생정신과 용기가 항구적으로 존중되고 사회의 귀감이 될 수 있도록 영전을 수여하는 등 필요한 조치를 할 수 있다(동법 제7조). 또한 의사자와 부상등급 제1급부터 제3급까지에 해당하는 부상을 입은 의상자는 사후 국립묘지에 안장될 수도 있다(국립묘지의 설치 및 운영에 관한 법률 제5조 제1항 제1호 차목).

의사자의 유족에게는 보상금이 지급되는데 그 지급 수준은 가계조사통계의 가계소비지출액 등을 고려하여 의사상자의 희생과 부상의 정도에 상응하게 결정된다(통계법 제8조 제1항 및 제2항). 의사상자에 대한 보상금은 부상의 정도에 따라 1급(100%)에서 9급(5%)까지 차등적으로 지급된다. 보건복지부장관은 매 회계연도 시작 전까지 의사자의 유족에 대한 보상금을 결정하여 지체 없이 고시해야 한다(의사상자 등 예우와 지원에 관한 법률 시행령 제12조 제1항). 2014년 현재 고시된 보상금은 2억 291만 3,000원이다.

희생의 의미가 퇴색되지 않도록

의사자에 대한 보상은 반드시 의사자 요건을 충족한 사람에게만 제공되어야 한다. 그렇지 않은 사람을 의사자로 간주하여 보상하는 것은 의사자에 대한 보상의 취지에 맞지 않을 뿐더러, 진정한 의사자의 희생을 모욕하는 것일 수도 있기 때문이다. 그래서 법원은 의사자를 인정할 때 다소 엄격한 태도를 취하기도 한다.

2001년 교통사고로 뇌손상을 입은 자율방범대원이 약 10분간 동승자의 구조를 돕다가 병원으로 호송된 후 사망한 일이 있었다. 대법원은 동승자의 구조를 도운 행위와 사망 사이의 인과관계를 인정하기 어렵다는 이유로 망인을 의사자로 볼 수 없다고 판결했다.

2001년 11월 29일 밤 10시 5분경 A는 자율방범활동을 하기 위해 동료대원인 B가 운전하는 차량을 타고 가던 중에 교통사고를 당하여 차량 밖으로 튕겨져 나가면서 복부와 머리에 부상을 입었다. 사고신고를 받은 소방서 소속 구급대원이 10시 14분경 사고현장에 도착했고, 그때 A는 사고현장 주변을 지나가는 차량에 대해 교통사고가 발생했으니 주의하라는 수신호를 하고 있었다. 응급처치를 맡은 구급대원은 교통사고 현장에 도착하여 A의 상태를 확인한 결과 외관상 부상 정도가 경미하여 바로 병원에 후송해야 될 만큼 심각한 상태는 아니라고 판단했다. 그 후 A는 10여 분에 걸쳐 구급대의 구조 작업을 도왔다. 밤 10시 25분 경 구급차를 타고 현장을 출발한 A는 20여 분 후 병원에 도착했다. A는 도착 당시 기면상태였으나

11시경에는 혼미상태, 11시 15분경에는 반혼수상태로 상태가 급속히 나빠졌다. 사고 후 4시간이 지나서야 뇌수술을 받은 A는 다음 날인 11월 30일 오전 11시 56분경 사망에 이르렀다. 원심 판결에서 고등법원은 A가 교통사고로 위해에 처한 타인의 생명 또는 신체를 구하려다가 치료의 시기를 놓쳐 사망했다고 보고 의사자로 인정했다. 하지만 대법원은 A가 구조행위를 돕지 않았다 하더라도 뇌수술을 받게 되는 시간이 달라지거나 수술 당시의 상태가 달라 수술결과에 영향을 미쳤으리라고 보이지 않으므로 A의 사망은 구조를 돕다가 수술 시간이 늦어지게 됨으로써 발생한 것으로 볼 수 없다고 판결했다.

대법원 2008. 3. 27. 선고 2006두20204 판결 참조

이렇게 단지 억울하게 죽었다는 이유만으로 인정 요건을 갖추지 않았음에도 의사자로 간주하여 보상하는 것은 타당하지 않다. 특히 그런 억울한 죽음이 정부의 무능으로 인한 것일 경우, 정부는 의사자를 인정함으로써 스스로의 무능을 덮으려 할 수도 있다. 따라서 억울하게 희생당한 사람들을 보상하기 위해서는 그들을 직접적인 규율 대상으로 하는 법을 따로 제정해 보상하는 것이 옳다. 의사자 인정을 남용하는 것은 억울한 죽음의 당사자와 그 유족에게 정당하지 않을 뿐만 아니라, 요건을 갖춰 의사자로 인정받은 희생자와 유족의 입장에서도 수용하기 어려울 것이다.

06

자살
죽음의 결정

자살이라는 행위는 마치 위대한 작품이 만들어질 때처럼
마음속이 고요해진 가운데 준비되는 것이다.
당사자 자신도 그렇게 될 줄은 알지 못하고 있다.
그러다가 어느 날 밤, 문득 방아쇠를 당기거나 물속으로 몸을 던지는 것이다.

– 알베르 까뮈, 《시지프 신화》 중에서

2013년 대한민국에서는 14,427명이 자살로 사망했다. 하루 평균 약
40명이 자살로 생을 마감한 셈이다. 같은 해 인구 10만 명당 자살자
수를 나타내는 자살률도 28.5명을 기록했다. 상대적으로 자살률이
높은 이웃나라 일본(20.9명)이나, 한때 높은 자살률을 기록했던 폴란
드(15.7명)와 견주어 보아도 현저하게 높은 수치다.

우리나라의 자살률은 미국발 금융위기 이후 2009년 31.0명, 2010
년 31.2명, 2011년 31.7명으로 가파르게 치솟았다. 매년 하루 평균
적게는 33명, 많게는 43명 정도가 스스로 목숨을 끊었다는 의미다.
경제협력개발기구(OECD)의 평균 자살률이 우리나라의 절반도 안
되는 12명 정도(2013년)인 것을 감안하면, 우리는 어디서든 쉽게 자
살자를 만날 수 있는 자살 고위험 국가에 살고 있는 것이다. 특히 10
대에서 30대까지의 사망원인 1위가 자살이라는 점은 청년 세대에게
주어진 삶의 무게가 얼마나 무거운지를 다시 한 번 되돌아보게 한다.

학업과 취업으로 인한 부담이 죽음을 생각할 만큼의 고통으로 작용했을 가능성이 크다.[1]

자살은 흔히 자신의 생명에 해악을 끼치는 폭력 행위를 통해서 이루어지지만 음식을 거부하거나 치료를 받지 않는 것과 같은 비폭력적인 방식으로 이루어지는 '암묵적 자살'도 있다.[2] 이런 암묵적 자살은 흔히 노인층에서 발생한다고 알려져 있다. 그밖에 자살은 몸에 안 좋은 음식을 지속적으로 먹음으로써 죽음에 이르는 '자기부정적 자살(만성적 자살)', 위험한 것임을 알고도 자기파괴적 행동을 실행에 옮김으로써 죽게 되는 '잠재적 자살', 삶의 고통을 끝내기 위하여 죽음을 선택하는 '종결적 자살', 정신분열적 판단으로 인하여 죽음을 결정하는 '정신병적 자살', 약물에 장기적으로 의존하다가 죽음에 이르는 '자동적 자살', 충동적으로 죽음을 선택하는 '우발적 자살' 등 다양한 유형으로 분류되기도 한다.

일각에서는 한국 사회의 높은 자살률의 원인으로 극심한 경쟁사회라는 배경과 충동적인 성향 등을 꼽는다. 하지만 "인생이 살 만한 보람이 없기 때문에 자살한다는 것, 그것은 필경 하나의 진리"라는 까뮈의 말대로 자살은 삶의 무의미나 부조리 등 보다 근본적인 곳에서 연유할 수도 있다. 그렇다면 "누구든 한 번쯤 스스로 자살을 생각해본 적이 있을 터이므로, 더 이상 길게 설명하지 않아도 이런 감정과 허무에의 갈망 사이에 직접적인 관련이 있다는 것"을 우리는 인정할 수 있을지도 모른다. 까뮈는 이런 부조리한 죽음에 반항함으로써 무의미하게 보이는 삶을 살아내고자 했다.[3]

한편 사르트르(Jean-Paul Sartre)는 소설 《구토》에서 죽음과 삶의 의미를 인상적으로 통찰한다.[4] 레코드판에서 들려오는 재즈를 듣던 주인공 로캉탱은 문득 자신이 듣던 음악의 작곡가를 떠올리며 삶의 의미를 깨닫는다. "아마 죽고 없을지도 모른다. 다만 그에 대한 정보를 수집하고, 그리고 이따금 이 판을 들으면서 그에 대해서 생각할 수 있으면 된다." 사르트르는 어디엔가 자신의 삶을 기억하는 사람이 있다는 사실을 통해 삶에 의미를 부여하고자 했다.

그렇지만 세상에는 까뮈나 사르트르처럼 죽음에 반항하거나 삶의 의미를 확신할 만큼 강한 의지와 정신력을 가진 사람들만 있는 게 아니다. 오히려 그렇지 못한 사람들, 관계 맺기에 익숙하지 않아 삶을 기억하고 존재를 증명해줄 사람이 없거나 그럴 여유가 없는 사람들이 다수일지도 모른다.

셸리 케이건은 자살도 경우에 따라 충분히 합리적이고, 윤리적일 수 있다고 주장한다.[5] 인간은 자신이 처한 상황을 차분하고 객관적으로 판단할 수 있으며 고통과 걱정, 불안 때문에 그럴 수 없다 할지라도 판단을 신뢰할 만한 합리적 이유가 있다면 자살을 합당하다고 볼 수도 있다는 것이다. 케이건은 또 자살이 스스로를 해치는 행동이지만, 상당한 근거를 갖고 충분한 숙고를 거친다면 자신이 그것에 동의했다는 점에서 도덕적으로 정당화될 수 있다고 말한다.

이렇게 실존적 의미에서 자살은 어쩌면 개인의 내밀한 결정에 속하는 문제일 수 있다. 그렇기에 자살에 대한 국가의 과도한 개입은 개인의 자유를 침해하는 가부장적 권력의 남용으로 이해될 수도 있다. 그러나 공동체 차원에서 자살은 자연스러운 죽음에 속하지 않는다. 때문에 그 자체로 사회적 손실일 뿐만 아니라 유가족을 비롯해 남은 자들에게 영향을 미친다는 점에서 국가의 개입이 불가피한 측면도 있다. 우리가 누군가의 자살 앞에서 법의 의미를 물어야 하는 이유다.

법 앞에서의 자살

국가는 개인의 자살을 막을 수 있는가

사람의 목숨이 신의 선물이나 국가의 재산으로 생각되던 시대가 있었다. 생명은 자신의 것이 아니라 신이나 국가에 속한 것이었으므로, 이를 파괴하는 자살은 범죄로 취급되었다. 삶이 공동체나 절대자가 부과한 '의무'로 간주되면 삶의 포기는 '의무 위반'이다. 때문에 삶의 의무를 위반한 자에게는 제재가 가해져야 했다.[6]

지금도 싱가포르, 말레이시아, 파키스탄, 방글라데시 등 일부 국가에서는 자살을 기도하면 처벌을 받는다. 인도 대법원은 1994년 자살 기도를 처벌하도록 한 규정이 위헌이라고 판결했다가 2년 뒤에 다시 합헌이라고 판결을 뒤집었다. 하지만 2011년 대법원이 또 다시 폐지를 권고하면서 최근 인도 의회는 자살 기도를 처벌하지 않도록 하는 법률 개정안을 제출하기도 했다.

이렇게 시대와 지역에 따라 자살을 처벌하는 경우가 없는 것은 아니지만 오늘날에는 생명도 개인이 스스로 결정할 수 있는 자유의 영역에 속한다는 인식이 지배적이다. 인권의식의 강화로 대부분의 국가에서 자살은 범죄로 간주되지 않고, 자살을 기도했다고 해서 처벌

받지도 않는다. 사실 근본적으로 자살 행위는 처벌의 근거가 없다. 자살은 타인의 법익이나 공공의 이익을 침해하지 않으므로 처벌될 수 없고, 그럴 수 있다고 하더라도 당사자가 이미 사망했기에 처벌할 수도 없기 때문이다.

생명권은 살해 행위로부터 안전한 상태를 보장받을 권리를 보호법익으로 한다. 따라서 생명권은 기본적으로 생명을 침해하는 국가에 대한 '방어권'을 의미하지만 타인의 침해로부터 보호받을 수 있는 '보호권'을 의미하기도 한다. 이에 따라 국가는 개인의 생명을 침해할 수 없을 뿐만 아니라 형사 입법으로 개인 간의 살해 행위를 금지하고 처벌할 의무를 진다.[7]

여기서 자살도 생명권에 대한 국가의 보호 범위에 해당하는지가 문제 될 수 있다. 생명을 보호하기 위한 형사 입법은 타인의 살해 행위로부터의 보호를 의미한다. 따라서 스스로 자신을 살해하는 행위로부터 개인을 보호해야 할 의무는 국가에 없다. 다만 자살을 교사한 행위는 비록 직접적인 살해는 아니지만 타인의 죽음에 영향력을 행사함으로써 사실상 살해와 동일한 의미를 갖기 때문에 처벌의 대상이 된다. 반면 자살 방조는 죽음에 대한 결정을 본인이 스스로 내렸고, 죽음을 실행하기 위해 타인에게 도움을 요구한 것이므로 국가에 이를 처벌할 의무가 있다고 보기는 어렵다.

이렇게 생명권 보호의 의무가 제3자의 살해 행위로부터 보호해야 할 의무라고는 하지만 자살 역시 국가의 개입이 불가피한 측면이 있다. 국가의 입장에서는 타살뿐만 아니라 자살도 마찬가지로 사람의 소중한 생명이 손실되는 결과를 초래하기 때문이다.

하지만 제도를 논하기 전에 먼저 물어야 할 것이 있다. 생명에 대한 개인의 자기결정권에 국가는 어느 선까지 개입할 수 있을까. 물론 애초에 자살을 결심하지 않도록 국가는 개인을 자살로 몰고 가는 다양한 환경적 요소를 제거하기 위해 노력해야 한다. 하지만 이미 스스로의 생명을 절멸하기로 마음먹고 그것을 실행에 옮긴 사람에 대해 국가가 개입하여 그를 저지할 수 있는가는 논란의 여지가 있다. 국민의 자유로운 결정을 제한하고 간섭하는 행위가 될 수 있기 때문이다.

생명권이 생명을 중단할 권리까지 포함하지는 않는다 하더라도 개인에게 자신의 생명에 위해를 가할 자유가 존재하는 것은 분명하다. 만약 이런 자유가 보장되지 않는다면, 생명에 위협이 된다는 것을 알면서도 벌이는 모든 행위를 제한해야 하기 때문이다.

이를테면 세상에는 위험한 스포츠들이 있지만 생명에 위협이 되는 상황을 초래할 수 있다고 해서 이를 금지할 수는 없다. 헌재에 따르면 헌법상 보장된 행복추구권은 "모든 행위를 할 자유와 행위를 하지 않을 자유"를 포함한다. 그리고 그 자유에는 가치 있는 행위뿐 아니라 "개인의 생활방식과 취미에 관한 사항도 포함되며, 여기에는 위험한 스포츠를 즐길 권리와 같은 위험한 생활방식으로 살아갈 권리도 포함된다."[8]

따라서 자살에 대한 국가의 개입은 앞서 말했듯 자살의 사회적 요인을 제거하는 방향으로 구체화되는 것이 바람직하다. 그러기 위해서는 자살의 원인이 무엇인지를 생각해볼 필요가 있을 것이다.

자살의 원인을 밝혀야 할 이유

자살은 스스로 목숨을 끊은 것이므로 범죄에 해당하지 않는다. 그래서 자살은 때로 타살보다 주목을 받지 못할 때가 많다. 심지어 질병이나 사고로 인한 죽음처럼 사람들의 동정심을 일으키기는커녕 무책임하다는 비난을 받기도 한다. 하지만 질병이나 사고로 인한 죽음의 진실을 밝히는 것만큼이나 자살의 원인을 규명하는 것도 중요하다. 같은 공동체에 살고 있는 우리 모두가 그 원인에 직간접적으로 노출되어 있고, 잠재적 자살피해자로 간주되는 유가족을 비롯해 자살은 남은 사람들과 사회에 어떤 방식으로든 영향을 미치기 때문이다.

사망원인을 자살로 규명할 근거는 여러 가지가 있지만 연구에 따르면 사람이 자살에 이르기까지는 공통된 징후가 있다고 한다.[9] 이를테면 망자가 생전에 자살을 암시하는 말과 행동을 하거나 유서를 남길 수도 있고, 죽음의 시간과 장소들이 공통된 특징을 갖기도 한다. 이런 징후에서 발견되는 자살의 원인은 타고난 기질이나 심리적인 상태 또는 정신질환 등 개인적 특성에 기인할 수도 있지만, 경제상황이나 사회적 분위기 또는 문화적 가치관 등 사회구조적인 특성에 기인할 수도 있다.

개인은 다양한 이유로 자살을 결심한다. 예컨대 뒤르켐은 자살의 유형을 이기적 자살, 이타적 자살, 아노미적 자살로 구분했다.[10] 그는 집단으로부터의 분리와 소외, 과도한 집단의식으로 인한 사회적 책무, 사회구조의 급격한 변화 등을 자살의 원인으로 든다.

충동적이고 극단적인 성격이나 부정적이고 염세적인 태도, 실연이나 질병으로 인한 정신적 충격이나 고통, 가정불화나 인간관계의 갈등으로 인한 내적 고민, 미래에 대한 불안감이나 외로움, 극도의 스트레스, 우울증처럼 개인적 배경이 자살의 원인이라면 국가는 그것을 유발하는 외부 요인들이 제거되도록 개입할 수 있다. 예컨대 스트레스를 해소하거나 우울증을 치료하도록 국가가 지원하는 것이다.

한편 빈곤이나 실업 또는 사업 실패, 가계 소득 감소와 물가 상승으로 인한 경제적 압박, 과도한 경쟁과 과시적 분위기, 개인을 억압하는 문화나 차별적인 분위기 등 사회적 배경이 자살의 원인이라면 국가는 이런 상황이 개선되도록 개입할 수 있다. 이를 위해 양극화 해소나 고용 증대, 과도한 경쟁과 물질만능주의적인 풍토를 바로잡는 등의 노력을 할 수 있을 것이다.

개인적 차원이든 사회적 차원이든 결국 중요한 것은 국가가 끊임없이 자살로 인한 죽음에 관심을 갖고 그 원인을 규명하기 위해 다양한 처지에 놓인 개인의 삶에 귀를 기울이는 것이다. 이런 기본적인 노력이 동반되지 않으면 자살의 원인을 정확하게 밝힌다는 것은 불가능하며, 동시에 애써 마련한 자살예방책 또한 아무런 효과도 발휘할 수 없게 되기 때문이다.

죽음의 형태와 상관없이 인간의 생명은 모두 소중하다. 망자의 죽음에 관심을 가지고 사인을 밝힘으로써 동일한 원인으로 자연스러운 죽음의 과정을 단축시키는 일이 반복되지 않도록 예방하는 것은 인간 생명의 소중함을 지키는 유일한 방법일지 모른다.

방치된 죽음, 자살방조

자살도 변사에 속하기 때문에 경찰의 검시 절차를 거치게 된다. 검시 결과 죽음의 원인이 자살로 판명되면 의사의 시체검안서를 받아 자연사와 마찬가지로 장례를 치르고 사망신고를 하게 된다. 다만 자살의 교사(教唆)나 방조는 자살관여죄로 처벌되기 때문에 자살한 사람을 검시할 때에는 자살을 교사하거나 방조한 자가 있는지를 조사해야 하고, 유서가 있으면 그 진위를 조사해야 한다(검사의 사법경찰관리에 대한 수사지휘 및 사법경찰관리의 수사준칙에 관한 규정 제54조).

최근에는 자살 방법에 관한 정보를 제공하여 자살을 도와주거나 부추기는 인터넷 카페, 이른바 '자살 사이트'가 증가하고 있다. 단순히 자살 사이트에 가입하는 것만으로는 법적으로 문제가 없겠지만 그런 사이트를 개설하거나 이에 가입하여 자살을 부추기는 활동을 하면 자살방조죄로 형사 처벌을 피할 수 없다.

2009년 3월 28일 새벽 5시. A는 인터넷 포털 사이트에 "동반자살"이라는 이름의 카페를 개설한다. 검색창에서 자살 관련 게시물들을 검색한 그는 작성자와 댓글을 단 사람들을 포함한 30여 명에게 "자살을 원하시면 가입하시오"라는 문구와 함께 가입 초대장을 발송한다. A는 피해자 B, C를 비롯한 수십 명을 카페 운영진으로 앉히고 본격적으로 자살을 준비하기 시작했다. 그는 카페 회원들에게 자살 방법을 적은 쪽지를 보내고, 그에 관한 정보를 주고받으며, 자살의 당위성을 주장하거나 자살자를 물색하는 등 자살을 부추기는 온라인에서의 활동을 이어갔다. 그로부터 11일이 지난 4월 8일 강원도의 한 민박에서 처음으로 피해자의 자살을 도운 A는 이후 세 차례에 걸쳐 자살을 모의했고 실제로 9명의 피해자 중 7명이 목숨을 잃었다. 법원은 자살방조 행위의 죄질과 범정이 무거움을 인정하고 A에게 징역 1년 6월을 선고했다.

춘천지법 원주지원 2009. 7. 16. 선고 2009고합30판결 참조

이렇게 자살 커뮤니티는 자살을 원하는 사람들을 모으고, 그들 간의 동반자살을 연결시켜 준다는 점에서 자살방조보다 무거운 사회적 책임을 묻는 대응이 필요하다. 하지만 자살방조를 처벌하는 것만이 능사는 아니다. 오히려 자살을 결심하고 자살 사이트를 찾는 사람들에게 관심의 손길을 보내는 것이 바람직한 대안일 수 있다.

감옥에서의 죽음

"목이 말라 죽어가는 사람에게는 한 상자의 와인보다 물 한 모금을 주는 것이 그 사람을 더 잘 도와주는 일이다." 프랑스의 극작가 샹포르(S. Nicolas de Chamfort)의 말은 아직도 많은 사람들에게 인용되지만, 그의 비극적인 죽음을 기억하는 사람은 많지 않다. 샹포르는 감옥에 수감되어 노예처럼 사는 것보다 자유로운 인간으로 죽기를 소망한다는 말을 남기며 자살을 기도했으나 이에 실패해 처참한 고통에 시달리다 죽어갔다.

샹포르의 유언이 말해주듯 감옥은 결코 견딜 만할 곳이 아니어서 차라리 목숨을 끊고라도 피하고 싶은 곳임에 틀림없다. 형 집행을 받아야 하는 수형자뿐 아니라 사형을 기다리는 사형수에게도 수감 생활은 더 없이 견디기 힘든 시간이다.

한 사이코패스의 연쇄살인사건을 계기로 12년 동안 중지되었던 사형집행이 다시 시작된다. 교도관들은 7만 원의 수당에도 손사래를 치며 사형집행조에 뽑히지 않기 위해 갖은 핑계를 댄다. 교도소에서는 죽음을 목전에 둔 사형수가 자살하는 사건이 발생한다. 실제 교도소에서 촬영돼 화제를 불러일으켰던 최진호 감독의 영화 〈집행자〉(2009)의 한 장면이다. 이렇게 수용시설에 구금된 수용자들은 자신의 처지를 비관하거나 자신의 주장을 관철시키기 위해 자살을 선택하는 경우가 더러 있다. 그래서 수감시설에서는 수용자의 자살을 예방하거나 저지하기 위한 여러 조치들이 취해진다.

사형이 확정된 사람(사형확정자)은 원칙적으로 독거수용되지만 자살을 예방하기 위하여 혼거수용되기도 한다(형의 집행 및 수용자의 처우에 관한 법률 제89조 제1항 및 군에서의 형의 집행 및 군수용자의 처우에 관한 법률 제77조 제2항). 또한 소년교도소와 별개로 소년원에 수용된 보호소년에 대해서는 자살을 예방하기 위하여 수갑이나 포승이 사용될 수 있다(보호소년 등의 처우에 관한 법률 제14조의2 제2항 제1호). 그 밖에도 강제퇴거 여부를 결정하기 위하여 외국인보호시설에 수용된 외국인에 대해서는 자살을 시도하는 경우에 신체적인 유형력(有形力), 경찰봉, 가스분사용총, 전자충격기 등과 같은 강제력이 행사될 수 있다(출입국관리법 제56조의4 제1항 제1호).

하지만 수용자의 자살을 예방하기 위한 이 같은 조치들은 자살이 시도될 개연성이 높은 경우로 한정될 필요가 있다. 자살을 예방한다는 명목으로 수용자에 대한 지나친 간섭이 정당화될 수 있기 때문이다. 또한 자살 기도를 저지하기 위한 조치, 특히 강제력을 동반한 조치는 그것을 저지할 수 있는 정도면 충분하다. 그 이상으로 가해지는 강제력은 인권을 심각하게 침해한다는 점에서 엄격하게 제지될 필요가 있다.

자살 사망 보험금

보험은 사고가 발생할 수도 있다는 사실, 즉 '사고의 우연성'에 기초하여 설계된다. 하지만 죽음을 계획하고 실행에 옮기는 자살은 우연한 사고가 아니기 때문에 보험의 보장 영역에 해당되지 않는다. 따라서 보험회사도 자살로 인한 것임이 명백한 상해·사망에 대해서는 보험금을 지급하지 않아도 된다. 상법은 보험사고가 발생했을지라도 그것이 가입자나 수혜자의 '고의 또는 중대한 과실'로 벌어진 것이라면 보험금을 지급하지 않아도 된다는 면책조항을 두고 있다(동법 제659조).

그러나 사람이 죽었을 경우에는 '중대한 과실'이라 할지라도 면책 사유가 되지 않기 때문에 보험금을 지급해야 한다(동법 제732조의2). 같은 맥락에서 중대한 과실로 인한 자살의 경우에도 그것이 죽음으로 이어졌다면 보험회사는 보험금을 지급해야 한다. 이 경우 보험회사 입장에서는 자살이 중대한 과실이 아니라 '고의'에 의한 것임을 증명해야 하지만 고의성을 증명하기란 쉽지 않고, 보험회사는 많은 경우에 보험금을 지급할 수밖에 없게 된다. 예컨대 교통사고로 위장한 자살이 발생했다고 했을 때 그것이 고의에 의한 사고인지 중대한 과실에 의한 사고인지를 보험회사가 증명하기는 매우 어렵다. 가입자가 정신질환으로 자살한 경우에도 그 고의성을 인정하기란 쉽지 않다.

법은 보험금 지급이 면책되는 자살 사고를 "자기의 생명을 끊는다는 것을 의식하고 그것을 목적으로 의도적으로 자기의 생명을 절단하여 사망"한 경우로 제한하고 있다. 대법원은 희생자가 정신질환으로 자유로운 의사결정을 할 수 없는 상태에서 자살로 사망했다면 사망의 직접적인 원인이 외부에 있다고 보고, 고의가 아닌 우발적인 사고로 보험금을 지급해야 한다고 판시한 바 있다.[11]

자살을 대하는 국가의 자세

자살률이 높았던 핀란드는 1986년부터 '자살예방 프로젝트'를 실시하고 있다. 이 프로젝트의 핵심은 자살의 원인을 규명하는 '심리부검'이다. 심리 부검은 전문가가 자살자의 유가족과 친구를 만나 심층면접을 실시하고, 그가 남긴 개인적 기록이나 병원진료기록을 분석하여 자살의 심리적 원인을 규명하는 방식으로 진행된다.

핀란드 정부는 6년간 교육·의료·복지·국방·종교계 전문가 5

만 명을 동원하여 자살자 1,300여 명에 대한 심리 부검을 실시했다. 자살예방 프로젝트는 이 결과를 바탕으로 자살 원인을 유형별로 분류하고 그에 맞는 처방을 마련한 결과다. '예방'이라는 표현에서 알 수 있듯이 이 프로젝트는 자살의 위험을 사전에 파악하고 빠르게 치료하는 데 중점을 둔다. 이에 따라 핀란드 정부는 자살 예방을 위해 우울증이나 자살 충동 여부를 주기적으로 검사하고 상담치료와 약물치료를 병행하는 의학적 수단을 동원하는 한편, 개인이 사회로부터 소외되지 않도록 하는 사회적 수단도 강조하고 있다.[12]

우리나라도 자살예방 및 생명존중문화 조성을 위한 법률을 제정하여 자살예방에 관한 국가의 책임을 명시하며 "자살 위험에 노출된 개인이 처한 특수한 환경을 고려하여 성별·연령별·계층별·동기별 등 다각적이고 범정부적인 차원의 사전예방대책"을 세울 것을 주문하고 있다. 이 법에 따르면 국민은 자살 위험에 노출되거나 스스로 노출되었다고 판단될 때 국가에 도움을 요청할 '권리'가 있고, 국가는 자살의 위험이 높은 국민에 대해 구조조치를 취할 '의무'가 있다. 또한 국가는 자살예방 정책을 수립·시행함에 있어 적극 협조해야 한다(동법 제3조).

이에 따라 법은 자살 관련 상담이나, 자살미수자에 대한 사후관리, 자살예방 교육, 자살예방 전문 인력 양성 등도 함께 시행하도록 하고 있다. 보건복지부에서 운영하는 '중앙자살예방센터'와 지자체에서 운영하는 '지방자살예방센터'도 이런 자살예방책의 일환이다.

하지만 단지 자살예방에 관한 법이 존재한다고 해서 그 효과가 충분히 발휘되는 것은 아니다. 우리나라는 10년째 OECD 가입국가 중

자살률 1위의 불명예를 떠안고 있다. 자살예방에 관한 법이 실제로 그 효과를 내기 위해서는 자살예방 사업 자체에 들어가는 예산뿐만 아니라 지역정신보건사업이나 학생정서안정사업 같은 간접사업의 예산도 현실에 맞게 늘려야 한다. 이렇게 책정된 예산은 자살예방에 효과적인 사업을 중심으로 실제로 집행되어야 한다.

Jurisprudential Thoughts on Death

07

사회적 타살
죽음과 사회

2014년 2월 26일 서울 송파구 석촌동 주택가의 지하방에서 번개탄을 피우고 스스로 목숨을 끊은 세 모녀가 숨진 채 발견되었다. 이들의 머리맡에는 가족사진이 놓여 있었는데 사진 속의 남성은 지병을 앓다가 가족에게 부담이 되고 싶지 않아 몇 해 전 스스로 목숨을 끊은 이들의 가장이었다. 이른바 '세 모녀 사건'으로 불린 안타까운 죽음이 세상에 알려진 지 채 일주일도 지나지 않은 3월 2일 동두천에서도 30대 여성이 네 살배기 아들과 함께 "미안하다"는 말을 적은 세금고지서를 옷에 넣은 채 15층 아파트에서 투신했다. 같은 날 서울 화곡동에서도 택시 운전으로 생업을 삼던 50대 남성이 간암 말기에 이르러 생계가 어려워지자 "다음 생애에도 부모와 자식으로 태어나 행복하게 살자"는 내용의 유서를 딸에게 남긴 채 부인과 함께 연탄불을 피워 목숨을 끊었다. 그 다음 날에도 경기도 광주에서 40대 가장이 번개탄을 피우고 딸, 아들과 함께 동반 자살을 선택했다.

이 가족들의 죽음에는 공통적으로 어떤 수식어가 붙는다. '생활고'로 인한 자살이 그것이다. 통계청에 따르면 생활고에 시달려 스스로 목숨을 끊은 사람이 2013년 한 해만 14,000여 명에 달한다. 대한민국이 극심한 양극화와 사회안전망의 부재로 개인을 죽음으로 내몰고 있다는 적신호다.

자살로 인한 죽음 가운데는 겉으로 본인이 스스로 초래한 죽음처럼 보이더라도 그 원인을 찬찬히 따져보면 스스로 죽음을 선택할 수밖에 없도록 외부 상황이 개인을 궁지로 몰아간 경우도 존재한다. 이를테면 지독한 가난 때문에 자살을 선택한 사람의 죽음은 형식적으로는 자살로 분류될 수 있지만 실제로는 가난한 환경 혹은 성실하게 노력했음에도 불구하고 여전히 가난에서 벗어날 수 없도록 만든 사회구조가 죽음의 원인이 될 수 있다.

한편 삶을 비참하게 만들고, 그로 인해 사람을 죽음에 이르게 하는 요인은 빈곤뿐이 아니다. 거기에는 차별도 포함될 수 있다. 차별당하지 않고 평등하게 대우받는 것은 인간 존엄의 또 다른 표현이다. 차별은 상대적 박탈감을 불러일으키고 자존감을 떨어뜨려 심한 경우 개인을 죽음에 이르게 할 수도 있다. 또한 자유가 억압당하는 상황도 죽음을 유발할 수 있다. 노예처럼 사는 것보다 차라리 죽음을 선택하는 것이 낫다고 판단할 수 있기 때문이다. 구속도 억압도 없이 자유롭게 살고자 하는 것은 인간의 가장 기본적인 의지다.

뢰비트(Karl Löwith)는 자살의 유형을 도피성과 강제성으로 나누면서 도피성 자살은 "인간들이 스스로 감내할 수 없는 상황에서 벗어나기 위하여, 세상과의 어떤 근본적인 불화에서 탈피하기 위하여 꾀

하는” 일종의 탈육체화인 반면에 강제성 자살은 외부적 상황의 강제에 의하여 행해지는 것이라고 정의한다.[1] 자살의 문제를 해결하기 위하여 개인적 요인뿐만 아니라 사회적 요인에 대한 분석이 필요하고, 그러한 분석에 따라 개인을 자살로 몰아간 사회적 요인을 제거해야 하는 이유가 여기에 있다.

빈곤이든 차별이든 억압이든 개인을 죽음이라는 막다른 골목으로 몰아가는 가혹한 상황은 사라져야 한다. 사람을 비상구가 하나뿐인, 게다가 그 비상구가 낭떠러지인 궁지로 몰아넣고 떨어져 죽은 사람을 탓하는 것만큼 잔인한 일이 어디 있을까? 죽음이 종국적으로 본인의 선택이었기 때문에 사회는 그 죽음에 아무런 책임이 없다고 말하는 것은 부당하다. 누군가의 죽음이 외관상 개인의 선택으로 보이더라도 빈곤과 같은 사회구조가 원인이 되었다면 죽음의 결정을 오로지 개인의 선택으로만 규정할 수는 없다. 죽음이 직접적으로 본인의 결정이라 할지라도 그 결정에 어떤 식으로든 영향을 끼쳤다는 점에서 사회는 '강요된 죽음'에 일말의 책임 의식을 가져야 한다.

자살은 기본적으로 개인의 선택이지만 그러한 결정에 영향을 준 사회구조를 방치한 사회구성원의 선택이기도 하다. 인간은 본질적으로 자유의지를 가진 존재이지만 인간의 자율성은 사회환경에 따라 영향을 받는다. 특히 사회구조로 인한 빈곤은 죽음에 관한 개인의 자율적 결정에도 영향을 줄 수 있다.

이러한 사회구조는 자신의 삶과 전혀 상관없다는 이유로, 혹은 자신에게 유리한 방향으로 작동한다는 이유로 많은 사람들에 의해 오랜 시간 방치돼 왔다. 하지만 죽음에 관한 개인의 결정을 비난하려면 그를 죽음에 이르도록 한 사회구조를 방치한 구성원 모두가 비난의 책임을 져야 한다. 죽음의 책임을 개인에게만 돌리는 것은 그의 죽음에 공동으로 책임을 져야 할 사회가 책임을 모면하기 위하여 희생양을 찾는 것이나 마찬가지다.

따라서 죽음, 특히 자살의 원인을 오로지 현상만 보고 파악함으로써 그 문제를 해결하려고 하는 것은 쓸모없는 일이다. 개인적 결정에만 주목하면 죽음은 단지 개인의 선택일 뿐이고, 그를 죽음으로 몰고 간 주변 상황을 파악하지 못한 채 개인적인 원인만을 분석하는 함정에 빠지게 된다. 사회구조적 원인이 그 사회에 속한 개인의 연령 · 성별 · 인종 · 계급 · 계층 등의 환경에 어떤 영향을 미쳤는지, 또 자아나 성격 · 개성 · 사상 · 가치관 등 내밀한 영역에 가서 그가 그런 사회구조적 영향을 어떻게 받아들였는지 파악해야 하는 이유가 여기에 있다.

경제적 불평등으로 인한 죽음

경제적 평등이 완벽하게 실현된 사회는 오랫동안 인류의 이상 사회로 제시되어 왔다. 하지만 어떤 사회에서도 그것이 실현된 적은 없었다. 개인의 성과에 따라 소득을 분배하면 사람마다 타고난 능력이 다르고, 투여된 노력도 다르며, 심지어 행운이라는 것이 작동하여 더 많은 부를 축적하는 사람들이 반드시 생기기 때문이다. 게다가 자본

주의적 시장경제질서는 특정 집단이 부를 독점함으로써 소득의 분배가 적정하게 이루어지지 못해 빈곤이 발생할 수밖에 없는 구조적 문제점을 안고 있다. 동일한 능력과 노력에도 불구하고 출발선이 다르기 때문에 성과에 차이가 발생하고 그것이 다시금 소득의 불평등으로 이어지는 것이다.

그렇다면 빈곤은 개인의 무능력이나 불성실이 아니라 사회구조가 원인이 됐을 수 있다. 따라서 빈곤으로 인한 죽음 역시 경제적으로 불평등한 사회구조가 근본적으로 변하지 않고서는 감소될 수 없다.

빈곤과 자살의 관계를 보여주는 사회학적 연구는 계층적 죽음에 권력의 은밀한 개입이 존재함을 폭로하면서 이렇게 결론을 내린다. "특정 인구로부터 생존과 생활을 위한 가능 조건을 박탈함으로써 그들의 삶을 죽느니만 못한 상태로 만들어버리는 권력의 작동은 정확히 특정한 인구의 생명을 암묵적으로나마 더 이상 살 가치가 없는 것이라고 규정하는 것과 다르지 않다. 살 가치가 없는 생명에게는 삶을 위한 수단들이 박탈되며 그러한 박탈에도 불구하고 그들은 이제 알아서 살아가야 한다. 더 이상 살아가지 못한다면, 그래서 죽게 된다면 그 역시 어쩔 수 없는 일이 된다."[2] 특히 한국사회에서 자살은 1997년 외환위기 이후 급격하게 증가했다는 사실을 지적하면서 그 원인으로 경제적 양극화를 들기도 한다.[3]

자살의 원인은 매우 복잡하다. 따라서 단순히 빈곤이 자살의 유일한 원인이라고 단정하기는 어렵다. 다만 상대적 빈곤이 자살률을 증가시킨다는 견해도 있고, 절대적 빈곤이 자살률을 증가시킨다는 견해도 있을 뿐이다.[4] 하지만 상대적이든 절대적이든 빈곤이 사람을

케테 콜비츠 〈빈곤〉 1893-1897(위)**, 〈굶주림〉 1923**(아래)

콜비츠는 본격화된 산업화와 세계대전으로 빈곤과 전쟁에 시달리는 인간의 고통을 표현했다. 짙은 어둠과 침묵이 무겁게 깔려 있는 〈빈곤〉에는 아픈 자녀를 바라보며 슬픔에 잠긴 어머니와 그 뒤로 두려움과 절망에 괴로워하는 가족들이 보인다. 빈곤은 한 가정의 화목을 앗아갔을 뿐 아니라 그 구성원의 생명까지도 위태롭게 만든다. 〈굶주림〉은 이런 상황을 직선과 흑백의 대비로 더욱 분명하게 드러낸다. 아이에게 젖을 물리려던 어머니는 앙상하게 뼈만 남은 채 절규한다. 무릎 위의 어린 자녀는 죽음의 모습을 하고 힘없이 누워 있다.

죽음으로까지 내몰 수 있다는 사실은 분명하다. 자살의 원인으로서 빈곤에 주목해야 하는 이유다. 빈곤은 인간의 존엄성을 해치는 주된 요인이다. 빈곤으로 인한 죽음은 곧 죽지 않고 살았어도 언젠가는 배고파 죽을지도 모른다는 두려움의 증거다. 자존감이 파괴된 인간은 구차한 삶보다 죽음을 선택할 수 있다. 앞서 언급한 세 모녀의 이야기는 빈곤이 삶을 비극적 결말로 몰아가는 현실을 웅변적으로 말해준다.

두 딸의 엄마인 박씨는 12년 전 남편 김씨가 세상을 떠난 후 식당일을 해 자녀들을 보살펴온 것으로 알려졌다. 그러나 고혈압과 당뇨를 앓고 있던 두 딸은 직업을 갖지 못했고, 신용카드로 생활비를 충당하고 제때 결제하지 못해 신용불량 상태였다. 사망한 아버지가 사업 실패로 남겨놓은 빚도 상당액이었다고 한다. 이웃들은 박씨 모녀가 9년 전부터 살고 있던 자택의 월세 50만 원만은 주변의 도움을 받지 않고 제때 내기 위해 애썼다고 진술했다. 경찰은 더 이상 생계를 잇는 것이 어렵다는 판단에 극단적인 선택을 한 것으로 보인다고 밝혔다. 세 모녀는 마지막으로 봉투에 현금 70만 원을 넣고 겉면에 '주인아주머니께… 죄송합니다. 마지막 집세와 공과금입니다. 정말 죄송합니다.'라는 메시지를 남겼다.[5]

죽음을 선택할 수밖에 없는 궁지로 개인을 몰아갈 정도의 극심한 빈곤은 반드시 제거되어야 한다. 구조적 원인으로 빈곤에 내몰린 사람들이 죽음 대신 삶을 선택할 수 있을 만큼의 공적부조, 굳이 삶을 선택해도 그것이 죽음보다 덜 고통스럽다고 여길 정도의 공적부조가 우리 사회에는 필요하다. 진정으로 생명의 가치를 존중하는 공동체라면 삶을 포기하고 죽음을 선택할 만큼 빈곤한 사람들에 대해서 결코 무관심할 수 없다. 자신이 낸 세금이 이들을 위한 공적부조에 사용되는 데 기꺼이 동의할 수 있어야 한다. 엄연히 존재하는 빈곤으로 인한 죽음의 현실에 눈을 감는 것은 비인간적이다.

헌법은 모든 국민에게 '인간다운 생활을 할 권리'를 보장하면서(헌법 제34조 제1항) 국가에 대해서 '사회보장 · 사회복지의 증진에 관한 의무'를 부과하고 있다. 뿐만 아니라 생활능력이 없는 빈곤한 국민이 국가의 보호를 받을 수 있다고 규정하고 있다. 비록 노동 능력이 없거나 의지가 없어서 가난한 사람일지라도 그가 죽음을 선택할 만큼 빈곤한 처지에 있는 경우에는 그를 도와주어야 하는 것이 인간의 도덕적 의무에 속한다면, 능력도 있고 성실히 일했는데도 불합리한 사회구조로 가난할 수밖에 없는 사람을 도와주는 것은 회피할 수 없는 공동체의 의무일 것이다.

빈곤한 사람들이 그래도 살 만한 세상이라고 생각하고 죽음 대신에 기꺼이 삶을 선택할 수 있도록 개인적 차원이든 제도적 차원이든 사회는 그에 필요한 노력을 기울여야 한다. 개인들의 자발적 기부를 촉진하고 국가의 제도적 지원을 강화할 뿐만 아니라, 빈곤을 촉발하고 재생산하는 사회구조를 개선함으로써 빈곤으로 인해 죽음의 나락으로 떨어지는 것을 예방하는 사회안전망의 구축이 시급하다.

법의 보호 밖으로 내몰린 사람들

물론 지금도 사회적 안전망이 전무한 것은 아니다. 공적부조제도로서 '국민기초생활보장제도'도 있고, 사회보험제도로서 '고용보험'과 '산업재해보험'도 있다. 하지만 여전히 우리 사회에는 법의 보호를 받지 못하는 복지의 사각지대가 존재한다. 예컨대 국민기초생활보장제도의 '부양의무자 조항'은 아예 부양의무자가 없거나, 부양의무자가 있어도 부양 능력이 없거나 부양을 받을 수 없는 경우로 기초생활수급권자 인정 범위를 제한함으로써 복지의 사각지대를 만든다. 세 모녀 사건의 경우 두 딸은 성인이지만 부양의무자인 어머니가 있기 때문에 기초생활수급자가 될 수 없었고, 가족을 부양하던 어머니가 불의의 사고로 팔을 다치자 생계가 막연해졌다.

국가인권위원회는 2014년 이런 비수급 빈곤층의 인권 상황에 대한 첫 실태조사를 시행했다. 그 결과 비수급 빈곤층 1인당 월평균 소득은 51만 9,000원으로 기초생활수급자의 소득보다 낮았다. 주택난방, 보건의료, 자녀교육 등에서도 이들의 생활은 수급자보다 더 열악한 것으로 나타났다. 인권위는 소득이 최저생계비 미만이지만 수급권자가 되지 못해 기본적인 의식주조차 갖추지 못할 정도로 극심한 빈곤에 놓인 비수급 빈곤층의 숫자가 2010년 105만 명에 달한다고 추정했다. 이 숫자는 우리 사회의 가장 기초적인 복지제도인 국민기초생활보장제도의 복지 전달 체계에 커다란 문제가 있다는 사실을 보여준다.

인권위의 설명에 따르면 비수급 빈곤층의 경우 기본적인 의식주조차 갖추기 어려운 정도의 생활 수준에서 가족, 친구, 지인과의 관계마저 단절돼 비교적 쉽게 자살충동을 느낀다고 한다. 실제로 연락조차 끊긴 가족이 있다는 이유로, 일용직 소득이 발견됐다는 이유로 수급 대상에서 탈락돼 자살한 사람들의 이야기도 속속 들려온다. 복지전문가들은 빈곤과 자살의 이 같은 함수관계을 두고 "안전망이 갖추어져 있는데 신청을 하지 않은 것이 아니라 안전망이 갖추어져 있지 않았던 것이 문제"[6]라고 꼬집는다.

한편 가난한 사람들이 채무 독촉에 시달리다 자살하는 경우도 많다. 대부업의 법정최대금리가 다른 나라에 비해 상대적으로 높다는 점은 이런 죽음의 한 원인으로 꼽힌다. 빚이 빚을 낳아 헤어날 수 없는 부채의 늪으로 빠져들기 때문이다. 소득이 증가해도 근본적으로 부채가 줄지 않으면 실제 소득은 늘지 않는다. 가계 빚으로 벼랑 끝에 몰린 사람들은 빚을 청산하기 위해 죽음을 선택할 수밖에 없다고 토로한다. 때문에 빈곤으로 인한 죽음을 막기 위해서는 가계부채를 해소하기 위한 정책도 함께 제시되어야 한다.

채무를 변제하지 못해 신용불량자가 된 사람들을 위한 지원도 필요하다. 일단 신용불량자가 되면 취업도 불가능하고 대출도 어려워진다. 이를 타계할 획기적인 정책이 제시되어야 신용불량 상태에서 죽음으로 내몰리는 사람들을 보호할 수 있다.

2013년 10월 스위스에서는 모든 국민에게 무조건 300만 원의 '기본소득'을 보장하는 내용을 헌법에 규정하자는 국민제안이 12만 명의 서명으로 이루어져, 2015년 현재 조만간 국민투표에 부쳐질 예정이다. 기본소득이 기존의 사회복지제도와 근본적으로 구분되는 지점은 '모두에게' '조건 없이' 주어지는 복지라는 점이다. 모든 사람이 재산이나 가족 형태, 주거 환경, 취업 여부와 상관없이 인간다운 생활을 유지할 수 있는 기초생활비를 받을 수 있다는 기본소득의 원칙은 선택받은 일부에게 시혜적 차원으로 베푸는 복지가 아니라 모두가 마땅히 누려야 할 자연적 권리로서 이해된다.

모든 국민에게 최소한의 소득을 보장하는 이러한 제도는 빈곤과 부채의 악순환으로 인한 죽음을 줄이는 또 하나의 대안이 될 수 있을 것으로 보인다. 아래 기사는 기본소득이 실제로 논의되거나 시행되고 있는 스위스와 미국 알래스카의 사례를 보여준다.

이번 국민제안에는 국가의 기본소득 보장 의무, 기본소득이 모든 시민이 건전하고 위엄있는 삶을 영위하는 데 기초가 된다는 취지, 기본소득의 수준과 재정 문제는 별도의 법으로 정한다는 원칙 등 크게 세 가지를 담았다. 2년 이내에 실시하도록 돼 있는 국민투표에서 이 제안이 통과되면 기본소득이 헌법에 반영된다. (…) 기본소득 재원 마련이 어렵지 않음을 보여주는 사례는 미국 알래스카주가 1982년부터 실시해오고 있는 기본소득 제도인 '영구기금배당'이다. 알래스카주는 알래스카에 거주하는 미국인으로 서류만 작성하면 누구에게나 주는 이 배당금을 석유에 대한 세금으로 조성한 '알래스카영구기금'의 투자 수익금에서 충당하고 있다. 기금의 투자 수익률과 연동해 많을 때는 5인 가구 기준으로 연 1만 6,000달러를, 적을 때는 연 4,000달러 정도를 무조건 지급해왔다. 크지 않은 돈이지만 이 제도 덕분에 알래스카는 미국 50개 주 가운데 가장 평등한 주의 하나로 꼽힌다.[7]

자살의 책임을 묻다

우리 사회에서 가장 도드라진 '사회적 타살'을 꼽으라면 아마도 노동자의 죽음을 꼽을 수 있을 것이다. 벌써 수년간 한국사회에 깊은 트라우마를 남기고 있는 쌍용자동차 노동자와 그 가족들의 죽음이 그렇고, 삼성반도체 공장에서 일하다 병을 얻고 죽어간 노동자들이 그렇다. 2014년 말, 쌍용자동차 해고노동자 두 명은 또 다시 70미터 높이의 공장 굴뚝에 올랐다. 굴뚝에 오른 그들은 허공에 대고 "스물다섯 번째인지 여섯 번째인지 숫자도 헷갈릴 정도로 죽음이 쌓였습니다. 방법이 무엇이겠습니까"라고 묻는다. 하지만 우리는 아직도 답을 찾지 못하고 우물쭈물하고 있다.

그로부터 한 달 전 대법원은 고등법원의 판결을 뒤집고 쌍용자동차의 정리해고가 정당하다고 판결하면서 153명의 복직이 물거품으로 돌아가고 말았다. 쌍용차 노사는 2009년 합의 이후 5년 5개월 만인 2015년 1월 29일 다시금 협의에 들어갔다. 교섭 때 논의될 4대 의제에는 '26명 희생자 유가족에 대한 지원 대책'도 포함되었다.

누군가는 그들의 죽음이야말로 "사회적인 죽음"에 해당한다고 주장한다. 그리고 그 죽음이 사회적 반향을 끌어내지 못하는 원인을 이렇게 분석한다. "이 '무반응'이야말로 바로 그 잇단 죽음의 가장 유력한 사회적 원인이며, 또한 결과다. 그리고 그것은 오늘날 한국사회를 지배하는 죽음 문화의 가장 선명한 한 형식이다. (…) 인간해방의 이념과 대서사가 실종되어 대안사회에 대한 전망이 사라지자, 다른 인간 존재에 대한 연민도 소진된다. (…) 노동에 대한 배제는 노동자들의 죽음도 배제시킨다."[8]

업무상 재해와 손해배상

이 세상에 완전한 의미의 자살은 없다. 어떤 자살이든 거기에는 당사자가 어쩔 수 없는 외부 요인이 작동할 수 있기 때문이다. 그리고 그것이 국가나 기업에 의한 죽음이라면 법은 국가나 기업에 그 책임을 물을 수 있다. 따라서 과도한 업무나 업무상 질병으로 인한 자살이라면 업무상 재해로 인정돼 재해 보상을 받을 수 있다.

A는 탄광에서 일하며 진폐증이라는 병을 얻고 병원에 입원해 요양했다. 치료를 받는 동안 그는 합병증으로 인한 호흡곤란과 심혈관계 질환으로 육체적 고통에 시달렸으며, 오랜 투병생활로 인한 스트레스와 불안, 기억력 저하, 편집증과 환각 등 정신적 고통으로 괴로워한 끝에 병원 건물 3층에서 투신했다. 법원은 A의 사망이 비록 자살로 인한 것이지만, 업무상 질병인 진폐증이 악화되어 죽음에 이른 것으로 보고 업무상 재해를 인정했다.

대법원 1993. 10. 22. 선고 93누13797 판결 참조

대법원은 업무상 질병으로 인한 정신이상 증세로 자살한 경우에 업무상 재해를 인정한다.[9] 자살에 있어서도 업무상 재해를 인정하는 데 필요한 '업무와 재해 사이의 상당인과관계'를 인정한 것이다.[10] 그 논리는 좀 복잡한데 먼저 업무상 재해에 해당하려면 근로자가 업무를 수행하는 중에 그 업무로 인하여 재해가 발생해야 한다. 그 재해가 질병 또는 질병으로 인한 사망인 경우에는 업무로 인한 것으로 볼 정도의 상당한 인과관계가 있으면 된다. 하지만 업무상 질병으로 요양하던 중에 자살로 사망한 경우에는 추가 논리가 필요해진다. 자살이 업무상 재해로 인정받으려면 업무로 인하여 질병이 발생하고, 그 질병으로 심신상실*이나 정신착란의 상태에 빠진 뒤, 그 상태에서 자살에 이르러야만 업무와 사망 사이에 상당인과관계가 인정된다.

한편 고문이나 폭행 등 국가 권력의 가혹행위로 인해 자살이 발생한 경우 국가는 그 손해를 배상해야 한다. 기본적으로 군인이나 경찰 등에 대해서는 국가배상청구권이 인정되지 않지만 전사하거나 순직한 경우에는 보상을 받을 수 있는 길이 열려 있다.[11] 국가유공자법에 따라 전몰군경**이나 순직군경***에 해당하면 보상을 받을 권리가 보장되는 것이다. 따라서 가혹행위로 군인이나 경찰 등이 자살한 경우에 비록 자살일지라도 경우에 따라 국가로부터 손해배상을 받을 수 있다.

2000년 의무경찰로 군복무를 하던 A는 수시로 반복되는 상급자들의 조롱과 욕설, 폭력에 시달리다 우울증을 얻게 되었다. A는 사람에 대한 믿음을 상실했고, 극심한 불면증과 두통으로 고

사회적 타살

---

* 정신 장애로 인해 변별력과 의사 결정 능력이 없는 상태

** 군인이나 경찰 공무원, 군무원으로서 전투 또는 그에 준하는 직무수행 중 사망한 자. 단 군무원은 1959년 12월 31일 이전에 사망한 자에 한함.

*** 군인이나 경찰 · 소방 공무원으로서 직무수행이나 교육 훈련 중 사망한 자. 단 소방 공무원은 2011년 6월 30일 이후 사망자부터 적용하되 그 전에 사망한 사람은 화제구조구급 업무상 사망한 자에 한하여 보상받을 수 있다.

통 받았다. 그는 의사로부터 우울증 진단을 받고 병원 치료를 받은 적도 있지만 시간이 지나면서 상급자의 눈치를 보느라 제대로 된 치료를 받을 수 없게 되었다. 또 선임으로부터 받는 압박과 자신의 지시를 따르지 않는 후임으로 인한 스트레스 등으로 괴로워하기도 했다. 그러던 중 설 연휴를 쉬러 휴가를 나왔던 A는 대구의 한 공사현장에서 군화 끈으로 목을 매 숨진 채 발견되었다. 법원은 A가 군복무 전에는 우울증 증세를 보이지 않았고, 그를 의심할 만한 정황이나 원인도 없었다는 사실에 기반해 A의 우울증을 공무상 질병으로 인정했다. 법원은 평소 내성적인 성격이던 A가 군대라는 낯선 문화 속에서 엄격한 통제와 단체행동에 제대로 적응하지 못했다는 점, 그런 상황에서 상급자들의 폭언과 폭행에 시달리다 극심한 정신적 스트레스로 우울증을 얻었다는 점, 그럼에도 효과적인 치료를 받지 못하여 자살로 생을 마감한 것은 A의 정상적이고 자유로운 의사에 따른 죽음이 아니라는 점을 받아들여 국가에 손해배상 책임을 물었다.

대법원 2004. 5. 14. 선고 2003두13595 판결 참조

군내 가혹행위로 인한 자살을 순직으로 인정하지 않은 판례도 있지만[12] 최근의 판례 경향은 순직을 인정하여 국가유공자 보상을 받을 수 있는 길을 열어놓고 있다.

군인이 선임병 등으로부터 가혹행위를 당하거나 직무상 스트레스나 과로를 견디다 못해 자살하기도 하고 군대라는 특수한 여건 때문에 우울증 등 정신질환을 앓거나 스스로 극복하기 어려운 절박한 상황에 처해 있으면서도 이를 호소하거나 적절히 진단받고 치료받을 기회를 갖지 못한 채 자살하기도 하는 일이 현실로 존재하는 한, 이러한 현실을 외면하여서는 안 된다. 군대 내 자살에 대하여도, 일반 사회에서의 자살과 마찬가지로, 그것을 자살자 개인의 의지박약이나 나약함 탓으로만 돌리는 것은 성숙한 사회의 모습이 아니며, 유가족에 대한 적절한 위로와 보상 또한 국가의 책무다.[13]

법원은 판결문을 통해 군대라는 특수한 상황에서는 자살이 개인만의 책임이 아니라 그를 자살에 이르게 한 조직과 사회의 책임이기도 하다는 사실을 확인해주고 있다.

차별로 인한 죽음

우리 사회에는 인종, 성별이나 성적 지향, 장애, 연령, 외모, 학력 등 다양한 이유의 차별이 존재한다. 차별은 기본적으로 비교를 통해 발생한다. 자신도 다른 사람과 똑같은 인간으로서 동등한 대우를 받아야 한다고 생각했는데 다르게 취급될 때, 자신은 다른 사람보다 우월해서 차등적 대우를 받아야 한다고 생각했는데 동일하게 취급될 때 사람들은 그런 상황을 불평등하다고 느낀다.

차별의 원인은 편견과 고정관념이다. 편견과 고정관념은 그 대상을 다른 사람들과 전혀 차이가 없는데도 차등적으로 대우하거나, 분명히 차이가 있는데도 이를 부정하고 똑같이 대하도록 만든다. 그리고 이런 편견과 고정관념은 매우 견고해서 쉽게 깨지지 않는다.

하지만 당하는 사람의 입장에서 차별은 자살을 선택하게 할 정도로 심각한 정신적 스트레스로 다가올 수도 있다.[14] 차별은 개인의 존엄성을 침해한다. 차별이 정신건강에 미치는 부정적 영향은 다수의 논문에서 보고되고 있다. "일상생활에서의 차별 인지는 만성적인 스트레스를 초래하며 자아존중감 및 자아정체성에 영향을 미치고", "심리적 스트레스, 삶에 대한 만족, 우울증, 불안 및 행복 수준을 포함하는 정신건강에 부정적 영향을 미친다."[15] 존엄성을 짓밟힌 개인은 차별받으며 사는 것보다 차라리 죽는 것이 낫다는 판단에 이른다.

어느 초등학교 비정규직 보조교사가 선택한 죽음은 차별로 받은 고통의 크기를 짐작하게 한다.

13년 동안 초등학교 과학실에서 일했던 A씨는 병을 안고 학생들 곁을 떠났다. 그리고 얼마 지나지 않아 학교를 찾아와 생을 정리했다. 그가 비정규직이 아니었더라도 같은 결말이었을까. A씨는 지난 17일 충북 청주시의 한 초등학교 운동장 나무에 목을 매 숨진 채 발견됐다. 그의 주머니에는 "13년 동안 근무했지만 병으로 인해 퇴직하는 과정에서 비참함과 황당함, 패닉 상태에 빠지게 되고, 그렇게 사정했지만 아무 소용없이 물러나야 하는 나의 삶이 고통의 날을 보냅니다."라는 글귀가 들어있었다. 자살 열흘 전 청와대 국민신문고에 제출한 민원이다. 충북교육청으로부터 받은 답변서도 있었다. "A님 판단에 의해 퇴직원을 제출한 것이기 때문에 현 시점에서 행정처리를 되돌릴 수 없습니다." 과학실무원이었던 A씨는 과학실의 실험 약품과 기자재를 관리하고 수업을 준비하며 수업시간에는 보조교사 역할을 했다. 그러나 지난 3월 충북교육청이 교무ㆍ전산ㆍ과학ㆍ발명교실 실무원 등 4개 비정규직 직종을 '교무실무사'로 통합하면서 업무가 크게 늘어 학교와 갈등을 겪게 됐다. 결국 5월 지병인 당뇨가 악화된 A씨는 유급 병가 14일과 연차휴가를 모두 사용한 뒤 6월 말 퇴직했다. 하지만 실업급여를 신청하기 위해 고용센터에 간 A씨는 무급 병가 46일이 남아 있다는 사실을 알게 됐다. 이에 학교 측에 "무급병가가 있는 줄 몰라 퇴직했다."며 퇴직 철회를 요구했지만 거절당했고, 청와대 민원에서도 같은 답을 받았다. 결국 A씨는 두 서류를 주머니에 넣고 극단적인 선택을 했다.[16]

한편 누군가는 목숨을 걸고서라도 이러한 편견과 고정관념에 저항하려 할 수도 있다. 정신적 스트레스로 인한 죽음이든 저항을 위한 죽음이든 차별은 죽음을 불러올 수 있다. 바꿔 말해, 차별이 존재하지 않았다면 개인이 죽음을 선택하지도 않았을 것이다. 차별을 방치하는 것은 그런 죽음의 강요를 의미할 수도 있다. 여전한 차별에도 불구하고 당사자에게 그것을 인내하며 계속해서 삶을 선택하도록 요구하는 것은 그래서 가혹하다. 차별은 시정되어야 하는 것이지 인내해야 하는 것이 아니다. 차별로 인한 죽음은 차별이 철폐됨으로써 사라질 수 있는 것이지 차별로 인한 정신적 고통에 익숙해짐으로써 없어지는 것이 아니다.

물론 차별을 견디며 살아가는 사람들이 없는 것은 아니다. 하지만 그들을 내세워 차별을 견디지 못하고 자살을 택한 망인을 비난할 수는 없다. 차별로 인하여 느끼는 정신적 고통은 사람마다 다르기 때문이다. 같은 상황일지라도 어떤 사람은 정신적 고통을 전혀 느끼지 못하거나 대수롭지 않게 여길 수 있지만, 그 고통이 다른 누군가에게는 목숨과도 바꿀 만큼 심각할 수 있다.

차별로 인한 죽음이 사라지기 위해서는 근본적으로 차별의 원인이 되는 편견과 고정관념이 제거되어야 한다. 편견과 고정관념은 합리적 근거가 없음에도 사람들의 의식 속에 뿌리 깊게 자리를 잡아 동일한 비교 대상인데도 차이가 있다고 생각하게 하고, 차이가 있는 비교 대상인데도 동일하다고 생각하게 만든다. 조금만 이성적으로 생각해보면 편견이나 고정관념은 충분히 제거될 수 있다. 그리고 이러한 이성적 성찰은 개인적 노력으로도 가능하지만 사회적 분위기에 의해서도 촉발될 수 있다.

사회는 끊임없이 편견과 고정관념에 합리적 근거가 없다는 문제의식을 제기해야 한다. 또 구성원들 간의 소통을 통해 이런 편견을 없애야 한다는 합의를 형성해야 한다. 하지만 그럼에도 불구하고 계속해서 차별이 발생한다면 법제도를 완비해 이를 강제로라도 바로잡아야 한다. 불합리한 차별을 법으로 금지하고, 법을 어긴 사람에게 제재를 가하는 차별금지법이 필요한 이유다. 또 이런 법은 차별이 일어나는 영역 혹은 그 이유마다 개별적으로 마련될 수 있다.

현재 모든 영역과 사유를 망라하는 일반적 차별금지법으로는 국가인권위원회법이 있다. 이 법에 따라 개인은 합리적인 이유 없이 성별, 종교, 장애, 나이, 사회적 신분, 출신 지역(출생지, 등록기준지, 성년이 되기 전의 주된 거주지 등), 출신 국가, 출신 민족, 용모 등 신체조건, 혼인 여부(기혼 · 미혼 · 별거 · 이혼 · 사별 · 재혼 · 사실혼 등), 임신 또는 출산, 가족 형태 또는 가족 상황, 인종, 피부색, 사상 또는 정치적 의견, 형의 효력이 실효된 전과(前科), 성적(性的) 지향, 학력, 병력(病歷) 등을 이유로 차별받아서는 안 된다. 다만 차별을 없애고 평등을 실현하기 위하여 특정인이나 특정 집단을 우대하는 것은 차별로 보지 않는다.

개인은 자신이 차별받았다고 판단되면 국가인권위원회에 진정을 제기할 수 있다. 진정을 받은 국가인권위원회는 조사를 실시하여 차별을 시정하도록 권고하게 된다. 권고를 받고도 시정하지 않으면 시정명령을 받을 수 있고, 정당한 이유 없이 시정명령을 이행하지 않으면 과태료를 부과해야 한다. 또 이런 차별 행위를 악의적으로 반복하는 경우에는 형벌을 받게 되는 경우도 있다. 하지만 현행 국가인권위원회법은 기본적으로 국가인권위원회의 조직과 권한(업무)에 관한 법률이다. 때문에 차별을 금지하고 피해자를 구제하는 동시에 가해자를 제재하는 성격의 법률로 재구성될 필요가 있다.

한편 각각의 차별 영역에 대해서도 이를 규율하는 법이 제정되어 있다. 장애를 이유로 한 차별을 금지하기 위한 장애인차별금지 및 권리구제 등에 관한 법률, 성별을 이유로 고용영역에서 발생하는 차별을 금지하기 위한 남녀고용평등 및 일 · 가정 양립지원에 관한 법률, 연령을 이유로 고용영역에서 발생하는 차별을 금지하기 위한 고용상 연령차별금지 및 고령자 고용촉진에 관한 법률, 고용형태를 이유로 발생하는 차별을 금지하기 위한 기간제 및 단시간근로자의 보호 등에 관한 법률,

파견근로자의 보호 등에 관한 법률 등이 그것이다.

이들 법은 서로 양립하기 어려운 제도를 담고 있기 때문에 통합된 차별금지법을 제정해야 한다는 주장이 오랫동안 제기되어 왔다. 하지만 차별금지 사유에 '성적 지향'이 포함되어서는 안 된다는 주장, 고용상의 차별금지가 기업의 자율성을 침해할 수 있다는 재계의 주장 등이 맞물리면서 이 법의 제정이 미루어지고 있는 것이 현실이다. 그러나 이미 만들어진 차별금지에 관한 법률들을 고려할 때 통합된 차별금지법의 제정을 반대할 명분은 사실상 없다. 또 차별 없는 평등한 세상에 대한 인류 보편의 꿈은 그 자체로 도덕적 당위성을 갖는다. 신속하게 새로운 차별금지법이 제정되어야 하는 까닭이 여기에 있다.

억압으로 인한 죽음

유대계 문학평론가이자 철학자였던 발터 벤야민(Walter Benjamin)은 1933년 독일에 나치 정권이 들어서자 프랑스로 이주했다. 1940년 프랑스마저 나치에 점령되자 그는 다시 스페인을 거쳐 미국으로 망명하고자 결심하지만, 이내 그 계획은 물거품이 되었다. 프랑스와 스페인의 국경 지역에 머물던 벤야민은 나치에 체포당할 것을 예감하고 다량의 모르핀을 복용해 목숨을 끊는다. 아마 수용소에서 계속될 굴욕과 억압의 삶보다는 죽음이 낫다고 판단한 것일지도 모른다.

인간은 자유를 향유하기 원한다. 물론 예외도 있겠지만 대부분의 사람들은 자유를 충분히 향유할 수 있는 상태에서 행복감을 느낀다. 억압은 이런 자유의 반대개념이다. 자유롭지 못하다는 것은 하고 싶은 것을 하지 못하게 막거나, 하기 싫은 것을 억지로 하도록 강제하는 억압을 의미한다. 어떤 형태로든 억압은 자유를 갈망하는 인간에게 정신적 부담으로 작용한다. 때문에 합리적으로 허용될 수 있는 억압의 범위를 넘어서면 개인은 억압받는 삶 대신에 죽음을 선택하게 될 가능성이 높아진다.

삶의 혜택은 미래의 것이고 불확실한 반면에 억압은 분명하게 눈앞에 현존하는 고통이다. 확실하지도 않은 미래의 가능성 때문에 억압을 기꺼이 견뎌낼 수 있는 사람은 많지 않다. 어떤 사람들은 억압받는 삶을 선택하는 대신에 차라리 죽음을 통해 지금이라도 당장 고통스런 삶을 끝내버리고 싶다고 생각할 수 있다.

죽음을 선택할 정도로 극심한 억압은 인내심을 배양하여 익숙해짐으로써가 아니라 국가의 억압적 제도를 제거하고 법률과 재판으로 사인에 의한 억압을 방지함으로써 해소될 수 있다. 억압을 예방하고 제거하지 않는 한 납득할 수 없는 억압으로 고통받는 사람들은 계속해서 발생하고, 그중 누군가는 죽음을 선택하는 악순환을 끊을 수 없다.

물론 인간은 공동체적 존재로서 무제한의 자유를 누릴 수 없다. 때문에 자유는 공공의 이익이나 다른 사람의 자유를 해치지 않는 선에서만 허용된다. 이렇게 합리적으로 허용될 수 있는 억압은 오히려 모든 공동체 구성원들이 받아들이고 인내할 수 있도록 교육되어야 할 필요가 있다. 이를 받아들이지 못하고 공공에 해가 되는 방종을 주장할 경우 그것이 교육으로도 해결되지 않으면 처벌할 수밖에 없다. 여기서 전제는 합리적으로 허용될 수 있는 억압과 그렇지 않은 억압을 구분하는 것이다. 억압의 합리성 여부를 결정할 때는 반드시 모든 공동체 구성원의 참여와 합의가 필요하다. 억압으로 인한 죽음을 줄이기 위해서는 이런 합리적 허용 범위를 넘은 억압을 줄여나가야 한다.

억압은 국가에 의한 것일 수도, 사인에 의한 것일 수도 있다. 국가에 의한 억압은 공공의 이익이나 다른 사람의 자유를 위하여 불가피한 경우에 합리적인 범위 내에서 허용될 수 있다. 또 이런 억압이 자유를 과도하게 침해할 경우 법률을 제도적으로 제거함으로써 국가의 억압은 해소될 수 있다. 헌법재판제도 역시 억압을 제거하기 위한

방편이 될 수 있다. 예컨대 헌법재판소는 사전심의제도나 영상물등급제도가 헌법상 금지된 사전검열에 해당하여 표현의 자유를 억압한다고 보고 위헌 결정을 내려 이를 무효화한 바 있다.[17]

한편 사인에 의한 억압도 법에 근거하거나 당사자 간의 합의(계약)가 있을 경우 마찬가지로 합리적인 범위 내에서 허용될 수 있다. 그러나 그 범위를 넘어설 경우에는 형벌을 부과함으로써 억압을 제거할 수 있을 뿐만 아니라 민법에 따라서도 손해배상의 책임을 물을 수 있다(민법 제750조). 일례로 대법원은 특정 종교 재단이 세운 학교에서 채플 같은 종교교육이 학생의 종교의 자유를 억압한다면 학교 측은 학생에게 손해배상을 해야 한다고 판결하기도 했다.[18]

양심에 따라 전쟁과 군대를 거부하는 사람들에게 징병제는 인간 내면에 대한 심각한 억압이 될 수 있다. 〈줄탁동시〉(2012)로 주목받은 김경묵 감독은 양심적 병역거부를 선언하며 이렇게 고백한다.

"집단주의적 체제가 맞지 않아 고등학교를 자퇴한 뒤에는 어디에도 적을 두지 않고 독립적으로 살아왔다. 이런 내가 2년간 정신을 구속 당한 채 군복을 입고 총대를 올리며 군사훈련을 받는 모습은 상상할 수조차 없었다." 군복무를 '정신적 죽음 상태'로 이해하는 그에게 상명하복의 위계질서가 뚜렷한 군대는 자유로운 사유와 성찰을 가로 막는 지옥 같은 곳으로 여겨졌을 것이다. 이렇게 양심적 병역거부자 들에게는 대체복무를 허용하는 것만이 혹여 병역거부로 받게 될 형 벌이 두려워 선택할지도 모르는 죽음을 막는 최선의 길일 것이다.

사회적 타살

08

고백적 죽음
죽음과 표현

제가 말하는 추방당한 자란,
콜하스는 종주먹을 불끈 쥐며 대답했다.
법의 보호를 받지 못하는 자를 뜻합니다!
저는 그 보호를 받아야만 평화롭게 사업을 번창시킬 수 있습니다.
그 보호를 믿었기에 모은 재산을 다 들고 이 사회에 들어온 것입니다.
이런 보호를 해주지 않는 것은 저를 황야의 야수들에게 쫓아내는 것입니다.
저 자신을 지키라고 제 손에 몽둥이를 쥐어 주는 것이나 다름없습니다.

– 하인리히 폰 클라이스트(Heinrich von Kleist), 〈미하엘 콜하스〉 중에서

어떤 죽음은 억눌린 감정이나 의사를 표현하는 극단적 방식이 되기도 한다. 청년 노동자 전태일은 노동자에 대한 부당한 처우를 고발하며 분신을 선택했고, 입주민으로부터 모멸적인 대우를 받은 어느 아파트 경비 노동자는 분노의 감정을 분신으로 표현했다. 이렇게 '고백적 죽음'에는 죽음으로밖에 표현할 수 없는 간절함과 절박함이 드러난다. 망인이 그렇게 간절하고도 절박하게 표현하고자 했던 것은 억울함이나 절망감, 분노 같은 감정일 수도 있고 자신이 믿는 사상이나 신념 혹은 부당한 사회에 대한 고발일 수도 있다.

건강하지 못한 공동체는 이런 죽음의 맥락을 걷어낸 채 그 의미를 애써 감추거나 축소하려 한다. 그러면서 스스로 목숨을 끊은 행위가 무슨 '전염병'이라도 되는 것처럼 비난을 쏟아 붓는다. 자살이 전파될 것을 염려하며 그 동기는 살펴보지도 않은 채 죽은 사람을 향해 무책임하다고 비난하며 손가락질을 한다.

"죽음의 굿판을 걷어치워라!" 한때 저항시인으로 불렸던 김지하는 어느 날 독재에 항거하며 목숨을 끊은 청년들에게 이렇게 외쳤다. "자살은 전염한다. 당신들은 지금 전염을 부채질하고 있다. 열사 호칭과 대규모 장례식으로 연약한 영혼에 대해 끊임없이 죽음을 유혹하는 암시를 보내고 있다. 생명 말살에 환각적 명성을 들씌워 주고 있다. 컴컴하고 기괴한 심리적 원형이 난무한다."[1] 이 칼럼은 당시 민주화 투쟁을 둘러싼 '자살 배후설'의 진원지가 되기도 했다.

그러나 건강한 공동체는 죽음을 선택한 고인을 비난하기 전에, 건강한 공동체는 그가 죽음으로써 표현하고자 했던 의사를 읽어내려고 애쓴다는 사실을 기억해야 한다. 고백적 죽음에는 사회 부조리에 대한 고발과 저항이 담겨 있다. 그래서 고백적 죽음은 사회가 눈감았던 어두운 진실에 자신의 몸을 던져 조명을 비추고 경종을 울리는 작은 혁명과도 같다. 고백적 죽음의 당사자들은 하루하루 쳇바퀴 돌듯 관행과 질서에 순응하며 살아가는 사람들에게 잠시 한 발 떨어져 그 관행과 질서가 정말 타당한 것인지 반성하며 비판해보자고 외치기 위해 자신을 소멸시킨 것이다.

이런 죽음이 헛되지 않으려면, 자신의 의사를 죽음으로밖에 표현할 수 없어 죽음을 선택하는 일이 반복되지 않으려면, 사회는 그 죽음의 의미를 적극적으로 해석하고 수용해야 한다. 누군가 죽음으로써 자신의 감정이나 의사를 표현했다면 그것은 한편으로 공동체의 무관심이 그토록 컸음을 의미한다. 고백적 죽음의 메시지는 그래서 그토록 절실하다. 죽음을 조장하거나 선동한다고 섣불리 오해하기 전에, 공동체는 고백적 죽음을 부른 사회의 폐쇄성과 편협함부터 반성하고 바로잡아야 한다.

어느 투명인간의 죽음

2010년 5월 25일 어느 지방 대학 시간강사가 논문 대필과 교수 임용 비리 등을 폭로하며 스스로 목숨을 끊었다. 그는 유서에서 "세상이 밉습니다. 한국의 대학 사회가 증오스럽습니다"라는 말로 견딜 수 없는 분노와 억울함을 드러냈다. 그의 죽음이 있기 두 해 전, 지금은 고인이 된 라틴아메리카 학자 이성형은 시간강사들의 안타까운 죽음을 이렇게 표현했다. "그들은 투명인간입니다. 좀처럼 보이지 않습니다. 간혹 한 명이 자살하면 언론이 측은한 듯 그들의 실체를 드러내 보입니다."[2] 죽어야 비로소 세상에 그 존재를 드러내는 '투명인간'이야말로 죽음을 통해 절박한 메시지를 전달하려는 모든 고백적 죽음의 당사자를 가장 잘 표현하는 단어일지 모른다.

인간의 다양한 감정 가운데는 밖으로 표출하지 않으면 정신적으로 해악이 되는 감정들이 있다. 우리가 무언가 부당한 일을 당하면 느끼는 억울함이 대표적이다. 누명을 쓰거나, 잘못이 없는데도 벌을 받거나, 열심히 노력했는데도 성과가 없을 때 사람들은 부당함을 느끼고 억울함을 토로한다.

억울한 감정은 분노로 바뀔 수 있다. 그 분노의 대상은 자신을 억울한 처지로 몰아넣은 세상이다. 억울한 처지에 놓인 사람들은 부당한 관행과 질서에 분노하고, 그에 순응하거나 그것을 이용하는 사람들에게도 분노하기 시작한다. 아무리 가슴을 치고 소리를 질러도 해소되지 않는 분노의 감정은 죽고 싶은 충동을 강하게 자극한다.

한편 억울함이 절망감으로 변하는 수도 있다. 자신을 억울한 처지로 몰아간 세상에서 더 이상 희망을 찾을 수 없을 때, 억울한 일을 당한 사람은 실의와 낙망에 빠지고 만다. 인간은 앞으로 다가올 미래에 대한 기대와 소망으로 살아간다. 그런데 억울한 처지에 놓인 사람들의 현실은 미래를 기약할 수 없을 정도로 비참하기만 하다. 그 가운데는 현실에 좌절한 채 삶을 포기할 수밖에 없는 사람들도 있다. 억울한 자에게 삶은 결코 낙관적이지 않을 뿐더러 차라리 죽음이 행복해 보일 만큼 끔찍하기까지 하다.

문제는 이런 억울한 감정과 의사를 토로할 만한 사람이 없거나, 상대가 그의 주장을 묵살하는 탓에 억울함이 해소되지 않는 경우다. 이렇게 되면 억울한 일을 당한 사람들은 결국 죽음으로 자신의 억울함을 세상에 알리고 싶어한다. 하지만 죽음으로 표현된 감정이나 의사는 그것이 사회적으로 공유되었을 때 불리한 처지에 놓이게 되는 사람들에 의해서 완전히 은폐되거나 그 의미가 축소되는 경우가 많다. 목숨과 맞바꾼 의사는 심지어 죽음으로도 전혀 혹은 충분하게 전달되지 못하게 된다.

특히 억울한 죽음이 세상의 주목을 받으면 곤란해지는 사람이 기득권인 경우, 그는 자신이 가진 권력을 모두 동원하여 죽음의 메시지를 감추고자 한다. 누군가의 억울한 죽음 앞에서 그는 생뚱맞게 '생명의 가치'를 전파하며 본질을 호도한다. 또 우둔한 대중을 현혹해 망인에게 돌을 던지게 하고, 그의 고백에 귀 기울이려는 사람들을 죽음을 전염시키는 어두운 세력으로 몰아간다. 권력을 향해 자신의 의사를 전달하기 위한 방법이 죽음뿐이라면, 그것은 우리 사회의 민주주의가 그만큼 불안한 위치에 있다는 증거다.

개인의 억울한 사연이 죽음으로써만 전달될 수 있다면, 나아가 죽음으로도 전달될 수 없다면 그 사회는 불행하고, 심지어 악하기까지 하다. 사람의 감정이나 의사는 언제나 충분히 전달될 수 있어야 한다. 하물며 그것이 죽어서라도 세상에 알려야만 할 정도로 당사자에게 중대한 사안이라면, 그의 목소리는 가감 없이 전달되어야만 할 것이다. 그것이 사회가 죽은 사람의 원혼을 달랠 수 있는 유일한 길이기 때문이다.

억울한 죽음에 대한 국가와 사회의 책임

억울한 죽음을 막기 위한 근본 처방은 억울함이 발생하지 않도록 부당한 일이 없는 세상을 만드는 일일 것이다. 하지만 살다보면 누구나 한번쯤은 그런 일을 겪는다. 인간은 완벽하지 않고, 인간 세상의 법과 제도도 완벽할 수 없기 때문이다. 부당한 일을 원천적으로 막을 수 없다면 중요한 것은 억울함을 토로하고, 해결받을 수 있는 길을 마련하는 것이다.

재판은 억울함을 토로하고 해소하는 가장 일반적인 절차다. 무고한 시민의 억울함을 해소하는 '제도적 굿판'으로서 재판 절차가 공정해야 하는 까닭이 여기에 있다. 죽음의 굿판을 걷어치우려면 그 전에 제대로 된 법의 심판이 담보되어야 한다. 억울한 자의 마지막 보루인 재판마저 공정하지 못하고, 법관도 편파적인 판결을 내린다면 재판은 억울함을 풀어주기는커녕 또 다른 억울함을 낳게 된다. 때문에 법관은 억울함이 없도록 재판을 공정하게 진행하며, 당사자의 이야기를 되도록 빠짐없이 전부 들어주어야 한다. 또 판결은 사건의 실체를 완벽하게 파악한 뒤에 내려져야 한다.

한편 민사나 형사 소송 외에 헌법이 보장하고 있는 **청원권**(헌법 제26조)을 통해 억울함을 해소할 수도 있다. 청원권은 마음속에 있는 소원을 말할 수 있는 권리로서 여기에는 부당한 일을 당했을 때 이를 해결 하도록 요청할 권리도 포함된다. 또 시민의 고충이나 민원을 해결하는 옴부즈만으로서 **국가인권위원회**나 **국민권익위원회**도 억울한 처지에 놓인 사람들을 구제하는 역할을 수행한다. 행정기관의 부당한 처분에 대해서는 법원에 가기 전에 해당 행정기관의 상급기관에 호소해보는 행정심판도 억울함을 해소하는 또 하나의 수단이다.

억울함을 해소할 권리와 제도를 보장하는 것은 국가의 중요한 과제다. 국가가 치솟는 자살의 증가를 진심으로 걱정한다면 억울함을 이기지 못해 죽음에 이르는 사람들이 더 이상 없도록 이들을 위한 공정한 제도와 절차를 마련하는 데 힘써야 한다. 가장 필요한 것은 누군가 죽음을 선택할 정도로 극심한 억울함으로 인해 괴로워할 때, 국가가 곁에서 그의 이야기에 진심으로 귀 기울여주고 그를 위해 발 벗고 나서주는 것이다.

하지만 국가(의회, 정부, 법원)는 그렇게 한가하지 않다. 여기서 시민사회의 역할이 중요해진다. 우리는 억울한 일을 당해 분노하는 사

고발적 죽음

람들을 주변에서 자주 만난다. 그들은 자신의 억울함을 풀기 위해 사연을 구구절절 적은 피켓을 온 몸에 걸고 1인 시위에 나서기도 한다. 그리고 지나가는 사람들을 향해 자신의 이야기를 한 번만 들어달라고 애원한다. 하지만 타인의 큰 아픔보다 자신의 작은 아픔에 더 민감할 수밖에 없는 사람들은 이런 애원을 쳐다보지도 않은 채 지나친다.

사람은 누구나 일단 자신이 억울한 일을 당하면 그것이 사소한 것임에도 분노할 수 있다. 때문에 누군가의 억울한 사연을 들으면 "그 사람만 억울한 게 아니다"라는 태도로 타인의 억울함에 무관심한 경우가 많다. 그렇지만 누가 보아도 명백하게 부당하고 그 부당함이 도저히 참을 수 없을 정도로 심각한 경우도 존재한다. 그리고 그 정도를 판단하기 위해서는 일단 당사자의 이야기를 들어보아야 한다.

공동체에 주어진 최소한의 의무는 타인의 억울한 사연을 그저 들어주는 일이다. 달리 어떻게 해달라는 것도 아니고, 그저 사정을 들어 주고 거기에 공감해주는 것이야말로 억울한 사람에게는 큰 위로가 될 수 있다. 시민사회는 누군가 부당한 일을 당했다고 판단되면 그것을 공론화하여 해결책을 내놓도록 국가를 압박해야 한다. 부당함을 바로잡자고 함께 소리쳐 주는 것이야말로 시민사회의 구성원이 부담해야 할 최소한의 책임이다.

다른 사람의 억울함에 귀 기울여 보지 않은 사람은 감히 다른 사람에게 자신의 억울한 이야기를 토로하지 못하고 쭈뼛거리게 된다. 그러다 보면 자신의 이야기를 들어 주고 공감해줄 수 있는 상대방을 찾지 못해 괴로워하기도 한다. 타인의 이야기를 진지하게 듣고 공감해줄 수 있는 사람만이 억울한 일을 당했을 때 공동체에 의지할 수 있는 용기를 가질 수 있다.

죽음이 던진 메시지는 사회를 잠시 충격에 빠뜨린다. 그렇지만 얼마 지나지 않아 세상은 아무 일도 없었던 것처럼 다시 조용해지고, 변한 것은 아무것도 없다. 끊임없이 죽음을 기억하고 그것이 던진 사회적 부조리를 반성하며 대안을 찾아야 하는 이유가 여기에 있다. 시민사회는 고백적 죽음에 담긴 비판과 저항의 정신을 되새기고 확산시켜야 한다. 모두가 그 죽음을 기억함으로써 종국적으로 다시는 같은 죽음이 반복되지 않도록 세상을 변화시키는 용기가 필요하다.

표현의 자유와 죽음

생각하는 존재로서 인간은 수많은 생각을 하고 그것을 밖으로 표현한다. 인간이 본능이 아니라 이성에 따라 움직인다면 인간에게 생각은 실존이고, 그러한 생각을 표현하는 것은 실존의 확인이다. 바꿔 말해, 생각하는 바를 표현할 수 없거나 아무리 표현해도 다른 사람들이 들어주지 않는다면 그것은 실존의 부정을 의미한다. 자신의 의사를 표현할 길이 막힌 사람들은 죽음이라는 극단적 방식을 선택할 수 있다.

《자살, 차악의 선택》에서 박형민은 자살에 이르는 과정을 분석하면서 '소통적 자살'이라는 개념을 불러온다. 그에 따르면 소통적 자살이란 일정한 대상에게 자신의 의도나 메시지를 전달하고자 하는 죽음이다.[3] 1997년부터 10년간 일어난 자살사건의 유서 405건을 심층 분석한 결과 소통적 자살의 유형은 회피형·이해형·해결형·배려형·비난형·각인형·고발형·탄원형 등 8가지로 구분된다.[4] 이처럼 죽음으로 표현된 개인의 생각은 매우 다양하다. 그것은 사소한 것일 수도 있지만 당사자에게는 목숨과 바꿔 표현해야 할 정도로 소중한 사상이나 신념일 수도 있다.

헌법은 '양심의 자유'나 '종교의 자유'와 같은 기본권을 명시적으로 열거하고 있을 뿐만 아니라(헌법 제19조 및 제20조) '사상의 자유'와 같은 기본권도 열거되지 않은 기본권으로서 보장한다. "국민의 자유와 권리는 헌법에 열거되지 아니한 이유로 경시되지 아니한다"고 규정함으로써 '열거되지 않은 개별적 기본권'도 명시적으로 열거된 기본권과 대등한 수준으로 보장하는 것이다(헌법 제37조 제1항). 여기에는 자유롭게 생각할 자유, 일정한 의견이나 사상 혹은 신념을 형성할 수 있는 자유뿐 아니라 그러한 정신적 결과물을 자유롭게 표현할 수 있는 자유도 포함된다.

보다 구체적으로 헌법은 표현활동 자체를 보호하기 위하여 독자적인 기본권으로서 '표현의 자유'도 보장하고 있다(헌법 제21조 제1항). 생각이나 의견 혹은 사상이나 신념을 표현하는 것은 헌법적 권리 이전에 자연법적 인권에 속한다. 인권은 인간이 존엄하기 위하여 필수적으로 보장되어야 할 최소한의 근본적 권리이다. 이러한 권리가 침해당하는 경우에 실존을 부정당한 인간은 죽음을 고려할 수밖에 없다. 더욱이 '인권 중의 인권'이라 할 수 있는 표현의 자유가 억압됐을 때 개인이 계속해서 존엄성을 짓밟히기를 거부하고 죽음을 선택할 가능성은 결코 배제할 수 없다.

죽음으로밖에 자신의 생각이나 의사를 표현할 수 없는 현실은 그만큼 공동체에 자유로운 표현활동이 보장되지 못하고 있다는 증거다. 남북으로 분단된 대한민국에서 '국가안보'는 표현의 자유에 대한 억압을 정당화하는 일상적 근거로 남용된다. 국가안보를 이유로 비밀스런 성역이 늘어나고, 그러한 성역은 표현 대상에서 원천적으로 제외된다. 그것을 언급하는 자체가 불경스러운 것으로 간주되는 상황에서 비판은 생각조차 할 수 없다. 비슷한 맥락에서 국가 권력의 감시를 피해 러시아산 모바일 메신저 텔레그램으로 이른바 '사이버 망명'이 잇달았던 현실도 유쾌하지 않다.

게다가 국가는 명예훼손죄의 적용을 남발하여 국가에 대한 비판마저도 명예훼손으로 주장하기 일쑤다. 국가를 감시하고 비판하는 것은 권력을 국가에 맡긴 시민의 자연법적 권리이다. 이를 명예훼손이라는 수단으로 박탈하려는 시도는 대단히 위험스러워 보인다. 언론 보도는 국가가 소송을 남발함으로써 표현의 자유를 억압하는 우리 사회의 현실을 통계적으로 보여준다.

지난 이명박 정부 출범 이후 정부가 제기한 소송 30건 중 형사사건은 24건이고, 이중 법원에서 유죄가 인정된 경우는 2건에 불과하다. 같은 기간 제기된 6건의 민사소송 중 국가기관이나 공무원을 비판한 시민에게 손해배상 책임이 있다고 한 판결은 단 한 건도 없었다.[5]

박근혜 정부 들어 청와대 관계자가 언론사나 기자를 대상으로 낸 민·형사소송은 '세월호 참사 보도'와 관련해 〈한겨레〉와 〈기독교방송〉(CBS)을 상대로 한 정정보도 및 손해배상 청구 소송을 포함해 알려진 것만 13건에 이른다.[6]

비슷한 맥락에서 국가 권력의 감시를 피해 러시아산 모바일 메신저 텔레그램으로 이른바 '사이버망명'이 잇달았던 현실도 유쾌하지 않다.

내면의 생각을 표출하고자 하는 본성에 따라 차라리 죽어서라도 무언가를 표현하고 싶은 것이 인간의 본질적 특성이다. 국가는 그 구성원인 인간(시민)을 위해 존재한다. 따라서 국가안보나 국가의 명예를 이유로 시민에게 주어진 표현의 자유를 억압하려면 반드시 그렇게 해야만 하는 근거를 제시해야 한다. 합당한 근거 없이 그저 안보를 내세워, 국가의 명예가 실추된다는 이유만으로 표현의 자유를 억압하는 것은 죽음을 강요하는 행위나 다름없다. 표현의 자유에 대한 제재가 과도해져 숨조차 쉴 수 없게 되면 개인이 선택할 수 있는 최후의 수단은 죽음이다.

따라서 헌법이 보장하는 표현의 자유는 단지 규범적 요구로 그칠 수 없고, 현실적으로 관철되어야 한다. 표현의 자유에 대한 억압은 오로지 공공의 이익이나 타인의 권리에 대한 침해가 중대하고 명백한 경우에만 허용되어야 한다. 부당하게 표현의 자유를 제한하는 법규범은 제거되어야 하며, 표현의 자유를 제한하는 관행 역시 사라져야 한다. 그렇지 않으면 죽음을 통해서 표현의 자유가 실현되는 안타까운 일은 계속해서 늘어날 수밖에 없다.

표현의 자유에 대한 보장은 그에 대한 억압을 제거하는 소극적 방식을 넘어 공동체적 관계망이나 사회적 소통 공간을 제공하는 적극적 방식으로 확대되어야 한다.

우선 사적인 생각을 자유롭게 표현할 수 있으려면 그 생각을 들어줄 사람이 있어야 할 것이다. 세상에는 다른 사람과의 관계를 형성하기를 어려워하는 사람도 있고, 경우에 따라서는 다른 사람과 관계망을 형성하는 것을 원하지 않는 사람도 있다. 관계의 부재는 소외와 외로움으로 이어진다. 생각을 공유할 대상이 없어지면 개인은 공동체로부터 유리되어 차라리 죽음을 선택하는 것이 낫다고 판단할 수 있다.

관계망의 형성은 공동체 구성원의 의지와 노력이 있어야만 가능하다. 그리고 이는 타인에 대한 관심과 배려에서 시작한다. 물론 관계 맺기를 위한 노력이 의무는 아닐 것이다. 하지만 죽음을 선택할 수밖에 없을 정도로 사회로부터 소외된 자에 대한 관심과 배려는 인간으로서 갖춰야 할 최소한의 덕목이다.

나아가 공적인 의제에 대해서도 자유로운 표현이 보장되는 소통 공간이 형성되어야 한다. 그 공간은 무엇보다 '언론'이다. 신문이나 방송은 전파를 통해 억울한 일을 당한 개인의 이야기를 세상에 알리는 역할을 할 수 있다. 하지만 언론이 그런 역할을 제대로 수행하지 못할 때 블로그나 인터넷 커뮤니티, 소셜네트워크서비스(SNS) 등도 그 대안이 될 수 있다. 공동체 구성원이라면 누구나 자신의 의견을 자유롭게 표현할 수 있는 공론장에 일상적으로 접근할 수 있어야한다. 또 이런 공간은 모두가 자유롭고 동등하게 자신의 의견을 말할수 있는 이성적 공간이어야 한다.

여기서 국가의 역할은 간섭하지 않는 것으로 충분하지 굳이 그 형성에 개입할 필요는 없다. 국가가 개입하기 시작하면 자칫 정권이 원하는 내용의 소통만이 이루어질 수 있기 때문이다. 공론장에서마저특정한 사람이나 집단에게만 발언권이 주어진다면 개인을 억압하는사회적 분위기는 결코 개선되기 어렵다. 따라서 공론장의 형성은 오로지 공동체 구성원에게 맡겨진 몫이어야 한다. 더욱이 자유로운 소통은 거추장스런 껍데기를 걷어내고 익명으로 이루어질 때 더욱 활성화될 수 있다.

같은 맥락에서 정보통신망 이용촉진 및 정보보호 등에 관한 법률로 2007년 도입됐다 5년 만에 폐지된 '본인확인제(인터넷실명제)'가표현의 자유를 침해한다는 비판을 받기도 했다. 이 법은 인터넷 서비스 제공자에게 본인확인조치의무를 부과해 이용자가 본인확인절차를 거쳐야만 게시판을 이용할 수 있도록 했다. 하지만 건전한 인터넷문화를 조성하겠다는 당초 입법 목적은 명분상으로도, 현실적으로도달성되지 못했다. 주된 명분이었던 악성 게시물은 줄지 않은 반면에이용자의 자기검열, 개인정보유출, 이른바 '신상 털기' 등 역효과가부각됐다. 더구나 이용자가 국내법의 규율을 받지 않는 해외 사이트계정을 사용할 경우 사실상 법이 사문화된다는 근본적인 문제도 제기됐다. 헌법재판소는 인터넷실명제가 개인의 자유로운 소통을 방해하여 헌법에 위배된다고 판결함으로써 죽을 만큼 숨 막히는 소통 공간에 그나마 산소를 불어넣는 역할을 수행했다.

　　　　　본인확인제가 표방하는 건전한 인터넷 문화의 조성 등 입법 목적은 인터넷 주소 등의 추적 및 확인, 당해 정보의 삭제·임시조치, 손해배상, 형사처벌 등 인터넷 이용자의 표현의 자유나 개인정보자기결정권을 제약하지 않는 다른 수단에 의해서도 충분히 달성할 수 있음에도 인터넷의 특성을 고려하지 아니한 채 본인확인제의 적용범위를 광범위하게 정하여 법집행자에게 자의적인 집행의 여지를 부여하고, 목적달성에 필요한 범위를 넘는 과도한 기본권 제한을 하고 있으므로 침해의 최소성이 인정되지 아니한다. 또한 국내 인터넷 이용자들의 해외 사이트로의 도피, 국내 사업자와 해외 사업자 사이의 차별 내지 자의적 법집행의 시비로 인한 집행 곤란의 문제를 발생시키고 있고, 나아가 본인확인제 시행 이후에 명예훼손, 모욕, 비방의 정보의 게시가 표현의 자유의 사전 제한을 정당화할 정도로 의미 있게 감소하였다는 증거를 찾아볼 수 없는 반면에, 게시판 이용자의 표현의 자유를 사전에 제한하여 의사표현 자체를 위축시킴으로써 자유로운 여론의 형성을 방해하고, 본인확인제의 적용을 받지 않는 정보통신망상의 새로운 의사소통수단과 경쟁하여야 하는 게시판 운영자에게 업무상 불리한 제한을 가하며, 게시판 이용자의 개인정보가 외부로 유출되거나 부당하게 이용될 가능성이 증가하게 되었는바, 이러한 인터넷게시판 이용자 및 정보통신서비스 제공자의 불이익은 본인확인제가 달성하려는 공익보다 결코 더 작다고 할 수 없으므로, 법익의 균형성도 인정되지 않는다. 따라서 본인확인제는 과잉

고백적 축음

금지원칙에 위배하여 인터넷게시판 이용자의 표현의 자유, 개인정보
자기결정권 및 인터넷게시판을 운영하는 정보통신서비스 제공자의
언론의 자유를 침해를 침해한다.

헌법재판소 2012. 8. 23. 선고 2010헌마47 결정

Jurisprudential Thoughts on Death

09

변사와 검시

죽음의 규명

뭐라도 그럴 수 있지, 뭐라도, 검시관이 말했다.
아니에요. 아무나 그럴 수 있는 건 아닙니다. 자세히 보시죠, 내가 말했다.
무슨 말이 듣고 싶은 겐가? 검시관이 내게 물었다.
진실, 내가 말했다.
자네는 진실이 뭐라고 생각하나?

— 로베르토 볼라뇨(Roberto Bolaño), 〈경찰 쥐〉 중에서

바이에른의 왕 루트비히 2세는 1864년부터 1886년 죽기 바로 전까지 왕위에 있으면서 디즈니 성의 모델로 유명한 노이슈반슈타인을 비롯해 린더호프, 헤렌힘제 등 아름다운 성을 남겼다. 바그너의 오페라를 좋아하고 수영 실력도 뛰어났던 그는 정신병자로 몰려 폐위된 지 얼마 지나지 않아 허리 높이밖에 되지 않는 슈타른베르크 호수에서 그의 주치의와 함께 변사체로 발견되었다. 공식적으로 그의 죽음은 익사에 의한 자살로 발표되었지만 많은 사람들은 타살이라는 주장을 내놓았고 사인은 아직까지도 의문으로 남아 있다.

법은 이렇게 자연스럽지 않은 사망을 '변사'라고 부른다. 변사 사고의 원인에는 교통사고, 추락, 익사, 화재, 중독, 자살, 범죄 등이 포함될 수 있다. 물론 사고사 역시 인재로 인한 죽음으로 볼 수 있지만 특히 범죄에 의한 사망은 죽음이 더 이상 실존적 사건이 아니라 타인과의 관계에서 발생하는 사회적 사건임을 보여준다.

죽음, 사건이 되다

통계청의 사망원인통계*를 보면 우리나라에서는 매년 3만 명 이상의 변사자가 발생하고 있다.[1] 변사자는 남성이 여성보다 2배 정도 많다. 한편 경찰청의 통계는 경찰에 신고된 사건만을 기초로 하기 때문에 총계에서는 다소 차이가 있지만 변사의 원인을 보다 구체적으로 보여준다.

경찰청 통계는 사고 유형을 15가지로 분류한다. 끈 또는 띠를 목에 감고 이를 손으로 졸라 질식사하는 '교사', 끈 또는 띠를 목에 걸고 매달려 죽음에 이르는 '의사(액사, 縊死)'를 비롯해 도검 · 총포 · 폭발물로 인한 죽음, 기차 · 자동차 · 비행기 · 지하철 등 탈것에 의한 사고사, 추락사, 익사, 가스중독(와사), 음독, 화재(소사), 감전으로 인한 죽음이 그것이다.

경찰에 신고된 변사사건 가운데는 스스로 목을 매거나(의사) 독극물을 마시고(음독) 숨진 사람이 가장 많은 비중을 차지한다. 이는 변사의 절반이 자살임을 암시한다. 다음으로 자동차사고로 사망한 사람도 상당히 많은 비중을 차지하는데, 2014년 현재 자동차 1만 대당 사망자수는 2명으로 교통사고 사망자수의 꾸준한 감소에도 불구하고 여전히 OECD 평균인 1.3명보다 많다.

이처럼 사람은 자연사가 아니라 다양한 사고로 생을 마감할 수도 있다. 그럼에도 사회가 변사자를 그저 운이 없어서 사망한 것으로 치부해버리면 유사한 사고는 계속해서 반복될 수밖에 없다. 반복되는

죽음의 인식

---

* 부록 [표3] 외부요인에 의한 사망자수 및 사망률 추이 참조.

죽음을 예방하는 가장 확실한 방법은 죽음의 원인과 과정을 정확하게 분석하여 사고가 재발하지 않도록 대처하는 것이다. 이를 위해서는 사망 사고가 발생했을 때 그 원인을 파악하여 보고하고, 이를 종합하여 분석하는 체계를 구축할 필요가 있다.

예컨대 매년 55,000여 명이 사고로 사망하는 미국은 사고로 인한 사망사건을 보고하는 체계인 NVDRS(National Violent Death Reporting System)를 구축하고 있다.[2] 이 체계에서 '사고사(violent death)'는 물리력에 의한 손상으로 발생한 사망으로 정의된다. 사고사는 크게 자살, 살인, 의도적이지 않은 총기사고, 원인미상, 법집행으로 유형화되어 구분된다. 각각의 사고사는 다시 성별, 연령, 인종, 혼인상태, 사고위치, 사고의 유형과 정황 등으로 구분되어 사고에 관한 다양한 정보가 수집된다. 법의관이나 검시관이 발부한 사망증명서를 포함해 필요한 경우 살인사건보고서나 병원기록과 같은 서류들이 여기에 포함된다. NVDRS는 2003년 7개 주로 시작해 2014년 현재 총 19개 주가 참여하고 있다.[3]

범죄 사건의 검시

2014년이 다 저물어갈 무렵 수원 팔달산 등산로에서 검정색 비닐봉투에 담긴 토막 사체가 발견됐다. 경찰은 국립과학수사연구원에 의뢰하여 이 사체가 사람의 것임을 확인하고 수사본부를 구성했다. 주민의 신고로 사체를 훼손한 것으로 의심되는 장소가 파악되고, 경찰은 이 집을 월세로 가계약한 자의 신원을 확보했다. 용의자의 휴대전화 번호를 알아낸 경찰은 실시간 위치추적으로 모텔에 들어가는 그를 체포했다. 경찰은 CCTV 영상과 통신 기록 및 교통카드 사용내역을 분석하여 용의자가 동거녀를 목 졸라 살해한 뒤 사체를 훼손한 범인임을 입증했다.

이렇게 변사체를 발견해서 그 죽음의 원인을 밝히기까지의 과정은 주로 검·경이 주도한다. 변사자 또는 변사로 의심되는 사체가 발견되면 관할 지방검찰청 검사가 '검시(檢視)'를 하도록 법으로 규정되어 있다(형사소송법 제222조 제1항). 검시는 사망원인이 범죄로 인한 것인지 판단하기 위하여 수사기관이 변사체를 조사하는 것을 말한다. 다만 이때 변사체가 군인이거나 군무원인 경우 또는 병영, 군청사, 차량, 함선, 항공기 등의 기관이나 시설에서 발견됐을 경우는 군검찰관이 검시한다. 이렇게 변사사건에서 검시를 할 수 있는 유일한 주체는 법적으로 검사이기 때문에, 변사사건에 대한 조사를 마치고 수사를 개시하기까지 경찰은 검찰의 지휘를 받는다. 하지만 현실적으로 검사는 서면으로만 지휘하고 실제 검시는 경찰이 주도하고 있다.

누군가 변사자나 변사로 의심되는 사체를 발견했다면, 우선 경찰에 신고를 할 것이다. 신고를 받은 경찰은 변사사건이 발생했다는 보고서와 검찰의 지휘를 요청하는 수사지휘건의서를 작성하여 즉시 관할 지방검찰청 또는 지청의 검사에게 보고하게 된다. 이때 검사는 신속하게 지휘를 해야 할 의무가 있다. 경찰로부터 보고서와 건의서를 접수한 검사는 수사지휘서를 내려 경찰의 조사를 지휘하게 된다(검사의 사법경찰관리에 대한 수사지휘 및 사법경찰관리의 수사준칙에 관한 규정 제51조 제1항).

변사와 검시

경찰은 검사의 지휘를 받아 변사사건에 대한 조사를 진행하고, 조사가 끝나면 처리 결과와 지휘건의서를 작성하여 관할 지방검찰청 또는 지청의 검사에게 보고하고 다시 지휘를 받아야 한다(검사의 사법경찰관리에 대한 수사지휘 및 사법경찰관리의 수사준칙에 관한 규정 제51조 제2항). 경찰의 보고를 받은 검사는 다시 수사지휘서로 경찰의 수사를 지휘한다(검찰사무규칙 제11조 제3항).

검시를 마치면 검사는 검시조서*를 작성하여야 한다(동조 제4호). 검시조서에는 변사자의 인적사항, 변사의 시간과 장소, 변사자를 발견한 사람과 일시, 사체의 모양과 사인 등이 기록된다. 이로써 변사자의 죽음은 검시조서라는 한 장의 서류로 정리된다.

행정검시 : 아무도 기억하지 않는 죽음

1949년 겨울의 어느 날, 행려병자로 보이는 한 여성의 변사체가 발견된다. 그는 전근대적 가부장제에 맞서 여성해방을 주장한 서양화가이자 소설가 나혜석이었다. 동경 유학 시절 나혜석은 어느 시인과 사랑에 빠졌지만 얼마 지나지 않아 그를 폐병으로 떠나보낸다. 연인과의 사별 후 나혜석은 6년 간 자신을 쫓아다니던 친구의 오빠와 결혼하여 유럽 여행을 떠났다. 그는 파리에서 그림을 공부하다 남편의 친구인 최린과 다시 사랑에 빠진다. 나혜석은 남편의 요구로 이혼을 했지만 연인 최린으로부터도 배신을 당한다. 나혜석은 가정까지 버리며 사랑했던 남자의 배신을 고발하며 정조를 유린한 대가로 손해배상을 요구하는 소송을 제기했다. 하지만 그는 오히려 사회와 가

---

* 부록 [검시조서] 참조.

족으로부터 버림을 받았고, 여기저기 떠돌아다니는 비참한 인생을 살다가 행려병자로 생을 마감하고 말았다.

　세상에는 이렇게 아무도 지켜봐주지 않는 죽음이 존재한다. 법은 애도받지 못한 행려병사자에 대해서도 서면으로 그 죽음을 기록하도록 하고 있다. 수재(水災), 낙뢰, 파선 등 자연재해로 인한 사망자 또는 행려병사자로서 "범죄에 기인되지 않은 것이 명백한 시체"에 대한 검시는 행정검시로 분류되어 별도의 검시 절차를 거친다(행정검시규칙 제2조). 경찰은 범죄 수사에 한하여 검사의 지휘를 받으므로, 범죄로 인한 사망이 아님이 명백한 경우에는 검사의 지휘를 받지 않고 행정검시를 행하고 있다.

　지구대장이나 파출소장은 관내에서 행정검시의 대상으로 판단되는 시체를 발견하면 즉시 경찰서장에게 이 사항을 보고하여야 한다(동규칙 제3조 제1항). 보고를 받은 경찰서장은 시체가 행정검시의 대상에 해당한다고 인정되면 지구대장이나 파출소장에게 행정검시를 지시한다(동조 제2항). 지구대장이나 파출소장은 의사의 검안을 거쳐 행정검시조서*를 작성하고 의사검안서, 시체인수서를 첨부하여 처리결과를 보고하여야 한다(동조 제4항). 시체는 즉시 유족에게 인도한다. 하지만 시체를 인수할 사람이 없거나 시체의 신원이 판명되지 않은 경우에는 범죄수사규칙에 의한 조치를 취해야 한다(동조 제3항). 행정검시조서는 죽은 사람을 기록하는 또 하나의 공식 문서로 남게 된다.

---

* 부록 [행정검시조서] 참조.

죽음의 비밀을 밝히다

1991년 3월 26일, 이날은 30년 만에 부활한 지방선거로 인한 임시공휴일이었다. 학교에 가지 않아도 돼 신이 난 대구의 초등학생 다섯 명은 도롱뇽 알을 찾으러 와룡산으로 향했다. 그리고 영원히 집에 돌아오지 못했다. 이들이 실종된 지 11년도 넘게 지난 2002년 9월 26일 타살된 아이들의 유골이 발견되었다. 하지만 타살의 유력한 증거에도 불구하고 범인은 잡히지 않았다.

경찰은 법의학자들의 도움 없이 성급하게 유골을 수습하다 현장을 훼손했다. 때문에 사건의 정황을 증명할 만한 중요한 실마리를 놓치고 말았다. 저체온증으로 인한 사망이라는 의견과 타살이라는 의견이 맞서면서 시간은 흘렀고, 수사기관은 끝내 범인을 검거하지 못했다. 이른바 '개구리 소년 실종 사건'으로 불린 이 사건은 2006년 3월로 공소시효가 만료되어 영구 미제 사건으로 남았다. 완벽한 현장보존과 정확한 부검이 이루어졌다면 다른 결과가 나왔을 수도 있을 것이라는 아쉬움이 남는다.

현장보존, 검안, 부검

완전범죄를 예방하기 위해서는 검시가 있기 전까지 변사자의 위치나 상태가 변하지 않도록 '현장을 보존'하여야 한다(검사의 사법경찰관리에 대한 수사지휘 및 사법경찰관리의 수사준칙에 관한 규정 52조 제1항). 특히 변사자의 소지품이나 그 밖에 변사자가 남겨놓은 물건이 수사에 중요하게 활용될 때에는 이러한 '유류품을 보존'해야 하며(동조 제2항), 변사자나 범인 등의 '지문을 채취'하는 데 유의해야 한다. 변사자의 사망원인은 발견 현장의 다양한 정보로부터 밝혀질 수 있을 것이다. 때문에 현장에 출동한 경찰은 유류품을 보존하고 지문을 채취하는 데 최선을 다할 필요가 있다. 동시에 경찰은 의사로 하여금 사체검안서를 작성하도록 해야 한다(동조 제3항).

검시의 기본은 무엇보다 의사의 검안이다. 변사자의 사망원인은 결정적으로 의사의 검안으로 밝혀진다. 따라서 의사에게는 진실을 객관적으로 규명하고자 하는 직업윤리가 필요하다.

의료법 역시 직접 사체를 검안한 의사·치과의사·한의사만이 검안서를 작성하여 교부할 수 있도록 규정하고 있다(동법 제17조 제1항). 경우에 따라서는 변사자나 변사로 의심되는 사체가 경찰에 신고되지 않은 채 병원으로 먼저 올 수도 있는데 이때 의사는 사체가 변사한 것으로 의심되면 사체의 소재지를 관할하는 경찰서장에게 신고해야 할 의무가 있다(동법 제26조).

한편 변사사건의 경우 검시를 받은 후에만 시신을 해부할 수 있다. 시신의 해부는 원칙적으로 금지되지만 법률에서 열거된 경우에는 허용된다.* 또 해부를 위해서는 원칙적으로 유족의 동의가 필요하지만 검사가 재판에서 사인을 검증하기 위한 경우에는 유족의 동의가 필요 없다. 이에 따라 검사는 범죄 혐의가 인정되고 긴급한 경우 법관이 발부한 영장 없이도 검증을 할 수 있고(형사소송법 제222조 제2항), 긴급한 경우가 아니라면 영장을 발부받아 검증할 수 있다.[4]

변사와 검시

---

* 부록 [시체 해부 및 보존에 관한 법률] 참조.

사망진단서와 시체검안서

사람이 죽는 이유야 다양하지만, 어떻게 사망했든 사망신고를 통해 그 죽음이 기록되어야 한다는 점은 동일하다. 사망 사실을 공부(가족관계등록부)에 등록하기 위해서는 의사의 사망진단서나 시체검안서가 필요하다. 자연사나 병사의 경우 망인이 병원에서 치료를 받다가 사망했다면 치료한 의사로부터 사망진단서를 받으면 되고, 병원 밖에서 사망했어도 병원으로 옮겨 사망진단서를 받으면 된다. 다만 사고사의 의심이 있으면 경찰에 신고하고 사고 원인에 관한 의사의 시체검안서를 받아야 한다. 사망을 기록하는 이 모든 과정에서 알 수 있듯이 죽음을 기록하는 문서는 의사가 아니면 교부할 수 없다(의료법 제17조 제1항). 인간의 사망 여부는 의사만이 판단할 수 있다는 뜻이다.

사람이 사망하였다는 사실을 확인해주기 위하여 의사가 교부하는 사망진단서와 시체검안서의 양식*은 보건복지부령인 의료법 시행규칙에 의해 정해진다(동시행규칙 제10조). 이 양식에는 망인의 성명, 성별, 주민등록번호, 직업, 주소 등 '인적사항'이 기입되어야 하고 사망일시, 장소, 원인, 종류 등 '사망내용'도 빠짐없이 기록돼야 한다. 여기에 사고사로 인한 죽음일 경우 사고의 종류, 발생일시, 발생장소 등 '사고내용'이 포함된다. 의사는 자신이 소속된 의료기관의 명칭과 주소, 의사면허 번호와 성명을 적어 서명 또는 날인한 뒤에 시체검안서를 발부하게 된다(동시행규칙 별지 제6호 서식).

그런데 모든 의사가 사망의 원인을 규명할 수 있는 전문적 능력을

---

* 부록 [사망진단서(시체검안서)] 참조.

갖춘 것은 아니다. 2011년 온 나라를 떠들썩하게 했던 '만삭 부인 살해 의혹 사건'을 많은 사람들이 기억할 것이다. 이 사건은 서울 마포구의 한 오피스텔에서 임신한 여성이 숨진 채 발견되어 남편이 용의자로 지목됐으나 범행을 부인하여 재판으로 이어졌다. 재판 당시 사망시각을 추정할 수 있는 중요한 단서인 '직장(直腸) 온도'가 남아 있지 않아 진실을 밝히는 데 어려움이 있었다. 언론에 따르면 사건 현장에는 시체를 눈으로 확인하는 '검안의'는 있었지만, 사인규명을 전문으로 하는 '검시관'은 없었다고 한다.[5]

미궁으로 빠졌던 수많은 죽음들은 법의관의 전문적인 검시만 이루어졌어도 많은 의혹이 해소되었을 것이라는 아쉬움을 남긴다. 사인규명을 전문으로 하는 의사에게만 시체검안서를 발부할 수 있도록 제한해야 하는 이유다.

하지만 의사가 교부한 사망진단서나 시체검안서라 할지라도 고의나 과실로 인한 허위의 가능성을 완전히 배제할 수는 없다. 문서에 기재된 인적사항이 죽은 당사자의 것이 맞는지, 사망내용이나 사고내용, 심지어 의사의 인적사항에 오류는 없는지 살펴볼 필요가 있다는 의미다. 문서의 교부 절차에 결함이 없는지를 검토하고, 결함이 있는 경우에 이를 보완하는 절차가 필요하다.

하지만 지금으로서는 그런 결함을 보완하는 절차가 상당히 부족한 실정이다. 자연사나 병사의 경우 제도 자체가 마련돼 있지 않다. 사고사(변사)의 경우 검사가 검시 절차에 대한 감독권을 갖고 있기는 하지만 수사와 기소를 전문으로 하는 검사는 전문성이 부족하다는 한계가 있다. 그나마도 경찰이 수사 과정에서 검시권을 대행함으로써 검안의를 불러 도움을 받는 것이 대부분이다. 검시 절차에 대한 규정이나 정의도 명확하지 않다. 여기서 사망을 진단하거나 시체를 검안하는 데 전문성을 갖춘 검시관이 검사 대신 그 역할을 수행할 필요가 생긴다.

사인을 규명하는 의학, 법의학

인간에 대한 마지막 예의, 인간 존엄에 대한 최후의 존중은 억울한 죽음이 없도록 하는 것이다. 바꿔 말해, 죽음의 이유를 명확하게 밝혀주는 것이야말로 망자의 명복을 위해 반드시 필요한 과정이다. 병원에서 치료를 받다가 의료인의 과실로 사망했을 때 그것이 병사로 은폐된다면, 검안의의 고의나 과실로 사고사가 병사나 자연사로 둔갑한다면 망인은 쉽게 눈 감을 수 있을까. 유족은 마음 편히 그를 보내줄 수 있을까. 억울한 죽음이 여전히 존재하는 한, 죽음에 대한 존중은 사망의 원인을 명확하게 규명하는 데서부터 시작된다.

1994년 10월, 미국 하와이 호놀룰루의 길가에서 한 구의 시신이 발견되었다.[6] 시신을 조사해달라는 요청을 받은 법곤충학자 M. 리고프(M. Lee Goff) 박사는 즉시 사건현장으로 향했고, 시신이 있던 자리의 흙을 채집했다. 그리고 채집한 토양 표본에서 바퀴벌레 몇 마리와 톡토기, 바다 벌레인 해변톡토기 두 마리와 흙에 사는 진드기를 발견했다. 하지만 썩은 시체에서 나올 법한 생물은 전혀 없었다. 대신에 시신에서는 파리의 알 뭉치와 구더기가 채집됐다. 고프 박사는 이것들을 실험실에 가져와 발달 과정을 살펴보는 한편, 사건현장의 기상 자료를 조사했다. 그 결과, 시신이 발견되기 닷새 전부터 시신에서 곤충의 활동이 시작됐다는 사실을 추정할 수 있었다.

하지만 신원을 확인한 결과 피해자가 실종된 것은 7일 전이었다. 고프 박사는 시신에서 채집한 금파리의 구더기는 죽은 지 5일이 지나야 나타나지만 집파리의 구더기는 죽은 지 7일이 지나야 나타날 수 있다는 사실에 비춰 사건과 관련된 범죄 현장이 한 군데 더 있을 것이라고 가정했다. 범죄 현장은 두 군데였고, 시신은 살해 현장인 주차장에서 옮겨져 시신유기 현장인 도로변 절벽에 버려진 것이었다. 결국 살인범이 체포되었고 그의 자백은 고프 박사가 추정한 사건일지가 사실임을 증명해주었다.

우리나라에서는 아직 생소할지 모르지만 '법곤충학'이라는 학문은 서양에서 이미 어느 정도 자리를 잡고 사인규명에 적극적으로 활용되고 있다. 법곤충학을 비롯해 법의학, 병리학 등은 사인규명에서 가장 중요한 질문, 즉 '죽음이 언제 일어났는가'를 밝혀내고 체온하강, 사후경직, 부패 등 시체현상을 근거로 죽음의 원인을 판단하는 학문이다.

박종철 고문치사 사건의 부검의였던 황적준 박사는 과학적 검시란 "죽음에 처한 개인의 인권에 어떻게 영향을 미치는가"에 관한 것이라고 말한다.[7] 그의 말대로 검시는 단지 '죽었다'는 사실을 인정하기 위한 형식적 절차가 아니라, 죽음의 원인과 결과를 밝힘으로서 한 사람의 육체적 사망뿐 아니라 사회적 사망까지를 규명하는 일이다.

최근 사망원인의 규명을 전문으로 하는 의학, 즉 법의학(forensic

medicine) 내지 사인규명 병리학(forensic pathology)이 주목받고 있다. 해부병리학과 임상병리학은 각각 조직이나 세포, 소변과 혈액 등 체액을 통해 질병이나 손상의 원인을 밝히는 학문인데, 법의학은 이런 병리학의 한 분야다. 우리나라에는 2014년 현재 41개의 의과대학이 있고 이 가운데 법의학과가 설치된 곳은 14개에 지나지 않는다. 법의학을 전공한 의사도 50여 명 정도에 불과해 턱없이 부족한 실정이다. 이런 척박한 기반 탓에 연평균 변사자가 25,000명에 달하지만, 이 가운데 부검 건수는 5,000여 건밖에 되지 않는다. 억울한 죽음을 막기 위해서라도 사인규명에 초점을 맞춘 병리학을 국가적으로 지원하고, 이를 전공한 법의학자가 중심이 되어 검시 업무를 전문적으로 다루는 법제도가 구축될 필요가 있다.

부검은 흔히 국립과학수사연구원에서 실시되는데 국과수는 부검을 포함해 지문이나 혈흔, DNA 감식 등과 같은 과학수사를 총괄한다. 뿐만 아니라 범죄수사에 관한 법의학 · 법화학 · 이공학분야 등에 대한 과학적 조사 · 연구 · 분석 · 감정 등을 관장하고, 국가기관 또는 지방자치단체의 요청에 응하여 범죄수사 및 사건사고에 필요한 해석 및 감정을 할 수 있다(안전행정부와 그 소속기관 직제 제65조). 국과수는 안전행정부장관 소속의 책임운영기관으로(동직제 제2조 제5호)[8] 원장 1명을 둔다. 원장은 국과수의 사무를 통할하고, 소속 공무원을 지휘 · 감독한다(동직제 시행규칙 제46조).

철저한 사인규명을 위하여

2014년 여름 전국에 수배전단이 붙었던 유병언 전 세모그룹 회장이 순천에서 변사체로 발견됐다. 언론에 알려진 바에 따르면 변사체가 발견됐을 때 현장에 동행한 검시관은 없었고, 시신이 병원으로 옮겨지고 나서야 전문 법의관이 아닌 일반 의사가 경찰의 요청으로 검시를 맡은 것으로 알려졌다.[9] 경찰은 당시 검시를 마치고도 그의 신원조차 확인하지 못한 것이 드러나 여론의 뭇매를 맞았다. 이를 계기로 경찰이 부랴부랴 검시제도를 강화하겠다는 방안을 밝히며 전문 검시관이 검시를 진행하는 영국, 미국, 호주, 싱가포르 등의 사례를 소개했다.

경찰이 검시제도를 강화하겠다고 발표한 것이 처음은 아니다. 2005년부터 추진된 검시제도 강화 노력은 예산과 인력 문제로 번번이 결실을 맺지 못했다. 그래서 변사사건이 발생하면 민간 의사나 간호학을 전공한 경찰 검시관이 검시를 담당해왔다. 수사 관련 지식이 부족한 의사나 의학 지식이 부족한 경찰이 진행하는 검시 과정에는 한계가 있을 수밖에 없다.

세계 여러 나라에서는 이미 전문 검시관이나 법의관이 사인을 규명하는 검시제도를 마련해두고 있다. 영국과 미국의 사례가 대표적이다.

2009년 영국의 한 수영장에서 15세 소년의 변사체가 발견되었다. 어린 아들을 잃은 부모는 충격에 빠졌고 많은 사람들이 살인, 약물중독 등 여러 가지 의혹을 제기했다. 죽음의 진실이 밝혀지는 데까지는

3년의 시간이 걸렸다. 검시관이 밝힌 소년의 사인은 '경쟁심'이었다. 사건이 있던 날, 수영장에 홀로 뛰어든 소년은 숨 오래 참기로 자신의 종전 기록을 깨려다 사망에 이른 것으로 밝혀졌다. 검시관은 "의심스러운 점이나 타살 흔적을 발견할 수 없었다"며 소년의 죽음을 사고사로 결론지었다. 타살의 의혹이 짙었던 사건에서 검시를 통해 정확한 사인을 밝힌 사례다.[10]

검시관을 뜻하는 영어 단어 'coroner'는 신하가 죽었을 때 군주를 위해 유품을 정리하던 일을 담당하던 사람을 가리키는 'crowner'에서 유래되었다고 알려져 있다. 검시관은 19세기말까지 군주가 임명했으나 이후 지방의회가 임명하게 되었다. 영국의 검시관은 주로 변호사 또는 의사 자격을 가진 사람으로 독립적인 사법공무원으로 여겨진다.

영국에서는 사람이 사망하면 그 가운데 절반 정도는 주치의가 자연사임을 진단해 사망진단서를 교부하고, 그렇지 않은 경우 검시관에게 통보된다.[11] 특히 범죄나 사고 혹은 원인불명의 이유로 사망한 경우, 교도소나 경찰유치장과 같은 국가구금시설에서 사망한 경우에는 죽음을 기록할 때 반드시 검시 절차를 거쳐야 한다. 이에 따라 검시관은 사망한 사람이 누구인지 신원을 확인하고 언제, 어디서, 어떻게 사망했는지를 규명하게 된다.

그 첫 단계는 병리학을 전문으로 하는 의사가 수행하는 검안이다. 검안이 필요한지, 어떤 방법으로 검안할 것인지는 전적으로 검시관에 의해 결정된다. 검안을 통해 사망원인이 밝혀지면 검시는 종료되고, 검시관은 행정 기관에 사망진단서를 보낸다. 진단서를 받은 유족은 사망신고를 하고 시체를 인계받은 뒤 장례를 치른다. 검안에는 부검과 함께 컴퓨터단층촬영(CT)이나 자기공명영상(MRI) 등 의료장비를 이용한 검사도 포함된다.

검안을 통해서 사망의 원인이 밝혀지지 않았거나 사고사(변사)인 것으로 밝혀지면 '사인규명절차'를 밟게 된다. 사인규명절차란 일종의 공개 청문으로 사망한 사람이 누구이고 언제, 어디서, 어떻게 죽었는지를 밝히는 과정을 말한다. 그러나 이 절차는 검찰이 피고를 기소하는 형사소송과는 구분되며 오로지 사망의 원인을 밝혀내기 위한 절차로 진행된다. 사람을 살해한 범죄자를 찾아내기 위한 절차가 아니라는 의미다. 그렇지만 사인규명절차에도 의사, 경찰관, 목격자 등 증인이 출석할 수 있고, 유족뿐만 아니라 언론과 일반시민 모두가 참석할 수 있다.

이렇게 해서 사인규명절차가 끝나면 검시관은 누가, 언제, 어디서, 어떻게 사망했는지에 대한 결정을 내려야 한다. 사망의 원인은 사고사, 알코올이나 마약에 의한 사망, 산업재해, 합법적 살인, 불법적 살인, 자연사, 사인 미상(open), 교통사고로 인한 사망, 사산(死産), 자살 등으로 기록된다. 유족들은 검시관이 보고한 사망원인에 납득할 수 없는 경우 이의를 신청할 수 있다.

한편 미국의 경우 법의관(medical examiner), 검시관(coroner) 등의 이름으로 관할 행정구역에서 시행하는 검시관제도를 두고 있다.[12] 지역마다 조금씩 차이를 보이긴 하지만 전국에 흩어진 검시관 사무소의 95퍼센트 정도가 카운티에 설치되어 있기 때문에 미국에서 검시관제도는 카운티를 중심으로 운영되고 있다고 볼 수 있다. 구체적인 방법은 다르지만 검시관은 미국에서 매년 평균 발생하는 총 사망 건수의 40퍼센트 정도를 차지하는 100만여 명의 사인을 검시하고 있다.[13]

사망의 원인을 규명하는 검시는 기본적으로 의사의 업무지만 의사, 특히 병리학을 전문으로 하는 의사가 없는 지역도 있다. 또 지역에 따라서는 변사사건의 빈도가 낮아 검시관의 일이 많지 않은 곳도 있다. 그런 곳에서는 검시관이 죽은 사람의 신원을 확인하여 친지에게 알리고 죽은 사람의 유품을 모아 유족에게 인도하며 사망확인서를 발급하는 단순한 일을 수행하는 것이 대부분이다. 때문에 미국에서는 특별한 자격요건 없이 누구나 검시관이 될 수 있는 주도 있고, 선거로 검시관을 선출하는 주도 있다.[14]

'검시관'이라는 명칭을 쓰는 경우에는 따로 의사 자격을 강제하지 않는 선출직 검시관이, '법의관'이라고 부르는 경우에는 병리학을 전공한 의사나 적어도 의사 자격을 가진 사람이 검시를 맡는다. 검시관은 의사 자격이 없기 때문에 부검을 할 수 없지만 법의관은 공무원으로서 사인을 규명하기 위하여 부검을 포함한 검시 절차를 주관한다. 이렇게 미국의 법의관은 대체로 병리학을 전문으로 하는 의사가 주관하기 때문에 검시는 사인규명에 초점을 맞추어 이뤄진다. 미국 드라마 〈CSI : 과학수사대〉로 유명한 마이애미 법의학 본부를 소개하는 아래 기사는 법의관의 업무를 비교적 상세하게 다루고 있다.

"범죄 현장을 녹화한 폐쇄회로(CC)TV 영상입니다."

법의학자 한 사람이 범죄 현장을 실시간 촬영한 영상을 틀자 방에 있던 10여 명의 의사도 자세를 고쳐 앉으며 집중한다. 화면 속에서는 복면을 쓴 권총강도가 한 피부관리실에 들어와 권총을 난사하는 장면, 가게 한쪽에 앉아 있던 어린아이 한 명이 총에 맞아 쓰러지는 모습이 나왔다. CCTV를 통해 범죄 현장을 확인한 법의학자들은 사망한 어린아이의 부검 과정을 상세히 찍은 사진을 살펴보며 토론을 벌였다. 어린이의 직접적인 사망원인이 총격이었는지를 밝혀내기 위해서다. 마이애미 공항에서 동쪽으로 15km 떨어진 마이애미대병원 외상센터 맞은편에 위치한 '마이애미데이드 카운티 법의학본부(ME Office)'는 카운티 내에서 발생하는 범죄를 해결하기 위해 매년 3,000건 이상의 의학적, 과학적 조언을 제공하고 있다. 법의관은 드라마에서처럼 현장을 직접 찾기도 하는데 경찰에게 CCTV 영상을 포함해 다양한 증거물을 요청할 수 있는 등 범죄 수사에 관해서는 우리가 생각하는 이상의 권한을 갖고 있다. 법의관은 200건 이상의 부검 경험을 갖고 있는 병리학 전문의 중에서 시험을 통해 선발한다. 에마 루 마이애미데이드 카운티 수석법의관은 "다양한 검시제도 중에서 법의학본부 체제는 현재 생각할 수 있는 가장 이상적인 과학–의학 수사제도"라고 말했다. 마이애미 법의학 본부가 유명해진 이유는 과학기술팀과의 긴밀한 연계 때문이기도 하다. 드라마에서처럼 법의관들은 부검을 통해 사인을 밝히는 데 주력하는데, 그 과정에서 얻은 다양한 증거는 본부 내 전문 분석팀에 넘겨 공동 대응한다. 또 사건 현장의 정밀한 증거사진을 남기기 위해 3명의 전문가로 구성된 사진팀을 운영하고 있다. 과학적 범죄 연구를 위해 부검 과정에서 얻은 인체조직

을 모아두는 '조직은행'도 구축 중이다.[15]

마이애미처럼 언론이나 드라마를 통해 과학수사로 유명해진 지역도 있지만, 뉴욕의 검시관 제도도 유서가 깊다. 1918년에 설치된 뉴욕시 법의관실은 뉴욕시 보건국 관할에 30여 명의 법의관을 두고 있다. 1933년 미국에서 최초로 법의학과를 개설한 뉴욕대학교 법의학과 교수진이 법의관을 겸직하고 있다.[16]

뉴욕시 행정규칙에 따르면 뉴욕시에서 사망사건이 발생한 경우 이를 발견한 자는 검시과와 경찰에 신고해야 하고, 이러한 신고를 게을리 하거나 거부한 사람은 법이 정한 처벌을 받게 된다. 뿐만 아니라, 검시관의 서면 지시 없이 시신이나 유류품에 손을 대거나 사건 현장을 훼손할 경우에도 처벌을 받는다(동행정규칙 제17-201조). 매년 평균 5,500여 건의 부검을 실시하고 있는 뉴욕시 법의관실은 범죄나 사고 또는 자살로 인하여 갑작스럽게 사망하거나 특이한 혹은 의심스러운 방식으로 사망한 사람의 사인을 규명하고 있다.

영국과 미국의 검시관제도는 사망의 원인을 규명하는 일이 법적인 관점을 중심으로 진행되어야 하는지 아니면 의학적(병리학적) 관점을 중심으로 진행되어야 하는지를 고민하게 한다.

우리나라에서는 검시가 기본적으로 검찰이나 경찰과 같은 수사기관의 업무로 여겨진다. 검안을 담당하는 의사 또는 국과수를 중심으로 진행되는 사인규명도 주로 수사를 목적으로 이루어지고 있다. 또한 검시의 법적 주체가 검사라는 점에서 사인규명절차가 있어도 검안의나 국과수의 판단은 여전히 참고사항에 지나지 않는다는 한계가 있다. 언뜻 보면 사인을 의학적 관점보다는 법적 관점에서 규명하는 영국식 모델에 가까운 것처럼 보인다. 하지만 그렇다 해도 한국의 검시 절차는 독립된 검시기관이 설치되어 있는 영국과는 큰 차이가 있다.

영국이나 미국의 검시제도에서 확인할 수 있는 공통점은 검시 절차를 담당하는 '독립된 기관'이 존재한다는 점이다. 죽은 사람의 사인을 규명하는 일은 죽은 사람 본인이나 그 유족을 위하여 매우 중요하고, 특히 사인이 범죄인 경우에는 범죄의 실체적 진실을 발견하기 위해서도 중요하다.

따라서 우리나라도 사인규명을 위한 검시 절차를 전문적으로 담당하는 독립된 기관을 설치해야 한다. 현실적으로는 국과수를 범죄수사를 지원하는 기관에서 독립된 검시기관으로 확대할 필요가 있다. 이렇게 되면 명칭도 '국립검시원'으로 변경하고, 소속도 다른 행정기관으로 이전되는 것이 바람직하다.

또 이 경우 사인규명은 기본적으로 의학적 관점에서 이루어져야 한다. 죽음의 비밀을 밝히는 것이 반드시 범죄수사와 맥을 같이할 필요는 없기 때문이다. 그러므로 의사자격이 있는 검시관, 특히 병리학을 전공한 법의관이 검시를 주도하고 사인을 최종 판단하는 것이 타당하다.

동시에 경찰을 포함하여 누구든지 변사자나 변사한 것으로 의심되는 사체를 발견하면 검시기관에 반드시 신고하여 정확한 사망원인을 규명받을 수 있도록 할 필요가 있다. 이렇게 검시 업무는 성격상 정확성과 신속성이 무엇보다 중요하므로 중앙정부가 이를 관할하기보다는 해당 지자체에서 관리하는 것이 효과적이다. 따라서 독립된 검시기관을 설치할 경우 서울에 위치한 국립과학수사연구원 본원은 서울이나 경기 지역에서 발생한 변사사건의 검시만을 담당하게 하고, 그 밖의 지역에서 발생한 변사사건에 대해서는 분원을 독립시키거나 각 지역마다 새로운 검시기관을 설치하여 검시업무를 지방자치단체의 업무로 이관하는 것도 대안이 될 수 있다.

Jurisprudential Thoughts on Death

10

살인
죽음과 범죄

"일단 사람이 살인에 경도되면
이내 절도쯤은 우습게 생각하게 되고,
절도 다음에는 음주와 안식일 위반으로,
그 다음에는 무례와 게으름으로 옮아가기 때문이지.
한번 이런 내리막길을 타게 되면 어디서 멈추게 될지 알 길이 없다네.
많은 이들의 타락이, 그 당시에는 대수롭지 않게 여겼을
그런저런 살인으로부터 시작되었다네."

– 토머스 드 퀸시(Thomas De Quincey),《예술 분과로서의 살인》중에서

2013년 가을, 한 남성이 부모가 칼에 찔리고 일가족이 몰살당했다는 환청을 듣고 네 자루의 낫을 챙겨 집을 나선다. 부모를 죽인 원수를 갚아야 한다는 생각만으로 뒷산으로 향하던 그는 길에서 우연히 이웃 주민을 만나 무참히 살해했다. 고인은 그저 길에서 마주쳤다는 이유만으로 '묻지마 범죄'의 희생양이 된 것이다.

수많은 억울한 죽음 가운데 무엇이 더 억울하다고 말할 수는 없다. 억울함은 계량화하거나 비교할 수 있는 것이 아니기 때문이다. 하지만 타인의 고의적 범죄로 목숨을 잃은 희생자, 특히 이른바 '묻지마 범죄'처럼 아무런 이유도 없이 일면식도 없는 범죄자에게 죽임을 당한 희생자의 경우 본인은 물론 그의 유족에게 잊을 수 없는 원한과 복수심을 갖게 된다.

통계는 누구나 범죄의 희생자가 되어 사망할 수 있다는 사실을 말해주고 있다. 검찰청에 따르면 2012~2013년만 해도 이런 묻지마

범죄가 109건 발생했고, 이 가운데 31건이 살인사건이었다. 전체 범죄희생자 수로 따지면 2013년에만 살인 · 강도 · 강간 · 폭행 등으로 숨진 사람이 1,559명에 달하고, 여기서 과실치사를 제외하더라도 사망자가 600여 명을 넘어선다.* 그런데도 범죄희생자를 단지 운이 없거나 팔자가 나쁜 사람 정도로 치부할 수 있을까?

어느 사회에서나 범죄는 발생하기 마련이다. 그런 범죄의 희생자를 지독하게 운이 나빠서 그렇게 되었다고 폄하해버리는 것은 억울한 죽음을 당한 당사자에게 지나치게 가혹한 일일지도 모른다. 타인의 딱한 희생에 공감하지 못하는 태도가 죽은 사람을 다시 한 번 죽이고 있는 셈이다. 같은 범죄가 반복됨으로써 발생하는 피해를 미리 예방하기 위해서라도 우리에게는 범죄희생자의 억울한 죽음을 돌아보며 어떤 도움이 필요했을지 고민하는 역지사지(易地思之)의 자세가 필요하다.

무엇이 범죄를 부르는가

국가의 책임

더 말할 것도 없이 범죄에 대한 일차적인 책임은 가해자인 범죄자에게 있다. 이유가 무엇이든 범죄를 결의하고 실행에 옮긴 것은 범죄자 본인이기 때문이다. 하지만 범죄의 밑바닥을 자세히 살펴보면 가해자와 얽힌 여러 사회적 정황들이 그 모습을 드러낸다. 흔히 범죄자

---

* 부록 [표4] 범죄로 인한 사망자수 현황 참조.

는 자신의 범죄를 정당화하기 위하여 이른바 '상황논리'를 제시한다. 범죄를 저지를 수밖에 없었던 불우한 환경, 범죄자를 자극한 피해자의 행동, 범죄자를 소외시킨 사회적 분위기 등이 그것이다.

2013년 12월 말 일본에서는 농구를 다룬 유명 학원만화《쿠로코의 농구》의 판매를 중지시킬 목적으로 400통 이상의 협박 편지를 서점 등에 보내오던 36세의 남성이 체포되었다. 이듬해 3월에 열린 첫 공판에서 범인은 피고인 진술서를 통해 자신의 범행 동기를 밝힌다.

"일련의 사건을 일으키기 이전부터 저의 인생은 더럽혀지고 너덜너덜해져 무참하다고 느껴왔습니다. 그것을 만회할 가능성은 전혀 없다고 인식해왔습니다. 그리고 자살이라는 수단을 통해서 사회로부터 퇴장하려고 생각했습니다. (…) 잘못된 인생에 괴로워하며 만회의 가능성도 없는 사회적 패자인 제가 고통으로부터 해방되고 싶어서 자살을 하려고 했다는 것이 적절한 설명이 될 것 같습니다. 저는 이것을 '사회적 안락사'라고 명명하고 싶습니다."

그리고 이렇게 고백한다. "그 결행을 생각하고 있던 시기에 (…) 제가 '손에 넣고 싶었지만 손에 넣을 수 없었던 것'을 전부 가지고 있는《쿠로코의 농구》의 작가 후지마키 타다토시 씨를 알게 되면서 인생이 너무나 다른 것에 아연실색하여 그 거대한 상대에게 적어도 한 방 먹여야겠다고 생각하게 되었습니다. 본인은 이 사건의 범죄종류를 '인생격차범죄'라고 명명하고 싶습니다."

가정폭력, 집단따돌림, 성소수자에 대한 차별 등으로 괴로워했던 그는 패자가 성공한 사람에게 가지는 열패감을 자신의 범행 동기로 요약했다. 그러나 그가 밝힌 범행 동기는 사회적 소외와 경제적 불평

등의 다른 말로 이해될 수도 있다.

이처럼 사회환경이 곧바로 범죄를 유발하지는 않더라도 범죄의 충동을 자극하거나, 범죄를 저지를 수밖에 없는 궁지로 사람을 몰아가기도 한다. 범죄에 이르게 된 배경에는 가정적, 사회적 원인이 존재하는 것이다. 이를테면 가정환경이 불우하다거나 경제적으로 빈곤한 처지에 놓여 있다는 점 등이 범죄의 주된 사회적 원인으로 꼽힌다. 불평등한 경제구조로 인한 빈곤이 범죄의 충동을 자극하고, 살아남기 위하여 범죄를 자행할 수밖에 없도록 몰아가는 것이다.

실제로 자녀가 어머니를 상습적으로 폭행해오던 아버지를 살해했다거나, 극심한 빈곤 때문에 물건을 훔치러 다른 사람의 집에 들어갔다가 우발적으로 주인을 살해했다는 뉴스가 언론을 통해 종종 보도되기도 한다. 따라서 범죄에 대한 예방은 범죄를 유발시키는 사회구조의 철폐를 통해서도 가능하다.

물론 범죄의 책임을 전적으로 범죄자가 처해 있는 불행한 처지로 돌릴 수는 없다. 범죄의 책임이 불우한 환경에 있다면 그런 환경에 놓여 있는 모든 사람은 범죄자가 되어야 하지만 모두가 그렇게 되는 것은 아니다. 또 불우한 환경은 합법적인 방법으로도 극복될 수 있다는 점에서 그런 환경이 모든 범죄를 정당화하지는 않는다.

그렇지만 범죄의 책임을 모두 범죄자 개인에게 돌리는 것은 여전히 매우 가혹하다. 환경적 요인이 작동하지 않을 때에 비해 그것이 작동할 때 누구나 범죄를 저지를 가능성이 높아지기 때문이다.

따라서 범죄에 대한 책임은 기본적으로 범죄자 본인이 져야 하지만, 그 역시 우리 사회의 일원이라는 점을 잊어서는 안 된다. 피의자가 범행에 이르게 된 맥락을 살펴보고 거기서부터 범죄의 원인을 파악하여 근본적인 범죄 예방책을 세우는 것이야말로 범죄에 대한 국가와 사회의 책임일 것이다. 그것은 단지 범죄를 정의하고, 범죄에 해당하는 행위를 저지르면 처벌한다는 법률을 제정*하는 것만으로는 충분하지 않다. 법이 있어도 범죄는 끊임없이 일어나고, 그로 인해 수많은 억울한 피해자가 발생하기 때문이다. 무엇이 범죄인지 법으로 규정했다면 범죄가 실제로 발생하지 않도록 예방하는 것도 국가의 몫이다.

조금 더 현실적인 차원에서 말하자면 범죄로 인한 사회적 손실보다 범죄를 예방하는 데 소요되는 비용이 훨씬 적다는 점도 범죄 예방의 직접적인 근거가 될 수 있다. 범죄가 일단 발생하면 피해자의 신체적·정신적 치료비, 범죄피해자를 보호하고 지원하는 데 드는 비용, 응급구조기관의 운영비용, 건강보험비, 생산성 감소와 삶의 질 하락 등 천문학적인 사후 비용이 발생한다.[1] 그러므로 국가는 비용 절감의 차원에서라도 범죄 예방책임에 민감할 필요가 있다. 가령 도시 계획이나 건축 설계에서 범죄가 발생할 수 있는 기회를 줄일 수 있도록 디자인하는 '범죄 예방 환경설계(CPTED: Crime Prevention Through Environmental Design)'도 하나의 방안이 될 수 있다.

하지만 아무리 범죄 예방이 중요하다고 해도 그것이 인권 침해의 구실이 되어서는 곤란하다. 형벌의 집행이 종료된 후에도 재범의 우려가 있다는 이유로 범죄인을 격리된 시설에 수용시키는 '보호감호제도'는 사실상 이중처벌이 될 수 있고, 수감자의 인권을 침해할 수

---

* 부록 [표5] 살인 범죄의 처벌 규정 참조.

있다는 점에서 시행 여부를 신중히 결정해야 한다. 재범 방지를 통한 범죄피해자 보호의 목적으로 실시되는 있는 전자발찌(위치추적 전자 장치 강제부착)나 화학적 거세(성욕억제약물 주사)도 당사자의 인권을 심각하게 침해한다는 점에서 재고가 필요하다. 범죄 예방과 피해자 보호의 목적이 아무리 정당하고 시급하다고 해도 이를 실현하는 모든 수단이 다 정당화될 수는 없기 때문이다.

당해도 싼 범죄 피해는 없다

범죄피해자가 범죄를 유발하기도 한다는 주장이 종종 제기된다. 이를테면 성폭력 피해자가 가슴골이 드러나는 옷이나 '하의실종'이라고 불리는 짧은 치마를 입어 가해자의 성적 욕구를 자극함으로써 성폭력 범죄를 유발했다는 것이다. 피해자에게 범죄를 유발한 책임이 있기 때문에 가해자의 책임이 완화될 수 있다는 주장이다.

세계 각국에서는 이와 같은 남성적 편견에 반대하여 헤픈 여자들의 행진이라는 뜻으로 일부러 야한 옷을 입고 거리를 행진하는 '슬럿 워크(Slut Walk)' 시위가 이어졌는데 한국에서도 2011년 '잡년 행진'이라는 이름으로 비슷한 행사가 이루어졌다. 여성의 노출이 성범죄를 부추긴다는 견해는 언론에서도 이미 수차례 비판적으로 다뤄진 바 있다.

강간이나 강제추행 등 성폭력 범죄가 여름철 심야시간에 가장 많이 발생하는 것으로 나타났다. 대검찰청이 분석한 최근 5년(2008~2012) 간 성폭력 범죄의 월별 발생빈도에 따르면 7~8월,

슬럿워크 시카고 포스터 2011

한 여성이 "강간을 일으키는 것(Things That Cause Rape)"이라는 제목 아래 추파를 던짐(Flirting), 옷차림(The Outfit I'm Wearing), 과음(Drinking Too Much), 강간범(Rapists) 등의 보기 가운데 '강간범'이 체크된 팻말을 들고 피해자 비난을 멈추라며 시위에 참가하고 있다.

특히 본격 휴가철인 8월에 가장 많이 발생했다. 반면 겨울에 가까울수록 범죄 발생 빈도가 낮아져 한겨울인 1월은 8월 성폭력 발생 빈도의 절반에 불과했다.

여름철 성폭력 범죄가 유독 많아지는 현상에 대해 일각에서는 여성의 노출이 심해진 데 따른 것이라는 주장이 나온다. 여성의 야한 옷차림이 성범죄를 더욱 부추긴다는 얘기다.

하지만 전문가들은 여성의 노출이 성범죄를 유발한다는 의견은 편견에 불과하다고 일축한다. 여성의 노출이 성폭력을 부추긴다는 인식은 피해 여성에게 원인 제공자라는 낙인을 찍어 부차적인 피해를 줄 수 있는 만큼 잘못된 인식은 바로잡아야 한다는 것이다.

여름에 성범죄가 늘어나는 것은 여성의 노출이 아니라 계절적 요인 때문이라는 게 중론이다. 여름에는 낮이 길어진 만큼 야외 활동시간이 늘어나 성범죄자들이 희생자를 물색하기 좋은 환경이 된다. 낮은 물론 야간에도 운동이나 산책 등 야외활동에 나서는 여성들이 늘어나면서 범죄자들이 여성을 관찰하고 기회를 엿볼 수 있는 시간이 늘어난다는 것이다. 특히 휴가철에는 외진 곳으로 여행을 떠나거나 과도하게 음주를 하는 경우가 많아 성범죄 위험을 더욱 높일 수 있다. 무더운 날씨에 평소 현관문이나 창문을 열어놓고 생활하는 경우가 많아 치안이 느슨해지는 것도 주된 요인이다. 실제로 여름철 여성이 혼자 사는 원룸이나 다세대주택에 침입해 성범죄를 저지르는 사건이 매년 발생하고 있다. 하지만 젊은 여성뿐 아니라 아이, 노인, 장애인에 이르기까지 다양한 피해자가 발생하는 것을 보면 단순히 자극적인 옷차림이 범죄를 부추긴다고 보긴 어렵다는 것이다.[2]

이러한 반론은 일견 일리가 있지만 여전히 범죄의 원인을 피해자에게서 찾으려 함으로써 그 한계를 노출시키고 있다. 여름에는 야외활동이 많아진다든지 외진 곳으로 휴가를 떠난다든지 하는 것도 피해자의 행동에서 범죄의 원인을 찾는 것이기 때문이다. 물론 범죄피해자가 직접적으로 범죄를 유발하는 경우도 전혀 없는 것은 아니다. 하지만 그런 경우가 아닌데도 범죄의 책임을 피해자에게 지우는 것은 가해자의 책임을 희석하고 범죄를 정당화할 수 있는 위험성이 있다. 범죄에 대항하여 행사하는 정당방위가 아닌 한 타인에게 해악을 끼치는 행위는 용납될 수 없다.

타인에게 피해를 입히지 않는 한 인간의 자유는 기본적으로 제약되어선 안 된다. 따라서 범죄를 직접적으로 유발한 책임이 피해자에게 있다는 명백한 증거가 제시되기 전까지 범죄의 책임을 피해자에게 지움으로써 개인의 자유를 침해하는 것은 부당하다.

더욱이 범죄의 책임을 피해자에게 지우기 시작하면 자칫 국가가 모든 범죄의 책임을 개인에게 전가할 위험성도 존재한다. 심지어 국가는 범죄를 예방할 책임을 회피한 채 잠재적인 범죄피해자인 개인의 범죄 유발 가능성에 근거하여 개인의 행동을 통제할 위험성도 배제할 수 없다. 특히 범죄로 인한 사망사건이 증가하면 국가는 범죄예방은 뒷전으로 미룬 채 범죄로 사망할 수 있으니 행동을 자제하라는 요구만을 반복할 수도 있다.

범죄의 원인을 피해자에게서 찾으려는 시도는 필연적으로 오류를 포함할 수밖에 없다. 실제로 성폭력 범죄는 피해자의 옷차림보다는 친분이나 위계 관계를 악용하는 면식범에 의해 발생하는 경우가 많다. 우리 사회가 쓸데없이 범죄 '유발'을 논의하는 대신 범죄의 '예방'에 힘쓰고, 피해자 지원에 적극 나서야 할 이유가 여기에 있다.

누가 함부로 용서를 말할 수 있는가

범죄피해자를 고통스럽게 하는 굴레는 이뿐만이 아니다. 범죄자에 대한 용서를 강요하는 사회적 분위기는 피해자에게 또다른 억울함을 안긴다. 범죄로 소중한 가족을 잃은 유족에게 분노하지 말고 용서하라고 강요하는 것은 피해자에게 범죄 유발의 책임을 묻는 것만큼이나 가혹한 일이다.

이정향의 영화 〈오늘〉(2011)은 반성도 참회도 없는 범죄 앞에서 진정한 용서가 무엇인지를 묻는다. 주인공 다혜는 빗길의 교통사고로 약혼자를 잃었다. 사고는 우연이었지만, 가해자는 죄를 감추기 위해 타고 있던 오토바이로 피해자를 한 번 더 들이받았다. 악의적인 범행에도 불구하고 그는 아직 소년인 가해자를 용서하고 감형을 위해 탄원서까지 써준다. 거기서 그치지 않고 직장까지 그만두며 가해자를 용서한 피해자들을 인터뷰하고, 그 이야기를 다큐멘터리로 만들기도 한다.

하지만 소년이 다시 동료 학생을 살해했다는 이야기를 듣고 다혜는 분노한다. 자신의 용서가 억울한 피해자를 한 명 더 만들었다는 생각에 자괴감에 빠진다. 그는 마침내 '용서하지 않을 자유'가 있는데도 용서가 강요되었다는 생각에 이르고, 용서해준 것이 죽도록 후회된다고 되뇐다. "용서는 미움을 없애는 것이 아니라 마음의 가장자리로 밀어넣는 것." 다큐멘터리 속 유족의 이야기가 가슴을 찌른다. 영화는 진정한 용서란 가해자가 진심으로 반성하고 뉘우치며 자신의 삶을 변화시킬 때 비로소 가능하다는 메시지를 던진다.

한편 올리비에 마샬이 연출한 〈MR73〉(2008)은 범죄피해자 유족의 정신적 고통과 복수의 감정을 우울하게 표현한다. 저스틴은 살인·강간으로 부모를 잃었다. 범인이 잡히고 종신형을 선고받은 지 25년이 지났지만 그는 늘 살인범이 풀려날지도 모른다는 불안감으로 정신적 고통에 시달린다. 범죄가 남긴 트라우마로 괴로워하던 저스틴은 임신 중임에도 불구하고 동거하던 남성과 헤어진다.

그러다가 부모를 죽인 살인범이 종교에 귀의하여 가석방 심사를 받고 곧 출소할 것이라는 소식을 듣게 된 저스틴은 "부모가 죽던 날 악마를 보았다"는 내용을 담은 편지를 살인범에게 보내고, 도움을 구하기 위해 그를 체포했던 경찰을 찾아간다. 영화의 제목인 'MR73'은 프랑스 경찰이 사용했던 구식 권총의 이름을 딴 것이다.

범죄피해자의 유족에게 용서를 강요한다면 이들의 절망감과 복수심은 법에 의한 처벌이 아니라 스스로 가해자를 응징함으로써 정의를 실현하는 방식으로 나타날 수도 있다. 증오와 복수의 악순환으로 어지러워질 사회를 불안해한 나머지 피해자에게 용서를 강요해서는 안 된다. 마음에도 없는 화해와 용서를 앞세워 평화를 유지하려는 선전으로 이용하는 것은 범죄로 고통받은 피해자를 두 번 괴롭히는 일이다.

범죄피해자의 보호

끝나지 않은 악몽

범죄는 희생자는 물론 그 가족에게도 씻을 수 없는 상처를 남긴다. 2014년 한 방송에 출연해 화제를 모았던 '사자개 저택'의 가족 이야기가 그렇다. 24시간 살해 위협에 시달린다는 가장과 그의 20대 자녀들은 끼니도 거르고 집을 지키며 삼엄한 경비 속에 스스로를 가두고 있었다. 수많은 CCTV와 경비견이 지키는 철옹성 같은 담장 너머에는 가족의 죽음이라는 비극이 자리 잡고 있었다.

세상을 떠난 이들의 셋째 삼촌은 2000년 세간을 떠들썩하게 했던 인천 간석동 살인사건의 희생자였다. 가족은 사랑하는 이를 지키지 못했다는 죄책감, 자신 또한 누군가에게 살해당할지도 모른다는 불안감에 스스로를 세상으로부터 격리해버렸다. 범죄로 가족을 잃은 다른 이들의 삶도 크게 다르지 않을 것이다. 범죄의 악몽은 희생자에게서 그치지 않고 남겨진 사람들에게 또 다른 고통을 안긴다.

헌법은 타인의 범죄로 생명이나 신체에 피해를 입은 국민에게 국가의 구조를 받을 수 있는 권리인 **범죄피해자구조청구권**을 보장하고 있다(헌법 제30조). 범죄로 희생당한 사람에 대한 국가의 책임을 일정 정도 인정하고, 범죄피해자나 그 가족이 겪게 될 생활의 어려움을 공동체가 함께 해결하기 위해서다. 범죄피해자에는 범죄로 사망한 사람뿐 아니라 범죄로 신체에 대한 침해를 받은 국민, 다시 말해 범죄로 장애를 갖게 되거나 중상해를 당한 사람도 포함된다. 그밖에 범죄의 예방과 범죄피해자의 구조를 위한 활동으로 피해를 당한 사람도 범죄피해자로 볼 필요가 있다.

한편 헌법상의 권리를 구체화하여 범죄피해자를 보호하고 지원하기 위한 법도 마련되어 있다. 범죄피해자의 복지 증진을 위해 제정된 **범죄피해자 보호법**은 인간의 존엄성에 기본 이념을 둔다. 이에 따라 범죄피해자는 피해 상황에서 빨리 벗어날 권리를 지니며, 자신의 명예와 평온한 사생활을 보호받을 수 있다. 또 해당 사건과 관련된 각종 법적 절차에 참여할 권리를 가진다(동법 제2조).

범죄피해자 보호법의 "범죄피해자"란 범죄피해 당사자뿐 아니라 그 배우자와 직계친족, 그리고 형제자매까지 포함하는 의미다(동법 제3조 제1호). 범죄피해자에게는 구조금이 지급되는데 특히 타인의 범죄로 사망한 사람의 유족에게는 '유족구조금'이 지급된다(동법 제17조 제1항 및 제2항).**3** 이렇게 구조금을 받을 수 있는 사람을 "구조피해자"로 부르는데 범죄로 인한 피해의 전부 또는 일부를 배상받지 못하는 경우, 범죄피해자는 국가로부터 구조금을 지원받을 수 있다. 뿐만 아니라 형사 사건의 수사나 재판 과정에서 단서를 제공하거나 진술·증언을 하다가 구조피해자가 된 경우에도 구조금을 받을 수 있다(동법 제16조).

구조금 지급의 문제

다만 법은 예외적으로 구조금을 지급하지 않는 경우도 언급하고 있다. 범죄피해자라 할지라도 구조피해자를 고의로 살해한 경우나, 구조피해자의 사망 전후 유족구조금을 받을 수 있는 사람을 고의로 살해한 경우에는 유족구조금을 받을 수 없다(동법 제18조 제4항).

한편 다음 중 어느 하나의 경우라도 해당하면 구조금을 받을 수 없다(동법 제19조 제3항).

- 해당 범죄행위를 교사하거나 방조한 경우
- 과도한 폭행·협박 또는 중대한 모욕 등 해당 범죄행위를 유발한 경우
- 해당 범죄행위와 관련하여 현저하게 부정한 행위를 한 경우
- 해당 범죄행위를 용인한 경우
- 집단적 또는 상습적으로 불법행위를 행할 우려가 있는 조직에 속한 경우(다만, 그 조직에 속하고 있는 것이 해당 범죄피해를 당한 것과 관련이 없을 경우에는 구조금을 받을 수 있다.)
- 범죄행위에 대한 보복으로 가해자 또는 그 친족이나 그 밖에 가해자와 밀접한 관계가 있는 사람의 생명을 해치거나 신체를 중대하게 침해한 경우

이처럼 법은 범죄의 희생자가 범죄에 일정한 영향을 미친 경우에는 구조금을 지급하지 않도록 하는 예외를 두고 있다. 하지만 이 조항을 읽어보면 알 수 있듯이 법은 논란의 여지를 갖고 있다. 우선 범죄를 유발한 행위의 '과도함'이나 '중대함', 범죄행위와 관련된 부정한 행위의 '현저함'을 어떻게 확인할 수 있는지의 기준이 모호하다. 또 범죄행위를 용인했다고 해서 범죄희생자의 유족이 감당해야 할 생활의 어려움이 사라지는 것도 아니다. 범죄조직에 가입했었다는 이유만으로 구조금이 지급되지 않는 것은 부당하다는 지적도 있다.

실제로 많은 범죄피해자들 가운데 구조금을 받는 사람의 비율은 상당히 낮으며, 구조금의 액수도 너무 적은 것이 현실이다. 법무부가 발표한 자료에 따르면 2013년 이 법을 통해 구조금을 받은 피해자는 321명인 것으로 나타났다. 살인범죄가 966건이었던 것을 감안하면 전체 범죄피해자 가운데 23.5퍼센트만이 지원을 받은 셈이다. 이렇게 법의 보호를 받는 피해자 수가 적은 것은 피해자들 대부분이 법의 존재조차 모르는 탓이 크다. 이 때문에 수사 단계에서 피의자에게 미란다 원칙을 알리듯이 피해자에게도 구조금 제도가 있다는 사실을 바로 알릴 필요가 있다.

한편 제도를 알아도 그 혜택을 받지 못하는 경우도 있다. 가령 부부싸움을 하다가 한 쪽이 다른 쪽을 살해하여 한 사람이 죽고 다른 한 사람은 감옥에 갔을 때, 남겨진 자녀는 어떻게 살아가야 할까? 남편으로부터 25년 간 심각한 폭력에 시달리던 한 여성은 어느 날 남편을 죽이지 않으면 자신이 죽겠다는 생각이 들어 그를 살해하기에 이른다. 범행 직후 경찰에 자수한 그녀는 곧바로 경찰에 구속됐다. 그런데 피의자에게는 아직 학교에 다니는 자녀가 있었다. 가정폭력의 또 다른 피해자였던 그 자녀는 부모의 부재로 생계가 막막함에도 불구하고 구조금을 지원받을 수 없었다.[4]

현행 범죄피해자 보호법은 가족끼리 저지른 범죄에 대해서는 구조금 지급을 인정하지 않고 있다. 가령 위 사례처럼 부부간에 일어난 불의의 범죄로 부모를 잃었더라도 구조금을 받을 수 있는 방법은 없다는 의미다. 법은 가해자와 구조피해자가 부부(사실상의 혼인관계 포함)이거나, 직계혈족, 4촌 이내의 친족, 동거친족 가운데 어느 하나에라도 해당하면 구조금을 지급하지 않도록 하고 있다(동법 제19조 제1항).

그러나 가해자와 친족이라는 이유만으로 어떠한 경우에도 구조금을 받을 수 없다는 것은 부당한 측면이 있다. 비록 친족관계라 할지라도 왕래가 없는 사이라면 서로 모를 수도 있고, 친족임을 모르고 범죄를 저지를 수도 있으며, 부양하던 가족이 살해된 경우에 유가족의 생계가 막연해지는 경우도 적지 않다. 구체적인 범죄 상황을 고려하여 비록 가해자와 친족관계에 있는 피해자라 할지라도 구조금을 받을 수 있는 여지를 남겨두어야 하는 이유가 여기에 있다.

범죄피해자에 대한 구조금 지급은 각 지방검찰청에 설치된 범죄피해구조심의회(지구심의회)와 법무부에 설치된 범죄피해구조본부심의회(본부심의회)가 심의하여 의결한다(동법 제24조 제1항).[5] 구조금을 받으려는 사람은 그 주소지, 거주지 또는 범죄 발생지를 관할하는 지구심의회에 신청을 해야 하고, 신청은 범죄피해의 발생을 안 날부터 3년 이내에, 그리고 범죄피해가 발생한 날부터 10년 이내에만 가능하다(동법 제25조).

신청을 받은 지구심의회는 신속하게 구조금을 지급하거나 지급하지 않는다는 '결정'(지급한다는 결정을 하는 경우에는 그 금액을 정하는 것을 포함)을 해야 하고(동법 제26조), 지구심의회에서 구조금 지급신청을 기각(일부 기각된 경우를 포함)하거나 각하하면 신청인은 그 지구심의회를 거쳐 본부심의회에 '재심'을 신청할 수 있다(동법 제27조 제1항). 하지만 이런 지급 절차 역시 문제점을 안고 있다.

2001년 지방의 한 마을에서 60대 여성 A씨가 숨진 채 발견된 사건을 놓고 경찰이 수사를 벌였지만 범인을 잡지 못했다. 그 후 8년이 지난 올해 초 수사를 재개한 검찰은 당시 용의자였던 2명을 다시 조사해 B씨를 강간살인 혐의로 구속했다. A씨 유족들은 검찰에 범죄피해자 유족구조금을 신청했지만 돌아온 답변은 신청기간이 지났기 때문에 구조금을 줄 수 없다는 것이었다.

강력범죄 피해자에 대한 지원이 강화돼야 한다는 여론이 높아지고 있지만 정작 피해자나 유족은 까다로운 절차 때문에 충분한 지원을 받지 못하고 있다. 신청기간이 지났거나 범죄피해 입증이 어렵다는 이유로 범죄피해자 구조금 지원신청을 해도 거절당하는 사례가 많다. 구조금을 받으려면 범죄로 인해 피해를 입었다는 사실을 입증해야 하는데 이 과정 역시 만만치 않다.

30대 남성 C씨는 얼마 전 서울 시내 한 다리 밑에서 의식을 잃은 채 발견됐다. C씨는 '퍽치기'를 당해 돈을 뺏기고 다리 밑으로 버려져 하반신 불구가 됐다며 지난달 검찰에 범죄피해자 장해구조금을 신청했다. 하지만 관할 검찰청 범죄피해구조심의회는 '범죄피해로 볼 수 다'며 신청을 기각했다. C씨 상태에 대한 의사 소견이 '원인 미상'이고, 경찰도 '강도가 의심된다'는 정도의 사건으로 결론을 내렸다는 게 이유였다. 범죄피해자 구조금 지급승인 절차가 까다롭다 보니 강력범죄 발생 숫자에 비해 구조금 지급실적은 매우 저조하다. 살인사건은 최근 매년 1000건을 넘고 있지만 구조금 지급실적은 100여 건에 불과하다.[6]

이렇게 범행을 저지른 후 오랜 시간이 지나서야 비로소 범인이 잡히더라도 이미 신청기간이 지나 원천적으로 신청이 불가능해지는 경우가 있는가 하면, 범죄로 인한 피해임을 입증하기 어려워 기각되는 사례도 있다. 따라서 신청기간의 절대적 기한을 변경할 필요가 있다. 범죄피해가 발생한 날부터 일정 기간이 지난 시점이 아니라, 해당 범죄에 대한 수사나 재판이 완료된 날부터 일정 기간이 지난 시점으로 변경하는 것이다.

또한 범죄로 인한 피해임이 명백하게 증명되지 않았다고 하더라도 여러 가지 정황상 수사기관이 범죄피해의 의심이 있다고 판단하면 우선적으로 구조금을 지급하고 사후에 범죄가 아니라는 사실이 확인되었을 때 환수하는 식으로 제도를 개선하는 것이 바람직하다.

지원금의 액수를 현실적인 수준으로 높이는 것도 남은 과제다. 현재 유족구조금은 구조피해자가 사망할 당시(신체에 손상을 입고 그로 인하여 사망한 경우에는 신체에 손상을 입은 당시)의 월급액이나 월실수입액 또는 평균임금에 18개월 이상 36개월 이하의 범위에서 유족의 수와 연령 및 생계유지상황 등을 고려하여 일정한 개월 수를 곱한 금액으로 결정된다(동법 제22조 제1항).* 범죄피해자 보호법 시행령은 구조피해자와의 관계, 생계유지 여부 등을 고려하여 이에 맞는 개월수를 산정해 구조피해자의 소득에 곱하는 방식으로 구체적인 금액을 정하고 있다(동시행령 제22조). 여기에 유족수에 따라 일정한 배수가 곱해진 금액이 최종적으로 지급되는 구조금의 액수가 된다.

법은 유족에게 1년 반에서 2년 반 동안 살 수 있는 구조금을 지급

---

* 부록 [유족구조금에 대한 배수] 참조.

하고 있다. 하지만 이 기간이 지난 후에도 생계 보장이 필요한 경우가 있으므로 유족의 구체적인 상황을 고려하여 지급 기간을 연장받을 수 있는 여지를 둘 필요가 있다.

또한 구조금의 지원 규모도 현실적인 수준으로 늘려야 한다. 장해구조금과 유족구조금이 2008년 기준으로 각각 최대 3,974만 4,000엔(약 4억 원)과 2,964만 5,000엔(약 3억 원)에 달하는 이웃나라 일본에 비해[7] 우리나라의 구조금은 2014년 말 현재 장해·중상해자에게 5,500만원, 유족에게 6,660만 원이 최대다. 하지만 그나마도 구조금 외에 범죄피해자보호기금으로 운영되는 다양한 간접 지원사업에 투입되는 예산이 많아 대폭 늘리기는 어려운 실정이다.[8]

Jurisprudential Thoughts on Death

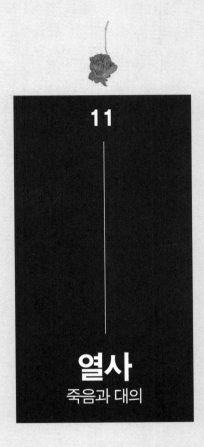

11

열사
죽음과 대의

"미치광이가 나타나 윗대가리를 이놈 저놈 쏴버리면
일주일이 가기 전에 우리 모두가 총살당하고 말거야."
당시에 내 말이 얼마나 진심이었는지는 모르겠다.
박해가 여러 해 동안 지속됐다.
피할 수 없었고, 고통스러웠으며, 사람들은 미쳐갔다.
체제가 몇 달마다 새롭게 희생자를 찾아내 게걸스럽게 집어삼켰다.

– 빅토르 세르주(Victor Serge), 《한 혁명가의 회고록》 중에서

1909년 3월 하얼빈 역에서 이토 히로부미를 사살한 안중근은 이듬
해 2월 14일 사형을 선고받고 3월 26일 처형됐다. 일본의 〈지지신
보〉는 당시의 상황을 이렇게 묘사했다. "안은 한국에서 수의로 부쳐
온 하얀색 명주로 된 조선 옷을 입고 조용히 마지막 기도를 올렸고,
별달리 두려워하는 기색도 없이 형장의 교수대에 올라 11분 뒤 최후
를 맞이했다. 마침 오늘은 이토 공의 기일이었는데 절명한 시간도 같
았다."[1] 안중근이 공판장에서 밝힌 이토 암살의 명분은 왕실을 짓밟
고 을사조약으로 한국을 식민지 삼은 죄, 독립을 외치는 한국인들을
무참히 살해하고 자원을 수탈하며 민족교육을 방해한 죄 등이었다.

1932년 1월 8일, 이봉창은 일본 제국주의의 상징인 일왕 히로히
토에게 수류탄을 던져 저격하려다 실패하고 사형선고를 받은 뒤 교
수형에 처해진다. 청년 윤봉길은 일왕의 생일을 축하하러 모인 일본
군 수뇌부에 폭탄을 투척하고 체포되어 총살당한다. 우리는 이렇게

국가나 민족 혹은 민주주의와 같은 대의(大義)를 위하여 자신의 목숨을 바친 사람들을 '열사(烈士)'라고 부른다. 때로는 열사를 대신해 '지사(志士)'나 '의사(義士)'라는 호칭이 쓰이기도 한다.

어린 청소년들은 학교에서 이런 열사들의 삶과 죽음에 대해 배운다. 조국의 독립이라는 대의를 위하여 자신의 목숨을 아끼지 않은 열사의 용기를 칭송하며 그를 본받아 조국과 민족을 위해 기꺼이 목숨을 바칠 것을 다짐한다.

그런데 한편으로 궁금하기도 하다. 조국을 위하여, 동포를 위하여 또는 대의를 위하여 목숨을 바쳤다면 그것으로 충분한 것이지 굳이 그러한 행동을 공동체 전체가 기억해야 하는 이유는 무엇인가? 어떻게든 살아남아서 국가와 민족을 위해 더 가치 있는 일을 하면 되는 것이지 꼭 지금 당장 목숨을 바쳐야 가치 있는 일인가? 부양할 가족이 많은데도 국가와 민족, 대의를 위하여 죽음을 선택하면 살아남은 가족의 생계는 누가 돌보아야 하는가?

의문은 계속해서 가지를 뻗는다. 희생을 기리기 위해서라면 유족에 대한 보상으로 충분하지 왜 취업 등에서 특혜를 주어야 할까? 유족에게 '열사의 자식'이라는 훈장을 달아주는 것은 아닌가? 헌법은 가족이 지은 죄로 벌을 받지 않는 연좌제금지원칙을 말하고 있는데, 가족이 세운 공으로 상을 받는 것은 어떻게 이해해야 되는가? 벌은 상속되지 않지만 상은 상속될 수 있는가?

국가는 생명이 우주보다 소중하다고 교육한다. 하지만 열사의 행동을 추앙하고 보상하여 선전함으로써 국가나 대의를 위해 희생하는 것이 가치 있다고 말한다. 이런 모순된 태도는 혹여 그렇게도 소중하다던 생명보다 국가나 대의가 훨씬 더 소중한 가치임을 교육하는 것은 아닌가? 어느새 학생들의 머릿속에는 생명의 가치보다 조국이나 민족 혹은 대의의 가치가 더 소중하다는 인식이 자리를 잡는다. 곧 생명은 우주보다 소중하다는 가르침 앞에 혼동이 일어난다.

우주보다 소중한 생명을 바쳐야 하는 존재가 있다면 그것은 생명보다 더 가치 있는 신비한 존재로 각인된다. 더욱이 그러한 존재를 위하여 목숨을 바치는 것은 어떤 신성한 의무로서 요구되기까지 한다. 조국이나 민족이 없으면 개인도 없다는 전체주의적 구호와 슬로건 앞에서 "살고 싶다"는 개인의 목소리는 소시민의 욕심으로 폄훼되기 일쑤다. 의사나 열사의 영웅적 삶 앞에 하루하루 평범하게 살아가는 사람들의 삶은 왜소해지고, 이내 변명하듯 하루하루를 살아가는 일상은 구차하게 느껴지기까지 한다.

하지만 마르쿠제(Herbert Marcuse)는 이렇게 말한다. "억압된 문명에서는 죽음 자체가 억압의 도구가 된다. 죽음이 끊임없이 공포로서 두렵게 여겨지든, 최고의 희생으로 찬양되든, 운명으로 수락되든, 죽음을 승인하라고 가르치는 교육은 처음부터 삶 속으로 항복·포기와 굴종을 끌어들인다. 그것은 유토피아적인 노력을 질식시킨다. 그러한 권력은 죽음과 깊은 유사성을 가지고 있다. 죽음은 부자유와 부패의 징표이다."[2] 죽음의 결정에서조차 자유롭지 못한 인간의 현실을 비판하면서 그가 내린 결론은 다음과 같다. "죽음에 순종한다는 것은 곧 죽음을 관장하는 국가, 자연 혹은 신에게 순종하는 것을 의미한다."[3]

사회는 개인에게 희생을 강요할 수 있는가

　국가와 개인의 관계를 정의하는 정치적 입장은 극단적으로 개인을 강조하는 아나키즘부터 극단적으로 집단을 강조하는 전체주의에 이르기까지 매우 다양하고, 그 스펙트럼 또한 넓다. 이 가운데 어떤 입장을 취하는지에 따라 열사에 대한 평가도 달라진다. 개인은 열사나 순교자의 용기와 희생정신을 기리는 것에 찬성할 수도, 반대할 수도 있다. 마찬가지로 공동체의 운명을 개인의 운명과 동일시하는 주장에도 반대 의견이 있을 수 있다.

　많은 사람들이 일제강점기 독립투쟁에서 국가를 위해 목숨을 바쳤다. 그렇지만 상당수의 독립운동가들이 아나키즘을 지지한 것도 사실이다. 신채호 역시 아나키스트로 전향한 대표적인 인물이다. 그는 〈대한매일신보〉의 주필로 활동하며 대중을 계몽하고 민족정신을 고취시켰다. 항일언론운동의 선봉에 선 그는 상해임시정부 수립에 참여하기도 했다. 이렇게 조국을 위해 헌신한 그였지만 비밀 항일결사단체인 의열단 선언문으로 작성된 '조선혁명선언'을 포함하여 말년에 발표한 글에서는 아나키스트의 논리가 강하게 드러나기도 한다. 1928년에 출간된 판타지소설 《용과 용의 대격전》에서 그는 이렇게 말한다. "하하, 딱한 사람, 우리의 만든 정치, 법률이 코뚜레보다 더 잔악하지 안하냐? 윤리, 도덕이 굴레보다 더 흉참(凶慘)하지 안하냐? 군대의 총과 칼이 채찍보다 몇 만 배나 더 전율한 무기가 아니냐? 그래도 고놈들이 반역을 도모하는구나!"

　이렇게 국가의 존재와 역할에 대한 회의주의적 입장은 끊임없이 등장했다. 지그문트 바우만(Zygmunt Bauman)과 카를로 보르도니 (Carlo Bordoni)는 국가를 '기생충'으로까지 평가하는 극단적인 견해를 보여주기도 한다. "국가의 위기는 다음의 두 요소 때문입니다. 하나는 국가가 경제와 관련해 구체적 결정을 할 능력이 없다는 것이고, 다른 하나는 이러한 무능력의 결과로서 적절한 사회 서비스를 제공할 능력이 없다는 것입니다. 그 결과는 긴축재정, 탈규제, 제도적 권한들의 이양 등입니다. 이것들은 모두 국가 장치와 갈수록 줄어드는 그 권한들을 존속, 유지시키기 위한 조치들일 뿐입니다. 이 단계에 이르면, 위기의 국가는 공공복지를 제공하고 보장하는 기구가 아니라 시민에 빌붙어서 오로지 스스로의 생존에만 신경을 쓰는 '기생충'이 됩니다."[4] 이런 입장을 가진 사람들에게 국가를 위한 희생은 언어도단일 것이다.

생명의 가치를 끊임없이 강조하던 국가가 갑자기 대의를 위해 목숨을 바쳐야 한다고 강조하게 되면 공동체 구성원은 국가나 민족, 대의를 생명보다 더 가치 있는 것으로 여기게 된다. 절대적 가치로 여겼던 생명이 국가나 민족 앞에서 '버려야 할 것'으로 여겨진다면, 대의는 생명을 넘어선 어떤 초월적 가치로 자리를 잡게 될 것이다. 같은 맥락에서 열사에게 보상을 제공하는 것은 생명보다 국가나 민족 혹은 대의가 더 우월하다는 인식을 심어줄 수 있다.

그러나 공동체의 대의와 개인의 생명 가운데 어느 한쪽이 반드시 객관적으로 더 가치 있다고 말할 수는 없다. 따라서 공동체는 열사의 희생을 칭송하고 그를 보상할 수는 있어도, 그런 선택을 하지 않은 사람을 비난할 수는 없다. 더욱이 모든 사람이 목숨을 걸고 지켜야만 공동체의 미래를 기약할 수 있는 상황이 아니라면 누구에게도 희생은 강요될 수 없다.

같은 맥락에서 대의에 목숨을 바칠 것인지에 관한 결정은 원칙적으로 본인의 '자발적 의사'에 의해 내려져야 한다. 지금 당장 자신의 목숨을 희생할 것인지 아니면 살아남아 자신이 가치 있다고 믿는 일을 계속할 것인지는 순전히 개인이 선택할 문제다. 비록 지금 당장이 아니더라도 미래에 닥칠 수 있는 상황에서 대의에 기여하거나 경우에 따라 그때 자신의 목숨을 바칠 수도 있기 때문이다.

생명은 어떠한 경우에도 포기할 수 없는 절대적 가치라는 생각을 견지하는 사람이 있을 수 있듯이, 생명보다 소중한 가치가 있다고 생각하는 사람도 있을 수 있다. 그러므로 생명은 어떠한 경우에도 포기할 수 없는 절대적 가치라고 가르치는 것보다 차라리 생명은 다른 가치와 충돌할 때 물러날 수도 있음을 가르치는 편이 낫다. 어떤 상황에서는 생명을 포기하고서라도 다른 가치를 지킬 수 있다는 점을 교육하는 것이다. 그리고 그 가치가 무엇이든, 그를 위해 스스로 목숨을 바치는 사람의 신념은 존중받아야 한다. 생명보다 더 큰 가치가 존재할 수 있음을 가르치는 교육이 필요한 이유다.

국가는 공동체 구성원에게 생명의 가치를 지속적으로 가르치는 동시에 경우에 따라 생명보다 더 큰 가치가 존재할 수 있음을 가르치고, 구체적인 상황에서 두 가치가 충돌할 때 무엇이 더 중요한지를 합리적으로 판단할 수 있는 능력을 배양시켜야 한다. 그래서 개인으로 하여금 생명을 포기하더라도 지켜야 할 가치가 있다면 자발적으로 목숨을 희생할 수 있는 용기를 키울 수 있도록 해야 한다.

테러리즘은 누가 정의하는가

한편 무대를 조금만 옮겨보면 우리는 '대의를 위한 죽음'의 또 다른 모순을 마주하게 된다. 제2차 세계대전 말기 태평양 전쟁에서 일본은 미국 군함을 격침시키기 위해 자살폭탄 공격, 이른바 '카미카제(カミカゼ)' 작전을 감행한다. 일본의 극우세력은 아직까지도 이들을 신의 바람이라는 뜻의 '신풍(新風)'으로 부르며 조국의 영광을 위해 희생한 영웅들로 추앙한다. 신풍은 13세기 일본에 쳐들어온 몽골군을 함락한 태풍을 가리켜 '신이 돕는다'는 뜻으로 일본 사람들이 부른 말이다. 미국을 세계대전에 참전하게 만들었던 자폭 테러는 일본에서 신의 바람으로 여겨졌다.

그런가 하면 세계인에게 혁명의 상징이 된 인물도 있다. 아르헨티나 출신의 공산주의 혁명가인 체 게바라는 멕시코 망명 중에 만난 피델 카스트로를 도와 독재정권을 무너뜨리고 쿠바 혁명을 성공으로 이끌었다. 하지만 혁명의 영웅으로 추앙받는 체 게바라도 무장게릴라를 위시한 폭력 혁명으로 반대파를 처형한 장본인이라는 비난에서 자유롭지 못하다. 이렇게 테러리즘은 누가 어떤 편에서 정의하느냐에 따라 정의가 되기도, 불의가 되기도 한다.

서방세계의 제국주의에 맞서 무장공격을 감행하는 무슬림들을 우리는 '열사'라고 부르지 않고 '테러리스트'로 부른다. 하지만 이런 지칭에 과연 아무런 모순도 없다고 할 수 있을까? 파키스탄 출신 작가 모신 하미드(Mohsin Hamid)는 그의 작품 《주저하는 근본주의자》에서 테러리즘의 양면성을 재치 있게 묘사하고 있다. 작가처럼 파키스탄에서 태어나 프린스턴과 하버드 대학교를 나온 주인공 찬게즈는 9 · 11테러 사건을 보도하는 뉴스를 보면서 자신이 느낀 감정을 솔직하게 표현한다. "뉴욕 월드트레이드센터 쌍둥이 건물이 하나둘 무너지더군요. 나는 미소를 지었어요. 그래요. 혐오스럽게 들릴지 모르지만, 나의 첫 반응은 놀랍게도 즐거움이었어요."[5] 그러면서 의미심장한 말을 던진다. "당신네들은 파키스탄인 모두를 잠재적인 테러리스트라고 상상하면 안 돼요. 우리가 당신네 미국인들 모두를 변장한 암살자라고 상상하면 안 되는 것처럼 말이죠."[6]

오늘날 테러와의 전쟁은 국제사회의 보편적 이슈다. 하지만 혼동이 생긴다. 악의 세력으로 규정한 상대방을 타격하는 것은 정의인가, 아니면 테러인가? '테러리스트와는 협상하지 않는다'는 국제사회의 목소리에는 동의하지만, 그 전에 테러리스트는 누가 정의하는가? 방어적 차원으로 정당한 테러가 가능한지에 대해서는 여전히 의문이 제기될 수 있다.

테러리즘은 주요인물이나 건물에 폭탄을 투하하거나, 항공기 또는 인질을 납치하는 방식으로 자행되기 때문에 주로 범죄로 취급된다. 특히 모든 폭력을 악으로 규정하는 비폭력주의의 입장에서 폭력을 동반하는 공격 행위는 허용될 수 없다. 하지만 적어도 선제적 폭력에 대한 저항으로 방어적 차원의 폭력을 사용하는 경우에는 얘기가 달라질 수 있다. 이런 정당방위는 악이 아닌 것으로, 심지어 정의로 여

필요수

〈샤를리 엡도〉 2012년 9월 19일 커버

2015년 1월 7일 프랑스의 시사 만화 잡지 〈샤를리 엡도〉 파리 사무실에 무장 괴한이 침입해 만화가를 포함한 12명이 숨졌다. 이 테러로 프랑스 전역과 세계 각국에서 추모 집회가 잇달았고, 시위는 "내가 샤를리다(Je Suis Charlie)"를 위시한 표현의 자유 논란으로까지 확대됐다.

〈샤를리 엡도〉는 이슬람에서 금기시된 예언가 무함마드에 대한 풍자로 지난 10년간 여러 차례 무슬림들의 분노를 샀다. 이스라엘의 역사학자 슐로모 산드는 '나는 샤를리가 아니다(Je Ne Suis Pas Charlie)!'라는 글에서 〈샤를리 엡도〉의 풍자를 가리켜 이슬람을 테러와 동일시 하는 것은 약자에 대한 공격으로, 표현의 자유로 받아들여져서는 안 된다고 일갈했다. 샤를리가 아니라고 선언하며 표현의 자유에도 한계가 있음을 주장하는 사람들의 가세로 〈샤를리 엡도〉 테러를 둘러싼 논란은 더욱 거세졌다.

겨지며 예외적으로 이해되기도 한다.

테러리즘을 어떻게 규정할지를 두고 정치학자 로버트 페이프 (Robert A. Pape)는 1980년부터 2003까지 발생한 315건의 자살 테러를 분석하여 다음과 같은 결론을 내놓기도 한다.

"자살 테러와 이슬람 근본주의 혹은 세상에 존재하는 어떠한 종교 사이에도 연관성은 없다. (…) 오히려 거의 모든 자살 테러는 대체로 특정한 세속적 전략목표, 다시 말해 현대 민주주의 국가들로 하여금 테러리스트들이 조국이라고 여기는 영토로부터 군대를 철수시키도록 강제하려는 목표를 갖는다. (…) 2001년 9월 11일 이후 미국은 점차 증가하는 자살테러 위협에 대응하기 위하여 이슬람 국가들을 정복하는 정책을 시작했다. (…) 비록 이러한 전략이 여전히 나름 일리가 있지만 미국의 막강한 군사력을 이슬람 국가들에서 유지시키는 것은 또 다른 9·11테러의 가능성을 증가시킬 것이 분명하다."[7]

테러리즘의 원인을 서방세계의 침략에 대한 방어기제에서 찾은 것이다. 이런 관점은 군사적 제압이 테러리즘을 해결할 근본적 방법이 될 수 없다고 지적한다.

비슷한 맥락에서 찰스 타운센드(Charles Townshend)는 테러리즘을 '누군가에게 테러리스트는 다른 누군가에게 자유의 투사일 수도 있다'는 상대주의 입장에서 설명한다. 타운센드는 테러리즘을 "상식의 논리에서 일탈하는 것"이고 "정당화될 수 없을 뿐만 아니라 '영혼이 결여된' 광기"[8]라고 규정하면서도 그 정의가 항상 당사자가 아닌 제3자에 의해 이루어짐을 지적한다. "테러리스트는 제3자가 그들에게 부과하는 딱지이며, 특히 누구보다도 테러 공격을 받은 국가의 정부가 찍는 낙인이다."[9]

테러리즘을 어떻게 정의하느냐는 보다 본질적인 차원에서 논의될 수도 있다. 발터 벤야민은 폭력을 '신화적 폭력'과 '신의 폭력'으로 구분했다. 여기서 신화적 폭력은 새로운 (실정)법을 정립하고 기존의 법을 보존하는 폭력을, 신의 폭력은 법 바깥에 있기에 어떠한 법도 정립하지 않을 뿐더러 법을 파괴하는 폭력을 의미한다. 그에 따르면 전자는 피를 흘리게 하고 희생을 요구하는 폭력이기 때문에 부정적이지만 후자는 피를 흘리게 하지도 희생을 요구하지도 않는 폭력이기 때문에 긍정적이다.

모든 영역에서 신이 신화와 대립하는 것처럼, 신화적 폭력은 신의 폭력과 대립한다. 더욱이 신의 폭력은 모든 측면에서 신화적 폭력의 반대를 나타낸다. 신화적 폭력이 법정립적이라면, 신의 폭력은 법파괴적이고, 전자가 경계들을 설정한다면 후자는 이것들을 경계 없이 파괴하고, 신화적 폭력이 죄를 짓게 만들면서 동시에 속죄시킨다면 신의 폭력은 면죄해주고, 전자가 위협한다면 후자는 내려치고, 전자가 피를 흘리게 만든다면 후자는 피를 흘리지 않고 목숨을 앗아간다.[10]

폭력을 신화적인 것과 신적인 것으로 구분하는 입장은 조르조 아감벤(Giorgo Agamben)에게서 다시 확인되고 좀더 진화된다. "신의 폭력은 법을 제정하지도 보존하지도 않으며 다만 그것을 탈정립할

뿐"이고, "이 두 가지 폭력 사이의 결합관계, 나아가 폭력과 법 사이의 결합관계가 바로 법의 유일한 실제 내용이라는 것을 보여주는" 동시에 이러한 연결고리를 해체한다.[11]

이와 유사한 듯 보이지만 위르겐 하버마스(Jürgen Habermas)와 자크 데리다(Jacques Derrida)의 입장은 조금 다르다. 9·11테러를 주제로 하버마스, 그리고 데리다와 대화를 나눈 보라도리(Giovanna Borradori)는 폭력에 대한 그들의 생각을 다음과 같이 정리하고 있다.

> 하버마스처럼 테러리즘의 정치적 영역을 테러리즘의 목표와 결합시키는 것은 최소한 서로 다른 세 가지 종류의 테러리즘을 구분할 수 있게 해준다. 즉 무차별적인 게릴라 전쟁, 준군사적인 게릴라 전쟁, 전지구적인 테러 행위가 바로 이에 해당한다.[12]

이러한 구분에 따를 때 9·11테러는 전지구적 테러 행위에 속하는데 "만약 전지구적 테러리즘이 현실주의적인 정치적 목표를 갖고 있지 않다면 그러한 테러리즘은 일상적인 범죄 행위, 즉 불법적인 폭력으로 분류될 수 있다."[13]

반면 데리다는 테러리즘의 요인을 현상의 이면에서 찾는다.

> 데리다의 해석에서 9·11이란 위기를 예측했어야 했던 체계 내부에서 일어난 자가면역적 위기의 증상이다. 자가면역이란 유기체를 외부의 공격으로부터 보호해주리라 가정되어 있는 방어기제 그 자체의 자발적인 자살이다.[14]

한편 테러의 표적이 된 국가의 입장에서는 폭력을 어떻게 단죄할 것인가에 대한 문제가 제기될 수도 있다.

> 테러 행위자 또는 잠재적 테러 행위자를 범죄 혐의자
> 가 아니라 적군으로 파악하는 순간, 그는 형사법이 아니라 무장 분쟁
> 에 관한 법(법의 적용을 군이 받아야 한다면)의 적용을 받게 되는데 (…)
> 미국은 제대로 정의하기 어려운 적을 향하여 전 세계를 전쟁 장소로
> 삼아 무기한의 전쟁을 펴는 상황으로 치달았다."[15]

이처럼 테러리스트와 그 표적이 된 대상의 입장은 첨예하게 갈릴 수밖에 없다.

하지만 한 가지 분명한 사실은 '정당한 테러리즘'이 없다면, 대의에 목숨을 바친 열사의 행위도 정당화될 수 없다는 것이다. 따라서 테러리즘이 예외적으로 허용될 수 있다고 볼 엄격한 기준을 확인할 필요가 있다. 여기에는 상대방의 선제적 폭력이 객관적으로 존재하였다는 사실과 거기에 방어적·저항적 폭력으로 대처할 수밖에 없는 불가피한 사정의 입증이 전제되어야 할 것이다. 다시 말해 정당방위 논리처럼[16] 정당한 테러리즘이 인정되려면 선제적 폭력의 객관적 존재와 과도함, 그로 인한 피해의 심각성, 테러리즘으로밖에 저항할 수 없는 상황적 불가피성, 저항으로서 행사되는 테러리즘의 강도와 규모 등이 전반적으로 고려되어야 한다.

역사의 한가운데서 : 대한민국의 열사들

대의를 위해 순교한 자의 유가족이 겪어야 할 삶의 고통은 상상을 초월한다. 특히 희생자가 가족의 생계를 책임져야 할 사람이라면 그의 죽음으로 유족은 생계가 막연하게 되어 생존 자체를 위협받는 상황에 놓인다. 공동체 전체가 이들을 품어야 할 이유가 여기에 있다. 국가와 민족을 위해 목숨을 바친 대가가 남은 가족들의 고통스런 삶이라면, 아무리 위대한 대의라 할지라도 기꺼이 자신의 목숨을 거는 사람은 없을 것이다.

대의를 그토록 강조하면서도 희생자의 유가족을 돌보지 않는다면, 그 공동체는 무책임하고 위선적이라는 비난에서 자유로울 수 없다. 국가와 민족, 대의는 모두 실천적 가치가 아니라 정권의 선전을 위해 동원된 명분일 뿐이기 때문이다. 다만 정당한 보상을 넘어서는 과도한 대우는 자칫 '위대한 부모를 둔 덕을 본다'는 오해를 불러일으킬 수도 있으므로 그 기준을 정할 필요가 있다. 이런 원칙에 입각해 우리나라도 해방과 민주화에 기여한 열사들의 죽음을 국가 차원에서 보상하도록 법으로 정하고 있다.

일본 제국주의에 항거하여 목숨을 아끼지 않은 독립유공자의 헌신을 기리기 위하여 제정된 법률이 독립유공자예우에 관한 법률(이하 독립유공자법)이다. 이 법은 독립유공자를 '애국지사'와 '순국선열'로 구분한다. 애국지사는 "일제의 국권침탈(國權侵奪) 전후로부터 1945년 8월 14일까지 국내외에서 일제의 국권침탈을 반대하거나 독립운동을 위하여 일제에 항거한 사실이 있는 자로서, 그 공로로 건국훈장·건국포장(褒章) 또는 대통령 표창을 받은 자"를, 순국선열은 그로 인해 순국한 자를 뜻한다(동법 제4조).

죽음을 다루는 이 책의 관심 대상은 조국의 독립을 위하여 목숨을 바친 순국선열이다. 순국선열은 자신의 죽음으로 조국의 독립에 기여했지만 그로 인해 자신의 인생을 포기해야 했다. 또한 그로 인해 유족들의 생활은 어려워졌다. 이렇게 국가에 대한 공헌과 유족의 생계보장을 위해 순국선열의 희생은 보상받아야 마땅하다. 독립유공자에게는 '보훈급여금'이 지급되는데 이것은 보상금과 사망일시금 및 생활조정수당으로 구분된다(동법 제11조 제1항).

한편 해방 후에도 국가를 위해 희생한 사람들의 애국심을 기리고 보상할 필요가 있는데, 이러한 목적으로 제정된 법률이 국가유공자 등 예우 및 지원에 관한 법률(이하 국가유공자법)이다. 법은 순국선열과 애국지사를 포함해 전몰군경, 순직군경, 참전유공자, 4·19혁명사상자 및 공로자, 순직공무원, 국가사회발전 특별공로순직자 등을 국가유공자로 인정한다.*

하지만 현실적으로는 주로 군인이나 경찰이 국가를 위한 전투나 직무수행 중에 목숨을 잃는 경우가 많다. 국가유공자법은 이러한 사람들을 전몰군경이나 순직군경으로 지칭한다. 헌법은 특별히 국가유공자와 상이군경** 및 전몰군경의 유가족에게 우선적으로 근로기회를 제공하도록 요구함으로써(헌법 제32조 제6항) 국가유공자에 대해 특별한 배려를 하고 있다. 한편 유공자라 하더라도 그 희생과 공헌의

---

* 이 법에 따른 국가유공자 인정 대상 및 지원내용, 등록신청 등은 국가보훈처 홈페이지 참조.

** 군인이나 경찰, 군무원으로 직무수행 중에 부상을 입은 자.

정도는 다르기 때문에 국가유공자법은 희생 정도와 생활 수준, 연령 등을 고려해 보상 정도에 차이를 두고 있다.

5·18민주화운동은 1980년 5월 18일을 전후하여 군사정부의 출현에 반대하고 저항함으로써 민주주의를 수호하기 위한 운동이었다. 비록 군부세력의 폭력적 진압으로 비참한 종말에 이르렀지만 한국사회에서 민주주의의 가치를 확인하고 민주주의를 신장시키는 데 기여했다고 평가된다. 5·18민주화운동 관련자 보상 등에 관한 법률은 5·18민주화운동과 관련하여 희생당한 사람들에 대한 보상을 위하여 1990년에 제정됐다. 이 법에 따라 5·18민주화운동과 관련하여 사망하거나 행방불명으로 확인된 사람의 유족에 대해 보상금을 지급한다(동법 제5조 제1항).

5·18과 비슷한 시기에 발생한 부마민주항쟁에서도 수많은 희생자가 발생했다. 부마민주항쟁은 1979년 10월 16일부터 10월 20일까지 부산과 마산 및 창원 등 경남 일원에서 유신체제에 대항하여 발생한 민주화운동을 말한다. 2013년에 부마민주항쟁 관련자의 명예회복 및 보상 등에 관한 법률(이하 부마항쟁보상법)이 제정되어 희생자에 대한 보상의 근거가 마련되었다. 부마항쟁보상법은 부마항쟁의 진상을 규명하고, 관련자와 그 유족에 대하여 국가가 명예를 회복시켜 주며, 그에 따라 관련자와 그 유족에게 실질적인 보상을 하는 업무를 수행하기 위해 제정됐다. 국무총리 소속 부마민주항쟁 진상규명 및 관련자명예회복 심의위원회는 3년 동안 이와 관련한 업무를 수행하게 된다.

같은 취지로 민주화운동을 하다가 희생당한 사람들에 대한 명예회복과 보상을 위하여 2000년 민주화운동 관련자 명예회복 및 보상 등에 관한 법률도 제정되었다. 이 법에 따르면 '민주화운동'은 "1964년 3월 24일 이후 자유민주적 기본질서를 문란하게 하고 헌법에 보장된 국민의 기본권을 침해한 권위주의적 통치에 항거하여 헌법이 지향하는 이념 및 가치의 실현과 민주헌정질서의 확립에 기여하고 국민의 자유와 권리를 회복·신장시킨 활동"으로 정의된다(동법 제2조 제1호). 5·18민주화운동이나 부마민주항쟁과 마찬가지로 오랫동안의 권위주의 통치기간을 보낸 대한민국에서 민주주의를 지키기 위한 시민운동을 전개하다가 사망한 사람들에 대해서는 공동체 전체가 보상할 필요가 있다. 공동체 구성원들이 누리는 민주주의의 혜택은 민주주의의 수호와 향상을 위하여 목숨을 바친 사람들의 희생이 있었기에 가능한 것이기 때문이다.

Jurisprudential Thoughts on Death

12

의문사
죽음의 은폐

이 국가는 무시무시한 협박으로
이 개인에게 친구를 포기하고 연인을 떠나길,
자신의 신념을 버리고 미리 정해진 것을 받아들이길,
익숙하지 않은 방식으로 인사하고 좋아하지 않는 방식으로 먹고 마시길,
경멸하는 활동에 여가 시간을 바치고 마뜩지 않은 모험에 자신을 내맡기길,
자기 과거와 자아를 부정하길,
게다가 이 모든 것에 대해 끊임없이 열광하며 감사하는 모습을 보이길 요구한다.
개인은 이 모든 것을 원하지 않는다.

– 제바스티안 하프너(Sebastian Haffner),《어느 독일인 이야기》중에서

노벨문학상을 수상한《백년 동안의 고독》의 작가 가브리엘 가르시아 마르케스(G. García Márquez)는 수상 연설에서 폭력으로 얼룩진 라틴아메리카의 역사, 특히 수많은 의문사를 언급하며 이것을 "라틴아메리카의 고독"이라고 표현했다.

다섯 번의 전쟁과 열일곱 번의 군사쿠데타가 일어났고, 신의 이름으로 우리 시대의 첫 민족문화 말살을 감행하는 독재자도 출현했습니다. (…) 실종자 수는 무려 12만여 명에 이르고, 이는 웁살라의 모든 시민을 다 헤아려도 모자랍니다. (…) 이런 현실을 바꿔보겠다고 노력하다 20만여 명에 가까운 남녀가 라틴아메리카 대륙에서 숨졌고, 중앙아메리카의 작고 불운한 나라 니카라과, 엘살바도르, 과테말라에서 목숨을 잃은 사람도 10만 명이 넘습니다. (…) 라틴아메리카로부터 망명했거나 강제 이주 당한 사람들로 나라를 세운

다면 그 인구는 노르웨이의 인구보다 많을 것입니다.[1]

    오랜 이념대립과 군사정부의 역사를 가진 한국 근현대사의 실상도 크게 다르지 않다. 이념갈등으로 인한 의문의 집단학살이 여러 차례 발생했지만 진상규명은 제대로 이루어지지 않았고, 군사정부의 독재에 항거하여 민주화운동에 헌신한 수많은 인사들이 의문사를 당했지만 아직도 그 사망원인이 명확하게 드러나지 않은 경우가 많다. 여기에는 의문사 규명에 극렬하게 반대하는 의견과 그러한 반대에 암묵적으로 동조하는 사회적 분위기, "과거는 잊고 미래로 나아가자"는 성찰 없는 긍정주의도 한몫을 했다. 그러다 1992년 문민정부가 들어서고, 1997년 국민의 정부에 이르러서야 비로소 의문사의 문제를 국가 차원에서 해결하려는 시도가 이루어졌다.

    의문사 가운데는 사망의 원인이 의도적으로 은폐되거나 조작되는 경우가 많다. 의도적이든 우발적이든 공권력에 의해 죽음이 발생하면 그 죽음을 은폐하는 과정에서 죽음의 원인도 은폐된다. 수사기관의 고문에 의하여 피의자가 숨지거나, 군내 가혹행위에 의해 병사가 사망하는 경우가 대표적인 예다. 사건을 은폐하려는 수사기관이나 군 수뇌부는 사망의 원인마저도 조작한다. 고문이나 가혹행위에 의한 죽음이 종종 자살로 조작되는 경우가 이에 해당한다. 살인 행위로 인하여 죽음에 이르게 된 증거들은 인멸되고, 죽음은 자살을 암시하는 증거들로 조작된다. 심지어 정권 차원에서 조직적으로 은폐된 의문사는 해당 정권의 임기가 만료될 때까지 사망의 원인을 밝히기 어렵다.

 따라서 의문사의 경우에는 사인을 포함한 사건의 실체를 규명하는 것이 무엇보다도 중요하다. 의문사는 사인이 불분명한 만큼 죽음의 원인에 대한 합리적인 의심이 제기될 수 있고, 따라서 범죄로 인한 죽음과 마찬가지로 철저한 진상규명이 필요하다. 여기서 죽음이 국가의 공권력에 의한 것으로 밝혀지면 책임자를 처벌하고 피해자에 대한 정당한 배상을 하는 것도 우리에게 남겨진 과제일 것이다.

 영국은 1972년 1월 30일에 발생한 이른바 '피의 일요일 사건'*의 실체적 진실을 규명하기 위하여 조사위원회를 구성하고, 위원장인 대법관 마크 새빌의 이름을 따 그 결과를 '새빌 보고서(Saville Report)'로 발표하였다. 12년에 걸쳐 거의 2억만 파운드(한화 약 3,200억 원)가 들어간 조사의 결과를 담은 이 보고서에 따르면 영국군은 14명의 무고한 북아일랜드 시민에게 총격을 가하고도 이를 마치 무장한 시민이 먼저 발포한 것처럼 꾸몄다. 존 레논은 사건이 발생한 그해 'Sunday Bloody Sunday'라는 노래로 대중의 분노를 담아내기도 했다. 이후 38년이 지난 2010년에야 영국 총리는 이 사건을 공식 사과하고 피해자에 대한 보상을 약속했다.

민주주의가 있기까지

 1975년 8월 17일, 산행을 갔던 한 사내가 14미터 절벽에서 추락

---

* 1972년 1월 북아일랜드의 런던데리에서 영국군이 시위 중이던 비무장 시민들에게 총격을 가해 14명이 사망하고 13명이 부상을 입은 사건. 당시 영국 정부는 조사보고서를 통해 시민들 사이에 무장한 군중이 포함돼 있었다고 주장했고, 이후 새빌 보고서가 나오기까지 조직적으로 이 사건을 은폐 · 조작했다.

해 사망하는 사고가 발생한다. 경찰은 휘어진 소나무를 잡다가 발생한 실족사로 결론을 내렸지만 상처가 남지 않은 시신 때문에 끊임없이 타살 의혹이 제기되었다. 광복군으로 독립운동에 가담했고 해방 후에는 민주화에 투신했던 장준하 선생의 이야기다. 그는 언론인이자 정치가로 박정희 정권의 독재와 영구집권 기도, 유신헌법에 반대하는 운동을 꾸준히 전개해온 인사였다. 뿐만 아니라 자신이 창간한 〈사상계〉에 줄곧 당시 군사정변으로 대통령에 오른 박정희를 비판하는 글을 게재하기도 했다.

2002년 의문사 진상규명 위원회는 그의 죽음을 두고 추락사일 가능성이 희박하지만 진상규명이 불가능하다는 결론을 내렸다.[2] 위원회의 발표가 있은 지 10년이 지난 2012년 8월, 묘지를 이장하는 과정에서 그의 유골이 발견되었고 두개골에 외부가격에 의해 함몰된 것으로 의심되는 흔적이 발견되면서 그의 죽음에 대한 의혹은 더욱 증폭되었다.[3]

이렇게 역사 속에는 사망의 원인이 명확하게 밝혀지지 않은 죽음이 존재한다. 이런 죽음의 원인을 밝히기 위해 2000년 1월 의문사에 관한 법률이 최초로 마련되었다. 의문사진상규명에 관한 **특별법**은 민주화 과정에서 발생한 의문사를 규명하기 위해 제정되었다. 법에 따르면 의문사는 "민주화운동과 관련한 의문의 죽음으로서 그 사인이 밝혀지지 아니하고 위법한 공권력의 직·간접적인 행사로 인하여 사망하였다고 의심할 만한 상당한 사유가 있는 죽음"으로 정의된다(동법 제2조 제1호). 이 법에 따라 대통령 소속으로 의문사 진상규명 위원회가 설치되었는데[4] 위원회는 의문사 대상자를 선정하고, 의문의

의료수

죽음을 당한 사람에 대하여 조사하는 업무를 담당하였다.

의문사에 대한 조사는 '진정'이나 '직권'으로 시작되었다. 우선 의문사를 당한 사람과 친족관계에 있는 사람이나 의문사에 관하여 특별한 사실을 알고 있는 사람은 의문사위원회에 진정할 수 있고, 진정을 받은 위원회는 각하사유*에 해당하지 않는 한[5] 지체 없이 필요한 조사를 실시해야 했다. 반드시 친족관계가 아니더라도 의문사에 관하여 알고 있는 사람이라면 진정을 할 수 있도록 주체를 확대한 것이 특징이다. 한편 진정이 없어도 의문사에 해당한다고 인정할 만한 상당한 근거가 있고 그 내용이 중대하다고 인정될 때에는 위원회가 직권으로 필요한 조사를 실시할 수도 있었다. 직권조사 가능성까지 열어둠으로써 의문사를 규명할 수 있는 여지를 확대한 것이다.

법이 제정될 당시에 진정은 2000년 12월 31일까지만 허용되었고, 조사 기간은 원칙적으로 조사를 개시한 후 6개월 이내이지만 1회에 한하여 3개월까지 연장할 수 있었다. 그러다 2001년 7월에 법을 개정하면서 최대 3회(1회당 최대 3개월)까지로 늘었고, 2002년 3월의 법률개정으로 조사기간은 2002년 9월 16일까지로 확정되었다. 하지만 그해 12월에 법률이 다시 개정되면서 조사가 미진해 '진상규명불능'으로 결정된 사건이나 기각된 사건 중 진정인이 객관적으로 명백한 새로운 증거를 첨부하여 이의를 제기한 사건에 대해서는 조사 기간을 연장할 수 있는 길이 열렸다. 다만 이 경우에도 위원회 재적위원 전원이 추가적인 진상규명이 필요하다고 결정한 사건이어야 했다. 이 법은 2009년 4월 1일에 최종적으로 폐지되었다.

---

* 진정이나 소송이 정해진 형식이나 요건을 갖추지 못해 재판이나 행정 처분의 대상이 되지 못하는 경우.

2002년 9월 16일까지 활동한 1기 의문사위원회는 총 82건의 사건 중 19건을 민주화운동과 관련된 의문사로 결정하였다(각하 2건, 취하 1건 제외).[6] 한편 2004년 6월까지 활동한 2기 의문사위원회는 1기 사건 44건을 재조사하여 이 가운데 11건을 의문사로 결정하였다. 1기 위원회에서 규명된 대표적 사건으로는 1975년 대법원에서 사형이 확정된 지 18시간 만에 8명의 사형을 집행한 인민혁명당(인혁당) 사건이 있고, 2기 위원회에서는 장준하 사건에 대한 진상조사를 포함하여 고문에 의한 조작사건 등의 진상이 규명되었다.

의문사위원회는 그밖에도 서울대 법대 재직 시절 중앙정보부에서 조사를 받던 중에 투신자살한 것으로 발표된 최종길 교수 사건을 정보기관이 조작한 사실을 밝혀내고, 전두환 정권 시절 강제징집한 대학생들을 학내 프락치로 동원한 이른바 '녹화사업'의 실체를 밝혀내기도 했다.[7] 하지만 대부분의 의문사가 단기간에 규명하기 어려운 사건이었고, 국가기관도 비협조적인 태도로 일관해 의문사위원회는 이 같은 성과에도 불구하고 성공적으로 활동했다는 평가를 받지 못하고 있다.

근·현대사의 그늘, 과거사

1910년 국권이 일제에 의해 강탈당하고, 1945년 해방되어 미군정을 거쳐 정부를 수립한 이후에도 오랜 독재와 군부 정권을 거치는 동안 인권유린은 끊이지 않았다. 일제는 제국주의 전쟁을 수행하기 위하여 한국 청년들을 강제로 징용하여 전쟁에 참여시키고 젊은 여성들을 일본군 위안부로 징용하여 성노예로 삼는 만행을 저질렀다. 또한 미군정과 한국전쟁 당시에 여러 차례 민간인 학살 사건이 발생했고, 군사정부 시절에는 독재에 반대하는 민주화운동에 대한 가혹한 탄압이 자행되었다.

'과거사'의 한켠에는 이처럼 불법적 인권유린의 역사가 자리하고 있다. 불행한 역사를 정리하고 청산함으로써 다시는 같은 역사를 반복해 억울한 죽음이 재발하지 않도록 하는 것은 오늘날 우리 사회에 주어진 시대적 요구다. 2005년 5월에 제정된 진실·화해를 위한 과거사정리 기본법(이하 과거사정리법)은 항일독립운동, 반민주적 또는 반인권적 행위에 의한 인권유린과 폭력·학살·의문사 사건 등을 조사하여 왜곡되거나 은폐된 진실을 밝혀냄으로써 민족의 정통성을 확립하고 과거와의 화해를 통해 미래로 나아가기 위한 국민통합에 기여하는 데 그 목적이 있다. 이에 따라 법은 국가에 진실규명 사건 피해자의 피해 및 명예의 회복을 위하여 노력하고, 가해자에 대하여 적절한 조치를 취하며, 국민 화해와 통합을 위하여 필요한 조치를 해야 하는 의무가 있음을 명시하였다.

과거사정리법은 일제 강점기 직전의 항일독립운동 시기부터 현재까지의 의문사를 조사하기 위한 기구로서 진실·화해를 위한 과거사정리 위원회를 설치했다.[8] 위원회의 조사대상에는 항일독립운동, 대한민국의 주권을 지키기 위한 해외동포활동, 해방 후 한국전쟁을 전후로 벌어진 민간인 학살, 권위주의 정권의 부당한 공권력 행사로 인한 사망·상해·실종사건, 같은 시기의 인권침해 및 조작의혹 사

건, 대한민국 적대 세력에 의한 테러·인권유린과 폭력·학살·의문
사 등이 포함되었다.

과거사위원회는 원칙적으로 조사개시를 결정한 후 4년간 진실규
명활동을 할 수 있지만 이 기간 내에 조사를 완료하기 어려운 경우
에는 최대 2년 이하로 그 기간을 연장할 수 있었다. 의문사와 마찬가
지로 과거사 조사는 '신청'이나 '직권'으로 수행되었다. 우선 당사자
나 친족 혹은 진실규명 사건에 관하여 특별한 사실을 알고 있는 사
람은 과거사위원회에 진실규명을 신청할 수 있었다. 신청은 이 법률
의 시행일부터 1년 이내에 이루어져야 하며(동법 제19조 제1항 및 제2
항), 과거사위원회는 각하사유에 해당하지 않는 한[9] 지체 없이 필요
한 조사를 수행하여야 했다(동법 제22조 제1항). 한편 역사적으로 중
요한 사건으로서 진실규명 사건에 해당하는 경우 위원회가 이를 직
권으로 조사할 수도 있었다(동조 제3항).

조사는 대체로 유족 및 참고인의 진술을 토대로 제적등본이나 재
소자명부 등 사건 당시의 상황을 뒷받침하는 자료를 검토하는 방법
으로 이루어졌다. 위원회는 객관적이고 공정한 활동을 위해 내부 처
리기준을 마련했지만 조사관들의 개인적 판단기준이 작용함으로써
그 한계를 드러냈다. 조사보고서에는 참고인의 진술 가운데 조사관
이 중요하다고 판단한 부분만이 발췌되거나 축약되어 있어 조사관
의 주관적인 선별과 해석·평가가 개입될 수밖에 없었다. 따라서 심
의 과정에서 조사보고서의 내용과 사실관계를 재확인하는 절차가
필요했으나, 과거사위원회는 오로지 보고서를 토대로 최종적인 결정
을 내렸다.

군에서의 죽음

1984년 4월 강원도 화천군에 위치한 육군 제7사단에서 휴가를 하루 앞둔 병사가 M16 총탄 세 발을 맞고 사망하는 사건이 발생한다. 유족은 자살하기 위해 머리와 가슴에 세 발의 총탄을 발사했다는 사실을 납득할 수 없어 타살이라고 주장했으나 군은 그의 죽음을 자살로 결론 내렸다. 1998년 2월 24일 판문점 공동경비구역(JSA)에서는 경비소대장인 김훈 중위가 사망한 채 발견된다. 오른쪽 머리에 총상을 입은 김 중위의 사망을 두고 군은 자살이라는 결론을 내렸지만 유족은 자살 동기가 불분명하고 손에서 화약흔이 발견되지 않았다는 점 등을 들어 타살 의혹을 제기했다.

1980년부터 2005년까지 군대 내에서 사망한 사람은 총 10,970명에 이르고, 이 가운데 자살한 사람은 4,088명이라는 통계가 있다.[10] 징병제로 운영되고 계급에 기초한 폭력에 익숙한 한국 군대의 특성상 군내 가혹행위는 끊이지 않고 있다. 군기강화를 목적으로 자행되는 이른바 '얼차려'도 이런 집단적 폭력을 부추기고 있다. 폭력적 군대 문화는 남성우월주의와 가부장적 위계질서를 만들어내는 계기로서 '남성성'으로 상징화되기도 한다.[11] 의문사 사건이 언론에 보도될 때마다 군은 여론을 의식해 갖가지 대책을 내놓는다. 하지만 자백과 가혹행위에 의존하는 수사관행, 억압과 폭력으로 유지되는 군대 문화가 근절되지 않는 한 의문사는 계속될 개연성이 크다.

이처럼 특별히 군대에서 발생한 의문사의 진실을 밝히기 위해 2005년 7월 군의문사 진상규명 등에 관한 특별법(이하 군의문사법)이 제정되었다. 이 법률에 따라 2006년 1월 군의문사 진상규명 위원회가 설치되었고,**12** 위원회는 군의문사와 관련된 진정의 접수, 조사대상의 선정, 진상조사, 고발·수사의뢰, 피해구제 및 명예회복 요청 등의 업무를 수행했다. 유족이나 군의문사에 관하여 특별한 사실을 알고 있는 사람은 위원회에 진정을 할 수 있었고, 진정은 시행일부터 1년 이내에 이뤄져야 했다(동법 제15조 제1항 및 제2항). 위원회는 진정이 각하사유에 해당하지 않는 한**13** 지체 없이 필요한 조사를 해야 했다(동법 제18조 제1항). 이어지는 판례는 대법원에 제기된 국가배상소송으로 군의문사 사건의 진상이 규명되는 과정을 보여준다.

A는 신병훈련을 마치고 1991년 1년 25월에 보병부대로 배치되었다. 부대에서는 군기를 잡는다는 미명 하에 조직적인 구타와 가혹행위가 일상적으로 행해졌다. 특히 새로 전입한 A는 입대 전 학생운동 경력이 있다는 이유로 더 관심을 갖고 군기를 잡으라는 지시가 중대장과 소대장 등으로부터 하달되었다. A는 일명 군기조 선임들로부터 매일 수시로 복장단정, 군가암송, 서열암기 등의 군기교육을 빙자한 갖은 구실로 곡괭이 자루로 매질을 당하고, 전투화로 걷어차이고, 주먹으로 가슴을 가격당하고, 뺨과 머리를 얻어맞고, 머리를 땅에 박고 기합을 받는 등 온갖 신체적 폭력과 폭언에 시달렸다. 결국 A는 전입한 지 채 열흘도 지나지 않은 2월 3일 오후에 부대 철조망 인근 소나무에 목을 매어 자살한 채 발견되었다. 2009년 3월 군의문사 진상규명 위원회의 조사 결과 이전부터 소속부대 지휘관들은 일상적인 구타와 가혹행위가 행해지는 사실을 알고 있었음에도

이를 묵인하였고, A의 사망 후에는 병사들에게 A에게 일어난 사실을 비밀로 할 것을 지시한 사실이 밝혀졌다. 이에 유족들은 국가를 상대로 손해배상을 청구하는 소송을 제기하였다. 법원은 비록 군 당국이 국가배상청구권* 행사를 직접적으로 방해한 적은 없다고 하더라도, A의 자살이 부대관계자들의 관리·감독 소홀 등의 불법행위로 인한 것임이 진상규명을 통해서야 밝혀졌고, 군 당국의 사고원인 은폐 내지는 부실한 사고원인 조사로 결과가 나오기까지 손해배상청구를 할 수 없는 객관적 장애가 있었다고 보았다.

대법원 2011. 10. 13. 선고 2011다36091 판결 참조

위 사건은 유족들이 A의 사망일로부터 5년의 소멸시효 기간을 훨씬 넘겨서야 국가를 상대로 손해배상을 청구한 사건이다. 피고인 국가는 소멸시효가 지났음을 항변하였으나 대법원은 국가의 항변을 신의성실의 원칙**에 반하는 권리남용으로 보고 원고의 손을 들어주었다.

군의문사위원회는 2006년 1월 1일부터 2008년 12월 31일까지 2년 동안만 한시적으로 활동하는 기구로 발족했다. 군의문사위원회는 조사를 개시하기로 결정한 날로부터 1년 이내에 조사를 완료하여야 했다. 다만 이 기간 내에 조사를 완료하기 어려운 때에는 위원회의 심의·의결을 거쳐 최대 6개월 이내로 그 기간을 연장할 수 있었다

---

* 공무원의 직무상 불법행위로 손해를 입은 국민이 국가 또는 공공단체에 대하여 배상을 청구할 수 있는 권리로, 본문에 인용된 사례의 경우 손해를 안 날부터 5년 이내에 소송을 제기해야 한다.

** 상대방의 신뢰에 반하지 않도록 행동할 것을 요구하는 법원칙으로, 신의칙이라고도 한다. 소송에서 이 원칙에 반하여 자신에게 유리하거나 상대에게 불리한 상태를 만들어 이를 이용했는지 여부는 소송 당사자의 주장이 없어도 법원의 직권으로 판단할 수 있다.

(동법 제23조 제1항 및 제2항). 하지만 2년이라는 시간제한 때문에 많은 사건이 종결되지 않은 채 묻히게 되자 유가족의 항의로 활동기간을 1년 연장하였다. 그러나 여전히 진정된 사건 수에 비해 턱없이 부족한 시간으로 군의문사위원회는 수많은 의문사 사건의 진상을 밝히지 못한 채 활동을 종료하고 말았다.

집단학살

4·3사건은 한국에서 이념대립으로 발생한 대표적인 집단학살 사건이다. 해방 후 미군정 체제 하에서 통일 조국 건설을 주장하던 남로당 무장대는 1948년 4월 3일 경찰서 공격을 감행한다. 이를 진압하는 과정에서 미군정과 군정관리들은 제주도민 전체를 배후로 지목해 한라산 일대에 계엄령을 선포했고 1954년 9월 21일까지 남녀노소 할 것 없이 수많은 도민들이 억울하게 희생당했다.

4·3사건으로 숨진 영혼들을 위로하기 위하여 만들어졌다는 영화 〈지슬〉(2013)은 국군의 폭도소탕 작전을 피해 동굴로 숨어 들어가 '지슬(감자를 부르는 제주 방언)'을 나눠먹으며 삶에 대한 희망을 놓지 않았던 주민들의 이야기를 한 폭의 수묵화 같은 영상에 담아내고 있다. 앞서 현기영의 소설 〈순이 삼촌〉, 조성봉 감독의 독립 다큐멘터리 〈레드 헌트〉(1997) 등에서도 4·3사건이 본격적으로 다뤄졌지만 '금서'와 '이적표현물'이 되는 수난을 겪었다. 사건이 세상에 알려지기까지 50년이 넘게 걸린 셈이다.

기억하고 반성하지 않으면 아픈 역사는 반복된다. 그래서 오래전에 발생한 집단학살 사건을 기억하고 진상을 규명하기 위하여 제정된 제주4·3사건 진상규명 및 희생자 명예회복에 관한 특별법(이하 4·3 사건법)은 특별한 의미를 가진다. 2000년 제정된 이 법은 '제주4·3 사건'을 "1947년 3월 1일을 기점으로 1948년 4월 3일 발생한 소요 사태 및 1954년 9월 21일까지 제주도에서 발생한 무력충돌과 그 진압과정에서 주민들이 희생당한 사건"으로 정의한다. 이 법에 따라 사건의 진상을 규명하고, 희생자 및 유족을 심사·결정하며, 그들의 명예회복에 관한 사항을 심의·의결하기 위하여 국무총리 소속으로 제주4·3사건 진상규명 및 희생자 명예회복 위원회가 설치되어 활동하고 있다.

한편 한국전쟁 당시 거창, 함양, 산청 등에서도 719명의 양민이 학살이 자행됐다. 거창양민학살사건으로 불리는 이 사건으로 1951년에 발생한 거창 양민학살 사건을 포함하여 공비토벌을 이유로 국군의 작전 수행 중 주민들이 희생됐다.[14] 4·3사건법보다 1년 먼저인 1999년에 제정된 거창사건 등 관련자의 명예회복에 관한 특별조치법(이하 거창사건법)은[15] 이 사건의 사망자 및 그 유족을 결정하고 명예회복에 관한 사항을 심의·의결하기 위하여 국무총리 소속으로 거창사건 등 관련자 명예회복심의위원회를 설치하였다.

또한 한국전쟁 당시 미군에 의해 자행된 민간인 학살 사건도 있었다. 그 대표적인 사례가 '노근리 사건'이다. 노근리 사건은 한국전쟁이 발발하고 한 달쯤 지난 1950년 여름, 후방의 안전한 곳으로 피난시켜줄 것이라는 미군의 말만 믿고 남쪽으로 내려가다 노근리 쌍굴

다리 밑에 모여 있던 수백 명의 피난민을 미군이 무차별적인 전투기 폭격과 기관총 난사로 참혹하게 학살한 사건이다. 이 사건은 다섯 살 난 아들과 두 살 된 딸을 이 사건으로 잃은 정은용의 실화소설《그대, 우리의 아픔을 아는가》로 세상에 알려졌고, 142명의 배우들과 229명의 스텝들 모두 무보수로 참여한 영화〈작은 연못〉(2010)으로 그려지기도 했다.

노근리사건 희생자 심사 및 명예회복에 관한 특별법(이하 노근리사건법)은 "1950년 7월 25일부터 7월 29일까지 충청북도 영동군 영동읍 하가리 및 황간면 노근리 일대에서 발생한 민간인학살 사건"으로 이를 정의하며 희생자 및 그 유족의 심사·결정과 명예회복에 관한 사항을 심의·의결하는 '노근리사건 희생자 심사 및 명예회복 위원회'를 설치하였다.

한국전쟁으로 무고하게 희생된 민간인(양민)의 실상을 파악하고 기억하는 것은 다시는 역사의 비극이 반복되지 않도록 하겠다는 공공의 다짐이기도 하다. '거창사건법'이나 '노근리사건법'은 그러한 맥락에서 중요한 의미를 가지는 입법으로 평가된다.

사실 인류는 수많은 집단학살을 경험하였다. 집단학살은 흔히 특정한 인종에 속하는 사람들을 제거하려는 '인종청소'의 목적으로 자행된다. 따라서 불특정 다수의 인명이 무차별적으로 살상된다는 점이 특징이다. 르완다 내전에서 후투족에 의해 자행된 투치족 학살, 캄보디아에서 크메르 루즈 정권이 자행한 킬링필드, 보스니아 내전에서 세르비아계에 의해 자행된 스레브레니차 학살에서 볼 수 있는 것처럼 민족이나 이념 혹은 종교도 집단학살의 이유가 된다.

프란시스코 데 고야 〈마드리드, 1808년 5월 3일〉 1814

1808년 5월 2일 마드리드 시민들은 프랑스 점령군에 대항하는 시민봉기를 일으켰다. 프랑스 근위군은 다음날 폭동을 진압한다는 명분으로 약 400여 명의 스페인 민간인을 총살했다. 이로 인해 스페인 전역에 퍼진 시민들의 분노는 스페인 독립 전쟁의 불씨가 됐다. 그림은 프린치페 피오 산에서 집행된 40명의 처형으로, 고야는 사건 6년 후 이 작품을 완성하였다.

파블로 피카소 〈한국에서 일어난 학살〉 1951
한국전쟁 중 미군이 저지른 양민학살을 그린 이 작품은 고야의 〈마드리드, 1808년 5월 3일〉의 영향을 받았다.
벌거벗은 채 공포에 떠는 희생자의 모습은 철갑을 두르고 총칼로 무장한 군인들의 모습과 대조를 이룬다.

집단학살은 명백한 살인 행위임에도 여러 가지 이유로 은폐되거나 정당화된다. 진상을 규명하는 데 오랜 시간이 걸리기 때문에 진실을 밝히는 것도, 책임자를 처벌하는 것도 쉽지 않다. 심지어 집단학살의 희생자를 확인하여 피해 규모를 가늠하는 작업조차 난항을 겪는 경우가 흔하다.

그러나 집단학살은 어떤 이유로도 정당화될 수 없다. 그렇기에 재발을 막기 위해서는 책임자에 대한 엄정한 처벌과 함께 집단학살이 일어난 사실을 부정하는 자에 대해서도 제재가 필요하다.

양차 세계대전으로 나치의 홀로코스트 등 집단학살의 만행을 목격한 인류는 1948년 '집단살해(genocide) 범죄의 예방과 처벌에 관한 규약'*에 합의했다. 특히 독일의 나치범죄 수사당국은 최근까지도 70년 전 죽음의 수용소에서 일했던 노인들을 기소해 죄를 묻는 등 주동자가 아닌 부역자에 대해서도 여전히 시효 없이 엄정한 법의 심판을 받도록 하고 있다. 성역도 시효도 없는 독일의 전범 재판은 일제와 독재정권 시절의 잔재를 아직도 청산하지 못하고 진심어린 사과조차 이루어지지 않은 우리의 현실과 큰 대조를 이룬다.

정의를 바로 세우기 위하여
: 소멸시효와 성역 없는 수사

의문사는 국가의 불법행위가 발생한 시점과 그것이 밝혀진 시점

---

* 부록 [집단살해 범죄의 예방과 처벌에 관한 규약] 참조.

사이에 상당한 간극이 존재하는 경우가 흔하다. 진상규명으로 국가의 불법행위로 인한 의문사임이 밝혀졌다면 유족은 국가에 대하여 손해배상을 청구할 수 있지만 이럴 경우 시간이 훌쩍 지나 청구시기를 놓치게 된다.

소멸시효는 일정 시간이 흐르면 더 이상 법률관계를 다투지 못하도록 함으로써 법적 안정성을 도모하기 위한 것이다. 따라서 기본적으로 국가배상청구권에 대해서도 소멸시효가 인정될 필요가 있다. 비슷한 취지로 거창양민학살사건의 국가배상청구권 소송에서 대법원은 국가의 소멸시효 주장을 인정한 바 있다.

1951년 경남 거창군 신원면 일대에서 지리산 공비들이 경찰 등을 습격하여 막대한 피해를 입혔다. 이에 육군 제11사단은 1951년 2월 9일부터 11일까지 그 지역의 주민 수백 명을 사살하였다. 국회는 1995년 거창사건 특별법을 제정해 사망자 및 유족의 명예회복에 관한 사항, 합동묘역관리사업에 대한 정부의 지원에 관하여 규정하였으나 희생자나 유족들에 대한 배상이나 보상에 관해서는 아무런 규정도 두고 있지 않았다. 이후 2004년 3월 거창사건 희생자와 유족에 대하여 보상금 등을 지급하는 것을 주요 내용으로 하는 법률개정안이 국회 본회의를 통과하였다. 그러나 고건 대통령 권한대행은 전쟁 중에 일어난 민간인 희생의 보상에 대해 아직 사회적 공감대가 폭 넓게 형성되지 않았고, 거창사건에 대한 보상이 향후 국가재정에 커다란 부담으로 적용할 것이 예상된다는 점 등을 이유로 거부권을 행사하였다. 유족들은 소송을 제기해 국군에 의하여 자행된 거창사건으로 인하여 희생자들이 사망함으로써 희생자들 및 그 유족들이 정신적인 고통을 입었으므로 국가가 위자료를 지급할 의무가 있다고 주장했다. 하지만 국가는 유족의 위자료 청구권은 시효기간이 지나 소멸했다고 반박했다. 법원은 거창사건 특별법이 사망자 및 유족들의 명예회복 등을 목적으로 제정된 것일 뿐, 관련자들에 대한 금전지급 등에 관한 규정내용을 포함하지 않는다고 못 박았다. 법원은 또 보상금 지급에 관한 법률개정안이 국회에서 의결되었다고는 하나 그 사실만으로 국가가 시효기간이 다했음을 주장하는 것이 신의칙에 반하거나 권리를 남용하는 것으로 볼 수는 없다고 판시했다.

대법원 2008. 5. 29. 선고 2004다33469 판결 참조

국가배상청구권의 경우에도 소멸시효가 인정될 수 있고, 국가가 소멸시효를 주장하는 것이 신의칙이나 권리남용에 해당하지 않는다면 국가의 불법행위에도 소멸시효가 인정될 수 있다는 취지다. 하지만 국가의 불법행위에 대해서 주장은커녕 논의 자체가 불가능한 환경이었다면, 더욱이 국가가 그런 환경을 조성했다면 예외적으로 소멸시효를 인정할 수 없는 경우도 존재한다. 문경양민학살 사건의 국가배상청구권 소송 사례가 대표적이다.

1949년 공비소탕작전을 수행하던 군인들은 전투능력은 물론 공비 활동에 가담할 가능성이 거의 없는 어린이, 노약자, 부녀자들을 포함한 문경군 석달마을 주민들을 무차별 사살했다. 이른바 '문경학살사건' 희생자의 유족들은 국가를 상대로 손해배상을 청구했다. 법원은 국가의 소멸시효 주장을 인정하지 않으며 그 이유를 다음과 같이 설명했다.

> 채무자가 시효완성 전에 채권자의 권리행사나 시효중
> 단을 불가능 또는 현저히 곤란하게 하였거나, 그러한 조치가 불필요
> 하다고 믿게 하는 행동을 하였거나, 객관적으로 채권자가 권리를 행
> 사할 수 없는 장애사유가 있었거나, 일단 시효완성 후에 채무자가 시
> 효를 원용하지 아니할 것 같은 태도를 보여 권리자로 하여금 그와 같
> 이 신뢰하게 하였거나, 채권자 보호의 필요성이 크고 같은 조건의 다
> 른 채권자가 채무의 변제를 수령하는 등의 사정이 있어 채무이행의
> 거절을 인정함이 현저히 부당하거나 불공평하게 되는 등의 특별한
> 사정이 있는 경우에는 채무자가 소멸시효 완성을 주장하는 것이 신
> 의성실 원칙에 반하여 권리남용으로서 허용될 수 없다.
>
> **대법원 2011. 9. 8. 2009다66969 판결**

이어지는 판결문은 사건의 정황과 이에 대한 법원의 의견을 구체
적으로 보여준다.

> 공비 소탕작전이 진행되는 상황에서 군인이 저지른
> 민간인 학살행위는 객관적으로 외부에서 알기 어려워 희생자들의 유
> 족이라도 국가에 의하여 진상이 규명되기 전에는 국가 등을 상대로
> 손해배상을 청구한다는 것은 기대하기 어려운 점, 문경학살 사건에
> 대하여 진실·화해를 위한 과거사정리위원회에 의한 진실규명결정
> 이 이루어지기 전까지 가해자가 소속된 국가가 진상을 규명한 적이

없었고, 오히려 사건 초기 국군을 가장한 공비에 의한 학살 사건으로 진상을 은폐·조작하였던 점, 유족들의 진상규명을 위한 노력만으로 진실이 밝혀지지 않은 상태에서 유족들이 손해배상청구권을 행사할 수 없는 장애사유가 해소되었다고 볼 수 없는 점, 전쟁이나 내란 등에 의하여 조성된 위난의 시기에 개인에게 국가기관이 조직을 통하여 집단적으로 자행하거나 또는 국가 권력의 비호나 묵인하에 조직적으로 자행된 기본권 침해에 대한 구제는 통상의 법절차에 의해서는 사실상 달성하기 어려운 점 등에 비추어 위 과거사정리위원회의 진실규명결정이 있었던 때까지는 객관적으로 유족들이 권리를 행사할 수 없는 장애사유가 있었다고 보아야 하고, 여기에 어떠한 경우에도 적법한 절차 없이 국가가 보호의무를 지는 국민의 생명을 박탈할 수는 없다는 점을 더하여 보면, 진실을 은폐하고 진상규명을 위한 노력조차 게을리 한 국가가 이제 와서 뒤늦게 문경학살 사건의 유족들이 위 과거사정리위원회의 진실규명결정에 따라 진실을 알게 된 다음 제기한 손해배상청구의 소에 대하여 미리 소를 제기하지 못한 것을 탓하는 취지로 소멸시효완성의 항변을 하여 채무이행을 거절하는 것은 현저히 부당하여 신의칙에 반하는 것으로서 허용될 수 없다.

국가불법은 가해자가 국가이기 때문에 국가가 사건의 진상을 고의적으로 은폐하거나 진상규명 노력을 하지 않으면 피해자가 국가배상청구권을 행사하는 것이 사실상 불가능한 경우가 많다. 따라서 시민사회는 국가에 의해 자행된 불법행위의 진상규명을 끊임없이 촉구해야 한다. 비록 상당한 시간이 흘러 시효가 완성됐다 하더라도 국가를 압박해 진상규명을 약속하도록 만들어야 한다. 그래야만 국가가 소멸시효를 들어 배상을 거부할 수 없게 되기 때문이다.

철저한 수사를 통하여 진실을 규명하고 책임자를 엄벌하는 것만이 의문사의 반복을 막을 수 있는 유일한 대안이다. 특히 정권 차원에서 발생한 의문사의 경우에는 최고책임자까지 처벌함으로써 권력에 의한 살인 행위가 재발하지 않도록 하는 성역 없는 수사가 필요하다. 하지만 여기에는 다양한 현실적인 장애물이 존재한다.

일반적인 살인사건처럼 수사자 철저히 이루어진다면 의문사는 없을 것이다. 하지만 죽음에 책임이 있는 수사기관이나 군대가 이를 철저하게 수사한다는 것은 기대하기 어렵다. 수사기관의 고문 또는 병영 내 가혹행위는 그래서 자주 은폐되거나 심지어 허위로 조작되기도 한다. 직접적으로 살인 행위를 한 당사자뿐만 아니라 그를 감독할 책임이 있는 상급자들까지 공모하여 사건을 은폐함으로써 책임을 회피하려고 하기 때문이다.

따라서 국가불법의 은폐를 막기 위해서는 의문사를 수사하는 수사기관의 독립성이 확보되어야 한다. 하지만 그렇지 못한 경우에는 특별검사를 임명하거나, 수사권과 기소권을 가진 별도의 기관을 설치하는 방법도 고려할 수 있다.

불법적인 권력에 대한 '과거청산' 차원에서도 의문사는 반드시 법적 절차에 따라 정리되어야 한다. 의문사법이나 과거사정리법은 공권력에 의해 이루어진 억울한 죽음에 대한 진상규명과 함께 책임소재의 규명이라는 의미를 동시에 갖는다.

특히 의문사는 주로 수사기관에 의한 고문이나 군대에서 벌어지

의문사

는 가혹행위로 발생한다. 이런 의문사를 원천적으로 차단하기 위해서는 수사기관의 고문이나 군대 내 가혹행위가 근절되는 것이 우선일 것이다.[16] 고문은 수사기관이 원하는 자백을 받아내기 위한 수단으로 악용된다. 수사기관의 입장에서는 힘들게 증거를 찾아내는 것보다 피의자의 자백을 받아내는 편이 상대적으로 수월하기 때문에 이런 수사기법을 선호하는 경향이 강하다. 민주화 과정에서 발생한 의문사는 정치적으로 중대한 사안이 많았고, 그래서 정권이 조직적으로 개입해 은폐하기도 했던 것이 사실이다.

군사독재 시절 이에 항거했던 민주 투사들이 체포되어 무자비한 고문에 시달린 사실은 유명하다. "책상을 탁 치니까 억 하고 죽었다"는 박종철 고문치사 사건을 비롯해 많은 사람들이 고문으로 인해 사망했고, 기적적으로 생존했다 하더라도 극심한 후유증에 시달리다 자살하거나 고통스런 삶을 이어가야 했다.

과거청산은 그야말로 과거에 이루어진 국가의 범죄를 조사하는 일이기 때문에 오랜 시간과 많은 비용이 소요될 수밖에 없다. 이를 이유로 과거청산이 반드시 필요한지 의문을 제기하는 사람들도 있다. 그러나 과거청산은 단순히 경제적 측면에서만 접근해서는 곤란하다.

과거청산은 국가공동체의 질서와 도덕성 · 정통성을 바로 세운다는 측면에서 접근할 필요가 있다. 공권력에 의해 자행된 과거의 불법과 폭력이 단지 비용의 문제로 덮어질 수 있다면 은폐되고 조작된 불법과 폭력은 앞으로도 끊임없이 반복될 수밖에 없다. 그렇게 되면 국가공동체의 법과 정의는 한낱 공허한 장식에 지나지 않을 것이다.

권력이 불법적으로 폭력과 거짓을 일삼아 법을 무력화하고, 이로 인해 더 많은 비용과 손해가 발생하는 것을 막기 위해 과거청산은 우리 시대의 필수적인 과제다.

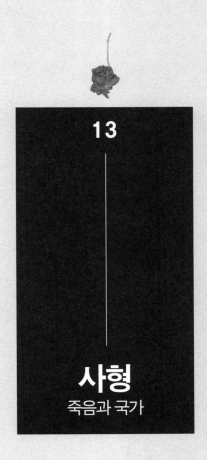

13

사형
죽음과 국가

"어떤 형리(刑吏)가 더 인간적일까요? 몇 분 만에 당신을 죽이는 쪽일까요,
아니면 오랜 세월을 질질 끌면서 당신의 생명을 앗아가는 쪽일까요?"
"어느 쪽이 됐든 간에 비윤리적인 것은 마찬가지입니다."
손님들 중의 누군가가 말했다.
"왜냐하면 두 쪽 다 똑같은 목적, 즉 생명의 박탈이라는 목적을 갖는 것이니까요.
국가는 신이 아닙니다. 돌려받고 싶어도 돌려받을 수 없는 생명을
국가가 빼앗을 권리는 없습니다."

– 프란츠 카프카(Franz Kafka), 〈내기〉 중에서

사람의 목숨을 빼앗는 형벌인 '사형(死刑, death penalty)'은 인류의
역사에서 가장 오래된 형벌 가운데 하나로, 흔히 복수의 이름으로 정
당화된다. 사람을 살해한 자에게 그의 가족을 대신해 정당한 복수를
행하는 것은 '정의'에 부합하는 것으로 이해되기도 한다. 무고한 목
숨을 앗아간 살해범을 단죄하지 않고 그대로 내버려 두는 것이 오히
려 비겁하고 정의롭지 못한 행위라고 생각하는 것이다. "범죄에 대
한 모든 국민이나 개인의 일반적인 감정은, 예나 지금이나 범죄에는
바로 그 범죄자가 저지른 만큼의 죗값에 해당하는 형벌이 내려져야
한다는 것"[1]이라는 헤겔(Georg W. F. Hegel)의 말은 대중의 이 같은
법 감정을 보여준다.

하지만 모든 복수가 정의롭다고 가정하면 국가가 아닌 개인의 복
수 또한 정당화될 수 있다. 사법부가 피해의 종류와 정도를 헤아려
그 경중에 맞는 '판결'을 내리는 것과 달리, 개인이 직접 행하는 복수

는 자신이 입은 피해와 전혀 다른, 혹은 그보다 훨씬 가혹한 피해를 입힐 수도 있다. 어떤 사람들은 이런 만인의 투쟁 사태를 막기 위해서라도 국가에 의한 복수, 즉 사형이 필요하다고 주장한다.

그렇지만 우리는 사형 제도의 필요성을 논하기에 앞서 보다 근본적인 질문을 마주해야 한다. 사형을 비롯한 형벌의 목적이 무엇인가 하는 질문이 그것이다. 형벌의 목적이 단지 '복수'만을 위한 것이 아니라면, 피해자를 대신한 국가의 복수가 정당화된다고 해도 여전히 논란은 남는다. 여기서 등장하는 것이 사형이 범죄 예방에 효과가 있다는 주장이다.

그렇다면 정말로 형벌이 강화될수록 범죄가 줄어들고, 범죄피해자가 감소되는가? 오히려 법관의 오판으로 억울하게 사형당하는 경우는 없는가? 심지어 정적(政敵)을 합법적으로 제거하기 위하여 사형을 악용하는 일은 없는가? 이 같은 모순들을 안고 있는 한 사형은 '사법살인'이라는 불명예를 떠안을 수밖에 없다. 더욱이 사형이 유독 사회적 약자에게 더 적극적으로 선고된다면 사형제도의 불평등한 적용 또한 정당성을 얻기 힘들다.

2012년 미국에서는 백인에 비해 흑인이나 히스패닉에게 더 많은 사형 선고가 내려지고, 더 많은 사형이 집행된다는 연구 결과가 보고된 바 있다.[2] 또한 이슬람 국가에서는 여성에게 더 가혹한 사형집행이 이루어지는 사례도 확인된다. 19살에 성폭행을 피하려다 가해자를 살해한 어느 이란 여성은 7년을 복역한 뒤 "내 눈과 젊은 심장이 먼지 속으로 사라지는 걸 원치 않는다"며 장기기증의 의사를 표시하는 유언을 남기고 교수형을 당했다.[3]

프리든 사헤브잠(Freidoune Sahebjam)의 논픽션《소라야 M에게 내려진 투석형(The Stoning of Soraya M.)》은 아무도 여성의 목소리를 들어주지 않는 남자들의 세상에서 차별적으로 시행되는 사형제도를 비판한다.[4] 네 아이를 키우던 평범한 주부 소라야는 14살짜리 소녀를 아내로 얻으려는 남편 알리의 모함으로 간통죄로 몰린다. 남편은 갖은 수단을 동원해 이슬람 율법인 샤리아에 따라 소라야에게 투석형(돌에 맞아 죽는 형벌)을 물린다. 소라야의 이야기는 책을 통해 세상에 알려졌고, 영화로도 제작되었다. 이처럼 사형제도는 인종, 성별, 계층, 민족 등 다양한 기준에 의해 차별적으로 적용되고 있는 것이 현실이다.

복수의 정의(正義)

'눈에는 눈, 이에는 이'로 요약되는 동해보복(同害報復)의 정의관은 동일한 피해를 가해자에게 되갚아 줌으로써 '응분의 대가(just deserts)'를 치르도록 하는 것이 정의라는 생각에 기초한다. 성경에도 보복적 정의관에 대한 구절이 나온다. "사람을 쳐 죽인 자는 반드시 죽일 것이요. 짐승을 쳐 죽인 자는 짐승으로 짐승을 갚을 것이며, 사람이 만일 그의 이웃에게 상해를 입혔으면 그가 행한 대로 그에게 행할 것이니, 상처에는 상처로, 눈에는 눈으로, 이에는 이로 갚을지라."(레위기 제24장 17절~20절)

보복적 정의관의 관습은 참혹한 범죄 피해가 발생했을 때 가해자에게 그것을 똑같이 되돌려주는 가혹한 형벌을 정당화할 수 있다. 실제로 2011년 이란에서는 비슷한 취지의 판결이 내려지기도 했다. 자신을 쫓아다니던 남성에게 황산 테러를 당해 얼굴 형태가 망가지고 두 눈의 시력을 잃은 여성이 재판을 통해 가해자의 시력을 빼앗을 수 있다는 판결을 받아낸 것이다. 이란 내 비난여론과 세계 인권단체의 반대 서한으로 미뤄지던 형 집행은 사건 발생 6년 만에 결국 이뤄졌다. 이렇게 세계 각국에서는 아직도 탈리오식 정의관(lex talionis), 즉 당한 만큼 되갚아주는 보복의 원칙에 입각하여 가해자에게 형벌을 부과하고 있다.

하지만 근대 이후 형벌은 인간의 존엄을 해치지 않는 범위 내에서만 허용돼 왔다. 문명의 발달과 함께 형벌은 자유형(징역, 금고, 구류), 재산형(벌금, 과료), 자격형(자격정지, 자격상실) 등 잔혹하지 않은 형태로 굳어져 왔다. 형벌의 이 같은 추세는 가해자가 아무리 잔혹한 범죄를 저질렀다고 해도 그에게 똑같이 잔혹한 형벌을 내릴 수는 없다는 인식을 보여준다. 비록 범죄자일지라도 그에 대한 형벌은 인격을 최대한 존중하는 방식으로 집행돼야 하는 이유가 여기에 있다.

사람을 죽이고 토막 내 사체를 훼손한 범죄자라고 해서 똑같이 그를 죽여서 사체를 훼손하거나, 여성을 강간한 뒤 살해한 범죄자를 동일하게 강간하고 죽이는 것은 허용될 수 없다. 돌로 쳐 죽이거나 칼로 목을 베어 죽이거나 사지를 절단하여 죽이는 방식의 사형이 허용될 수 없는 것도 같은 맥락이다. 마찬가지로 비록 사형이 허용되는 국가라 할지라도 그 방식은 인간의 존엄을 침해하지 않는 형태여야 한다.

톰 행크스가 주연을 맡은 영화 〈그린 마일〉(1999)은 사형집행이 있을 때까지 사형수를 수감하는 교도소를 배경으로 한다. 영화를 통해 우리는 미국이 20세기 초반까지도 사형수의 머리에 전기충격장치를 연결하는 잔혹한 사형방식을 이어왔음을 확인할 수 있다. 흑인에 대한 편견으로 억울하게 수감된 사형수들은 자신들에게 내려진 형벌을 담담히 받아들이는 한편 감방에 찾아든 작은 생쥐 한 마리의 목숨도 소중히 여긴다. 영화는 이들의 모습을 잔혹한 사형집행과 교차해 보여주며 사형의 잔혹성을 더욱 부각한다.

그러나 '인도적인' 집행만으로 국가에 의한 살인을 의미하는 사형이 곧바로 정당화되는 것은 아니다. 집행이 사형수의 존엄을 지키는 잔혹하지 않은 방식으로 이루어진다고 해도 여전히 사형이 사람을 죽이는 폭력이라는 점은 변함이 없다.

사형 제도를 다루는 또 다른 영화 〈데드맨 워킹〉(1996)은 사형제도에 대한 근본적인 질문, 즉 "죄 지은 사람은 죽여도 좋은가"를 묻고 있다. 인간을 잔인하게 강간하고 죽이는 범행 장면과 사형수의 팔뚝에 주사기로 독극물을 주입하는 형 집행 장면을 번갈아 보여주며 영화는 관객으로 하여금 살해 범죄와 사형집행이 공통적으로 가지는 살인의 속성을 나란히 바라보도록 한다. 사형수 폰슬릿은 피해자의 유족들에게 용서를 구하며 의미심장한 말을 남긴다. "살인은 잘못된 것이죠. 그것을 내가 하든, 당신들이 하든, 정부가 하든 상관없이 말입니다."

공지영의 소설 《우리들의 행복한 시간》도 사형을 집행하는 교도관의 입을 빌어 집행방식과 무관하게 사형 자체가 가지는 잔혹성을 드러내고 있다.

> "신문에서 보았을 때는 짐승이었는데 알고 보면 인간인 거고. 인간은 알고 보면 다 거기서 거기, 비슷한 거고…… 그리고 집행 있고 나면 또 한 달쯤 술 없이 못 살게 되는 거죠. 그런 말 있어요. 살인 현장을 목격한 사람은 사형제 존치론자가 되고, 사형 현장을 목격한 사람은 사형제 폐지론자가 된다…… 다 못할 짓이라는 이야기죠."**5**

복수를 사형의 목적으로 삼는 것이 과연 정당한가에 대한 의문은 논의를 바꿔 '형벌의 목적'과 관련해서도 끊임없이 제기되고 있다. 종래에는 범죄에 대한 보복이나 응보로 생각되었던 형벌의 목적이 최근 들어 범죄자를 개선·교정하여 사회로 복귀시키기 위한 재사회화 과정으로 이해되는 것이다. 범죄와 복수의 악순환 속에서 가해자를 사형시킨다고 한들 피해자와 유가족의 보복감정이 완벽하게 충족된다고 볼 수도 없고, 애초에 그러한 보복감정을 갖지 않는 사람도 존재할 수 있다. 따라서 단지 형벌이 가혹해짐으로써만 그 목적을 실현한다고 볼 수는 없다.

하지만 이런 주장의 대척점에서는 그렇다 해도 여전히 형벌이 가지는 응보의 목적이 사라지는 것은 아니라고 주장하는 사람들이 존재한다. 형벌의 목적을 오로지 범죄자의 교화에만 한정한다면 범죄의 피해자가 아닌 제3자에 의해 용서와 망각이 보편화될 여지가 있기 때문이다. 홀로코스트의 피해자였던 아메리(Jean Améry)는 이러한 용서와 망각의 반도덕성을 질타한다.

　　　나 같은 사람들의 실존을 지배하는 원한은 오랜 개인
사적 사건들의 결과이다. (…) 나의 원한은 범죄가 범죄자에게 도덕
적 현실이 되게 하기 위해, 그가 그의 잔인함의 진실과 대면하게 하
기 위해 존재하는 것이다. (…) 내게 일어났던 일을 20여 년간 곰곰
이 생각해보면서 나는 사회적 압력 때문에 어쩔 수 없이 했던 용서와
망각이 비도덕적이라는 것을 인식하게 되었다고 믿는다. (…) 세월에
대한 자연적인 의식은 상처가 치유되는 생리학적 프로세스에 연원을
두고 있으며 현실에 대한 사회적인 개념의 일부가 된다. 하지만 바로
그러한 이유에서 그것은 성격상 도덕 외적인 것일 뿐만 아니라 반도
덕적인 것이기도 하다. 인간은 세월이 감에서 비롯되는 생물학적 치
유를 포함해 모든 자연 발생과의 불화를 선언할 권리와 특권을 갖고
있다. 일어났던 일은 일어났던 일이다. 이 문장은 인간과 지성에 대립
하는 것이지만 또한 그만큼 진실인 것이다. (…) 도덕적인 사람은 시
간의 무화를 요구한다. 지금 문제가 되는 바로 이 사안의 경우에는
범죄자를 그가 저지른 짓에 붙박아 둠으로써 말이다. 그렇게 함으로
써, 시계를 도덕적으로 되돌려 놓음으로써 범죄자는 피해자의 동료
인간의 일원이 될 수 있다.[6]

그렇다면 응보와 교화 혹은 복수와 용서의 딜레마에서 탈출하는
유일한 방법은 적절한 응보 후의 교화, 납득할 만한 복수 뒤의 용서
가 될 것이다. 아메리의 표현에 따르면 "시계를 도덕적으로 되돌려"

"범죄자를 그가 저지른 짓에 붙박아" 둠으로써 "범죄가 범죄자에게 도덕적 현실이 되게", "그가 그의 잔인함의 진실과 대면"하도록 하는 것이다.

그러나 여전히 응보와 교화의 교차점이 사형이 될 수는 없다. 가혹한 형벌은 오히려 범죄자의 개선을 방해할 수도 있다. 특히 사형은 범죄자의 생명을 영구히 빼앗음으로써 그가 개선되어 사회로 복귀할 수 있는 여지를 종국적으로 박탈해버린다.

물론 잔혹한 죄를 저지른 범죄자가 교화되기까지는 상당한 시간과 비용이 든다. 심지어 아무리 노력해도 교화되지 않는 범죄자도 있을 수 있다. 일각에서는 이 같은 범죄자의 기질적 특성이나 비용의 문제 때문에 사형의 불가피성을 옹호하기도 한다.

하지만 이런 이유를 들어 쉽게 범죄자의 목숨을 박탈하는 결정을 내리는 것은 결코 합리적이지 않다. 노력을 투입하기 전까지는 누구도 개선이 불가능한 범죄자를 식별해낼 수 없고, 경제적 비용이 들어간다는 것만으로 범죄자의 개선을 포기할 수도 없기 때문이다.

사형이 범죄를 막을 수 있을까

사형제 무용론은 이미 여러 예술작품에서 다뤄졌다. 클라이스트 (Heinrich von Kleist)는 인간의 이성, 그리고 그것이 만든 법과 제도에 끊임없이 의문을 제기하다 서른넷의 나이에 권총 자살로 생을 마감했다. 그의 소설 〈버려진 아이〉에는 양아들을 죽이고 자신도 사형에 처해달라고 소리치는 주인공 피아치가 등장한다. 로마에 사는 부유하고 자비심 많은 상인이었던 피아치는 어린 아들을 잃고 고아였던 니콜로를 데려다 기른다. 하지만 니콜로는 욕정을 채우기 위해 피아치의 아내를 농락하여 결국 죽음에 이르게 하고 아버지의 재산까지 모두 빼앗는다. 분노에 차서 양아들 니콜로를 살해한 피아치는 감옥에 끌려가 교수형을 선고받는다.

죄를 뉘우치고 종교적 사면을 받아야 사형을 집행할 수 있었던 당시 법에 따라 사제는 사흘 동안이나 피아치를 설득했지만 그는 용서를 빌지 않았고, 오히려 어서 빨리 교수형을 내려달라고 소리친다. "나는 천국으로 가고 싶지 않소. 나는 지옥의 가장 밑바닥으로 갈 것이오. 그리고 천국에 있지 않을 니콜로를 다시 찾아내어 이 생에서 완전히 하지 못한 복수를 다시 할 것이오."[7] 클라이스트는 피아치와 니콜로를 통해 영원한 절대악의 기준이 무엇인가를 묻는 한편, 죽음을 두려워하지 않는 자에게는 사형뿐 아니라 그보다 더한 형벌도 아무런 소용이 없음을 보여주고 있다.

클라우디아 슈라이버(Claudia Schreiber)의 소설을 원작으로 한 영화 〈행복한 엠마, 행복한 돼지, 그리고 남자〉(2006)에서도 사형의 무용함을 확인할 수 있다. 췌장암으로 시한부 인생을 선고받은 막스는 절망에 빠져 친구의 돈과 자동차를 훔쳤지만 빗길에 차가 전복되고 어느 돼지농장으로 굴러 떨어진다. 그는 농장 주인인 엠마와 시한부 사랑에 빠지고, 며칠을 더 사느니 차라리 엠마와 하룻밤의 사랑을 나누기를 원한다. 막스의 죽음이 가까이 왔음을 깨달은 엠마는 자식 같은 돼지를 도살할 때 고통을 줄이기 위해 순식간에 목을 벴던 것처럼, 막스의 목을 베어 살해한다. 영화의 절정인 살해 장면은 잔혹하기보다 오히려 아름답게까지 보인다. 사랑하는 사람의 고통을 줄이기 위해 목숨을 빼앗을 수 있다고 믿는 엠마에게 그 대가로 사형을 받을 수 있다는 위협은 조금도 장애가 되지 않았을 것이다. 이렇게 범죄에는 형벌의 경중과 무관한 요인들이 존재한다. 형벌을 강화해도 범죄가 줄어들지 않는 이유가 여기에 있다.

강한 신념에 근거한 확신범이나 양심범들은 아무리 무거운 형벌을 내린다 해도 신념을 꺾지 않는 경우가 많다. 예컨대 양심에 따른 병역거부자들은 평화주의 신념에 따라 가혹한 형벌이 내려져도 이를 감수하고 기꺼이 병역을 거부함으로써 범죄자가 될 각오가 되어 있다. 간통죄가 엄연히 존재함에도 서로 사랑하는 사람들의 성관계를 저지할 수 없는 것도 같은 맥락이다.

하지만 여전히 많은 사람들의 머릿속에는 형벌이 가혹해질수록 범죄가 줄어든다는 근거 없는 믿음이 깔려 있다. 특히 사형이라는 극형이 범죄를 감소시킬 수 있다는 증명될 수 없는 믿음은 쉽게 사라지지 않는다.

사실 범죄를 발생시키는 요인은 다양하다. 범죄는 범죄자 개인의 성격적 특성에서 유래할 수도 있고, 그를 둘러싼 사회적 환경에 의해 발생할 수도 있다. 전자는 범죄자의 성격이나 기질이 변화되지 않는 한, 그리고 후자는 범죄를 유발시키는 사회적 환경이나 배경이 개선되지 않는 한 감소하지 않는다. 이런 복잡한 요인을 간과한 채 형벌의 경중만을 따져 범죄율 증감을 가늠하기는 그만큼 어렵다.

특히 가혹한 형벌과 범죄율 감소 사이의 인과관계는 아직 증명된 바가 없고, 증명될 수도 없다. 형벌을 강화하면 범죄율이 감소한다는 명제를 증명하기 위해서는 동일한 사회를 표본으로 삼아 형벌을 강화할 경우와 그렇지 않을 경우를 일정 기간 동안 관찰해야 한다. 하지만 같은 사회에서 가혹한 형벌을 부과하는 동시에 형벌을 완화하는 실험은 애초에 불가능하다.

논리적 타당성을 찾기 어렵게 되면 국가는 여론을 들어 제도를 관철하려 하기도 한다. 때문에 여론조사 결과가 종종 사형제도를 정당화하는 근거로 활용되는 경우도 있다. 언론에 선정적인 범죄 보도가 많아지고, 특히 흉악범죄가 증가하면 범죄 소탕이 중요한 사회 이슈로 주목받는다. 범죄에 대한 정치권의 민감한 반응은 이런 여론에 불을 지핀다. 같은 시기에 사형제도에 대한 여론은 우호적일 수밖에 없고, 여론조사를 해보면 자연히 찬성 비율이 높다는 결과가 나온다. 범죄에 대한 분노와 자신도 범죄피해자가 될 수 있다는 공포가 사형제도에 대한 찬성 여론으로 표현되는 것이다.

이렇게 사형제도에 대한 여론은 조사 당시의 사회적 상황과 무관하지 않고, 언론이나 정치권의 영향을 받기 때문에 유동적이다. 그럼에도 불구하고 여론에 근거하여 사형을 정당화하게 되면 마찬가지 이유로 상황에 따라서는 사형제도의 폐지도 정당화될 수 있다.

게다가 여론조사에서 찬성 비율이 높게 나오는 데는 과정상의 문제가 있다는 지적도 있다. 전화로 진행되는 여론조사의 성격상 그 표본 선정에는 한계가 있을 수밖에 없다. 또 질문에 "김영삼 정부 이후 사형이 집행되지 않았는데 그 이후 살인 등 강력범이 많이 늘었다"든지 "사형을 집행해야 한다는 여론이 높아지고 있는데 당신의 생각은 어떤가?" 등 특정 의견을 암시하는 표현이 포함되는 것도 문제다.

보다 근본적인 차원에서 여론이 사형을 정당화하는 논거가 되려면 우선 사형이 범죄율을 낮춘다는 사실이 객관적으로 입증되어야한다. 그러나 앞서 언급한 것처럼 그런 사실은 애초에 입증이 불가능하다.

국가는 왜 사형제를 필요로 하는가

그럼에도 불구하고 국가는 형벌을 강화할 때마다 범죄피해자를보호하기 위함이라는 명목을 내세운다. 무거운 형벌로써 범죄를 예방해야만 범죄피해자를 줄일 수 있다는 논리다. 특히 연쇄살인 같은잔혹한 범죄가 발생하면 이런 주장에는 더욱 힘이 실린다. 연쇄살인은 다수의 생명을 앗아가기 때문에 제2의 피해자가 발생하지 않도록범죄자를 사회로부터 영원히 격리시킬 수밖에 없으며, 그래서 사형이 불가피하다는 것이다.

물론 국가는 범죄를 금지하고 범죄에 대해 형벌을 부과해야 할 의무가 있다. 그렇지만 이러한 의무를 이행한 것만으로 국가의 책임을다했다고 할 수는 없다. 입법과 처벌만으로 책임이 완성된다면 국가는 자칫 대중이 범죄 예방 효과가 있다고 믿는 사형을 확대 적용할가능성이 높다. 심지어 그렇게 해도 계속해서 범죄가 증가하면 국가는 차라리 그 책임을 회피하기에 이를 수도 있다. 사형을 부과해도이를 두려워하지 않고 범죄를 저지른다면 국가도 어떻게 할 도리가없다는 주장을 하게 되는 것이다. 국가는 결국 범죄의 책임을 오로지범죄자 개인에게 돌리게 된다. 피해자를 보호한다는 허울 좋은 명목의 이면에는 범죄에 대한 책임을 모면하려는 모종의 의도가 깔려 있다.

나아가 사형제는 벤야민의 지적처럼 국가 권력을 과시하는 수단으로 활용될 수도 있다. 극형은 사람의 목숨까지도 좌지우지할 수 있는 국가 권력의 현현(顯現)인 법의 힘을 보여주는 데 그 목적이 있는지도 모른다.

> 사형 비판가들은 사형에 대한 공격이 처벌의 기준이나 개별적인 법에 대한 공격이 아니라 법 자체를 그 기원에서부터 공격하는 것이라고 느꼈다. (…) 왜냐하면 만약 폭력이 (…) 법의 기원이라면 가장 끔찍한 폭력인 생사에 관한 폭력에서, 이 폭력이 법질서 안에 출현하는 곳에서, 법의 기원은 실존하는 것 안에서 대표적인 방식으로 부각되고 자신의 두려운 모습을 내비치게 되기 때문이다. 원시적인 법적 상황에서는 절도와 같은 범죄에 대해서도 사형이 부과된다는 사실(…)은 이에 부합한다. 이것의 의미는 범법 행위를 처벌하는 데 있는 것이 아니라 새로운 법을 제정하는데 있다. 왜냐하면 생사에 관한 폭력의 행사에서 법은 다른 어떤 법집행에서보다 더 많이 자기 자신을 강화하기 때문이다.[8]

사형제가 존치하는 한 국가는 인간의 생명까지도 박탈할 수 있다. 이런 무소불위의 권력 앞에 서 있는 인간을 아감벤은 '호모 사케르(homo sacer)'로 지칭한다.[9] 호모 사케르로서 인간은 국가 권력의 잔혹한 폭력에 노출되어 있는 존재다. 국가에 의한 폭력은 신의 이름으로도, 인간의 법에 의해서도 규율되지 않는 무가치한 생명을 만들어낸다. 호모 사케르의 시대에 개인은 공동체 내에서 자신의 생명에 대해 어떠한 제도적 보호도 받지 못하는 '벌거벗은' 존재에 지나지 않는다.

인간은 완벽할 수 없다

만약 사형제도에 어떤 순기능이 있다면 그것은 오로지 죽어 마땅한 죄인에게 부과될 때의 얘기일 것이다. 하지만 그렇지 않은 사람에게 돌이킬 수 없는 극형으로서 죽음이 선고된다면 어떨까. 법관은 범죄의 직접 목격자가 아닌 이상 증인이나 증거에 의존하여 판단할 수밖에 없다. 그렇기에 증인이나 증거가 불충분할수록 범죄의 실체적 진실을 밝히는 데 있어 법관의 '오판 가능성'은 높아질 수밖에 없다.

알란 파커의 영화 〈데이비드 게일〉(2003)은 이런 사형제도의 모순을 고발하고자 스스로 사형수가 된 어느 철학 교수의 이야기를 담고 있다. 그는 자살을 타살로 꾸며 시신에 자신이 범인임을 암시하는 증거를 남긴다. 결국 법원은 살인을 저지르지 않은 그에게 사형을 선고한다. 영화는 '죄 없는 사람도 사형에 처해질 수 있다'는 사실을 증명해 보이면서 사형수의 인간적인 측면을 강조해 감정에 호소하기보다 철저히 이성에 호소함으로써 사형제도에 의문을 제기한다.

물론 이런 이야기가 허구라면 좋겠지만, 사법살인은 영화에만 있는 일이 아니다. 1920년 미국 메사추세츠의 한 구두공장에서 강도

수갑을 차고 나란히 앉은 바르톨로메오 반제티(왼쪽)와 니콜라 사코.

살인사건이 발생한다. 경찰은 즉시 니콜라 사코와 바르톨로메오 반제티를 체포했다. 검찰은 범행에 사용된 총기를 유력한 증거로 보고 이들을 기소했다. 하지만 사코와 반제티는 재판 내내 결백을 주장했다. 증인들의 진술은 일관되지 않았고, 심지어 증거가 조작됐다는 의혹이 불거졌으며, 진짜 범인을 지목한 사람까지 나왔다. 당연히 무죄가 선고되어야 했지만 재판은 오히려 반대로 흘러갔다. 그들은 가난한 이민자였으며, 정치 단체에 소속된 아나키스트였기 때문이다. 결국 1급 살인의 누명을 쓴 두 사람은 전기의자형으로 생을 마감했다.

미국판 드레퓌스 사건* 이라 불리는 '사코와 반제티 사건'은 전 세

---

* 1894년 11월 프랑스의 유대계 육군 대위 알프레드 드레퓌스가 군가 기밀을 독일에 넘긴 혐의로 검거, 종신형을 선고받은 후 유배된 뒤 무죄가 선고되기까지 벌어진 일련의 사건. 당시 프랑스 사회는 보불전쟁 후 보수파의 득세와 패전의 혼란, 반유대주의가 팽배했다. 법원은 '필적'을 유일한 증거로 내세워 드레퓌스에게 유죄를 선고했고 진실을 밝힐 증거를 묵살하는 한편 진범으로 지목된 자를 합리적 이유 없이 석방했다. 에밀 졸라는 1898년 〈로로르〉에 '나는 고발한다J'accuse!'라는 제목의 공개 서한을 실어 드레퓌스의 무죄를 주장했고, 이를 계기로 프랑스 내 여론은 보수와 진보로 첨예하게 갈렸다. 결국 모의자 가운데 한 명이 자살하는 사건을 계기로 대법원은 재심을 거쳐 마침내 1906년 오판을 파기하고 드레퓌스에게 무죄를 선고했다.

1921년 런던에서 열린 사코와 반제티 사형 선고 반대 집회. 미국은 물론 전 세계 시민들은 사형 선고에 반대하며 시위를 이어갔다. 버트런드 러셀, 존 듀이, 이사도라 던컨, 알베르트 아인슈타인, 아나톨 프랑스 등 당대의 지식인들도 미국 정부를 비난하며 구명에 앞장섰다.

계에서 이슈가 되었다. 사코와 반제티에게 사형이 선고되고 집행이 임박하자 전 세계의 지식인과 노동자, 시민단체는 일제히 이에 반대하며 미국을 비난했다. 전후 경제난과 전염병으로 시민들의 비난을 받았던 미국 정부는 대중의 관심을 돌릴 희생양이 필요했다. 사코와 반제티의 억울한 죽음은 사형제도의 불완전성과 사법살인의 폭력성을 보여주는 대표적인 사례로 거론된다.

인간은 완벽할 수 없다. 법관 역시 인간이므로 사법부의 판단에 오류가 없다고 단언할 수 없다. 법관의 오판으로 사형이 선고되고, 마침내 형이 집행되면 오판을 회복하고 잘못을 돌이킬 수 있는 방법이 원천적으로 사라진다. 이미 사망한 수형자를 다시 살려낼 수는 없기 때문이다.

이런 사실 앞에서 법관이 오판을 막기 위해 최선의 노력을 다한다는 사실만으로 무고한 생명이 희생되는 것을 정당화할 수는 없다. 판결에 오류가 없음을 전제해야만 성립될 수 있는 사형제도의 원칙은 그 전제가 불가능하므로 허용될 수 없다.

사형이 폐지되기까지

사형범죄의 축소

궁극적으로 사형제도는 폐지되는 것이 바람직하다. 하지만 여전히 대한민국을 포함한 많은 나라에서 현실적인 이유를 들어 사형제도가 시행되거나 존속되고 있다. 이에 따라 종국적으로 폐지되기 전까지는 적어도 사형에 해당하는 범죄의 범위를 축소할 필요가 있다.

기본적으로 범죄자의 목숨을 빼앗아야만 할 정도로 사회적 반가치성이 큰 범죄로서 사형을 부과함으로써만 감소할 수 있다는 것이 명확하게 증명된 범죄, 범죄자를 사형시킴으로써만 피해자나 그 가족의 보복감정을 충족시킬 수 있는 범죄, 오로지 범죄자 개인의 책임으로만 돌릴 수 있는 범죄, 사형을 부과하여 억지될 수밖에 없을 정도로 범죄피해자의 보호가 시급한 범죄에 대해서만 사형은 극히 제한적으로 부과되어야 한다.

범죄자의 생명과 바꿀 수 있을 만큼 사회적 반가치성이 크지 않은 범죄임에도 사형을 부과하는 것은 '책임과 형벌 간의 균형'을 깨뜨리는 것이다. 또한 사형을 부과해도 감소하지 않는 범죄에 사형선고를 내리는 것은 범죄 예방의 목적과도 어긋난다. 범죄자의 외부에도 책임이 있는 범죄에 사형을 부과하는 것은 범죄자를 희생양 삼아 범죄에 대한 국가와 사회의 책임을 뒤집어씌우는 것과 같다. 마지막으로 피해자 보호가 시급한 범죄가 아닌데도 사형을 남용하는 것은 사형이 그나마 가질 수 있는 위하력(위협감)마저도 박탈하여 그 의미 자체가 부정될 수 있다.

사형에 해당하는 범죄에 대해 엄정한 기준을 적용했다면, 그 선고 요건도 엄격하게 제한될 필요가 있다. 범죄자가 범죄를 저지르게 된 의도나 배경, 그 범죄의 내용이나 양태, 가해자와 피해자의 관계는 매우 다양하다. 그럼에도 불구하고 범죄를 둘러싼 맥락을 배제한 채 범죄의 결과만 가지고 사형에 해당하는 범죄이므로 사형을 선고하겠다는 것은 구체성을 상실해 타당하다고 볼 수 없다. 법관은 사형에 해당하는 범죄라고 하더라도 범죄가 발생한 구체적 맥락을 염두하고, 가해자의 진지한 반성 여부나 개선가능성 등을 충분히 고려하여 사형을 선고할지 여부를 결정해야 한다.

대법원도 "사형은 인간의 생명 자체를 영원히 박탈하는 냉엄한 궁극의 형벌로서 문명국가의 이성적인 사법제도가 상정할 수 있는 극히 예외적인 형벌이라는 점을 감안할 때, 사형의 선고는 범행에 대한 책임의 정도와 형벌의 목적에 비추어 그것이 정당화될 수 있는 특별한 사정이 있다고 누구라도 인정할 만한 객관적인 사정이 분명히 있는 경우에만 허용되어야" 한다고 보고 있다.[10]

이에 따라 "사형을 선고함에 있어서는 (…) 범인의 연령, 직업과 경력, 성행, 지능, 교육정도, 성장과정, 가족관계, 전과의 유무, 피해자와의 관계, 범행의 동기, 사전계획의 유무, 준비의 정도, 수단과 방법, 잔인하고 포악한 정도, 결과의 중대성, 피해자의 수와 피해감정, 범행 후의 심정과 태도, 반성과 가책의 유무, 피해회복의 정도, 재범의 우려 등 양형의 조건이 되는 모든 사항을 철저히 심리하여 위와 같은 특별한 사정이 있음을 명확하게 밝힌 후 비로소 사형의 선택 여부를 결정하여야 한다"고 판시하고 있다.

같은 취지로 대법원은 약 1년 6개월 남짓한 기간 동안 9명의 부녀자를 강간해 1심에서 중형을 선고받고 항소심을 기다리던 중 도주하여 다시 강도 살인을 저지른 피의자에게 내려진 사형선고를 파기하기도 했다. 그에게 아직 교화·개선의 여지가 있고, 우발적으로 피해자를 살해한 것으로 보일 뿐만 아니라 재판 과정에서 일부를 제외한 나머지 범행을 자백하면서 깊이 참회하고 반성하고 있는 점이 참작된 것이다.[11]

한편 심각한 형의 불균형을 유발하는 특별형법의 경우에도 사형은 억제되어야 한다. 화폐위조 사범에게 사형을 선고할 수 있도록 규정한 특별법 조항이 대표적이다. 헌법재판소는 같은 죄에 대한 처벌임에도 특별법이 형법에 비해 높은 형량을 부과하는 것을 위헌이라고 보고 특정범죄 가중처벌 등에 관한 법률 조항(제10조)에 위헌결정을 내린 바 있다. 헌재는 "형벌체계상 정당성과 균형을 잃은 것이 명백하다"며 오로지 검사의 재량으로 "어느 법률조항이 적용되는지 여부에 따라 심각한 형의 불균형이 초래"되므로 이 조항이 위헌이라고 판시했다.[12]

특가법 조항에 대한 헌재의 판결은 어떤 점에서 합리적이라고 볼 수 있지만, 사실 이 역시 사형제도의 위헌성을 정면으로 다루지는 않는다. 단지 동일한 구성요건에 대해서 형법과 특별형법이 다른 형벌을 규정함으로써 발생하는 체계적 모순만을 문제 삼고 있을 뿐, 사형제도를 지지하는 입장은 여전히 견지하고 있는 것이다.

헌재는 그동안 사형제도에 대해서 다음과 같은 요지로 두 차례나 합헌결정을 내렸다.[13]

> 사형제도는 우리 헌법이 적어도 간접적으로나마 인정하고 있는 형벌의 한 종류일 뿐만 아니라, 사형제도가 생명권 제한에 있어서 헌법 제37조 제2항에 의한 헌법적 한계를 일탈하였다고 볼 수 없는 이상, 범죄자의 생명권 박탈을 내용으로 한다는 이유만으로 곧바로 인간의 존엄과 가치를 규정한 헌법 제10조에 위배된다고 할 수 없으며, 사형제도는 형벌의 경고기능을 무시하고 극악한 범죄를 저지른 자에 대하여 그 중한 불법 정도와 책임에 상응하는 형벌을 부과하는 것으로서 범죄자가 스스로 선택한 잔악무도한 범죄행위의 결과인 바, 범죄자를 오로지 사회방위라는 공익 추구를 위한 객체로만 취급함으로써 범죄자의 인간으로서의 존엄과 가치를 침해한 것으로 볼 수 없다.[14]

사형집행의 유예

군이 사형을 고집해야 한다면 사형을 선고하는 동시에 그 집행을 유예하고 집행유예 기간 동안 범죄자가 개선되면 감형을 시켜주는 제도도 고려해볼 수 있다. 사형집행유예제도의 경우 사형제를 유지하면서도 사형이 실제로 집행되는 것을 줄이고, 범죄자를 개선하는 형벌의 목적도 달성할 수 있다는 점이 장점으로 거론된다.

전 세계에서 가장 많이 사형이 집행되는 것으로 알려진 중국도 사형집행유예제를 도입하고 있다. 최근에는 보시라이 전 충칭 시 서기의 부인 구카이라이에게 사형집행유예가 선고된 사실이 언론을 통해 전해졌다. 구카이라이는 영국인 사업가를 독살한 혐의로 기소돼 2년의 사형집행유예를 선고받았다. 이에 따라 구카이라이가 집유 기간 동안 추가로 법을 어기지 않으면 종신형 등으로 감형될 가능성이 크다. 앞서 마오쩌둥의 부인 장칭도 반혁명 혐의로 사형집행유예를 선고받고 2년 뒤 무기징역으로 감형됐다가 후에 형집행정지로 석방된 바 있다.[15]

하지만 사형집행유예에는 법관의 자의가 개입될 여지가 크다. 따라서 이 제도를 도입할 때는 그 적용 기준을 명확하게 규정할 필요가 있다. 법관에 따라 같은 범죄임에도 어떤 범죄자에게는 사형이 집행되고 다른 범죄자에게는 유예된다면 형평성에 의문이 제기될 수 있기 때문이다.

또한 집행유예의 기간을 어느 정도로 설정해야 합리적인지, 그 기간 동안 범죄자가 어떤 생활태도를 보여야 감형시켜줄 것인지, 혹시나 범죄자가 감형을 위해 사형집행유예 기간 동안만 모범수처럼 생활할 가능성은 없는지 등을 충분히 검토해야 한다.

사형제도는 그 이면에 생명권 보장에 대한 예외, 즉 국가에 의한 살인 합법이라는 사실을 내포하고 있다. 사형집행유예제도는 여기서 더 나아가 사형에 대한 예외, 즉 생명권 박탈의 예외까지도 오로지 국가만이 규율할 수 있다는 인식을 강화할 수 있다. 따라서 사형집행 유예제도는 본질적으로 사형제의 문제점을 보완하는 게 아니라 생명권의 국가독점이라는 사형제도의 폭력성을 강화한다는 비판이 제기되기도 한다.

대체형벌로서의 종신형

다시 한 번 강조하지만 다양한 관점에서 설득력을 잃은 사형제도는 본질적으로 폐지되어야 한다. 따라서 형벌의 목적이 여전히 응보라고 하더라도 개선과 교화라는 새로운 목적을 함께 실현할 수 있는 대체형벌이 모색될 필요가 있다.

사형을 대신하는 대체형벌로는 흔히 종신형이 논의된다. 종신형은 가석방이나 감형이 없는 절대적 종신형과 가석방이나 감형이 인정되는 상대적 종신형으로 구분된다. 한국의 경우 법률상으로 종신형이 존재하지 않고 무기자유형이 규정되어 있다. 그러므로 무기자유형의 기간을 연장하여 종신형과 같은 형태의 형벌로 운영할 수 있을 것이다. 또한 종신형에 해당하는 무기자유형을 선고받은 범죄자에게는 특별한 경우가 아닌 한 가석방이나 감형을 금지할 필요가 있다.

다만 종신형이나 그에 상응하는 무기자유형의 경우 평생에 걸친 수감생활에 들어가는 비용이 과다할 뿐만 아니라 그 비용에 피해자나 그 가족이 낸 세금도 포함되어 있다는 지적도 있다.

또 범죄자를 사실상 종신토록 감옥에 가둔다는 점에서 사형보다 더 가혹하다는 비판이 제기되기도 한다. 평생을 감옥에서 살아야 한다는 사실은 때로 수형자로 하여금 자살을 선택하게 할 정도의 정신적 고통으로 작용하기도 한다. 실제로 벨기에에서는 2014년 종신형을 받고 복역하던 죄수에게 안락사를 허용하는 판결이 내려지기도 했다.

벨기에 법원이 종신형 죄수에게 안락사(조력자살)를 허가했다. 지난 2002년 안락사법이 도입된 이후, '인도주의' 차원에서 무기수의 안락사를 법원이 허가하기는 이번이 처음이다. 3년에 걸친 법정 투쟁 끝에 안락사 허가 판결을 받아낸 주인공은 반 덴 블레켄이란 이름의 50대 남성 죄수이다. 여러 차례의 강간 · 살인죄로 무기형을 선고받고 지난 30여 년 동안 수감생활을 해온 그는 2011년 "폭력적인 충동을 제어하기가 너무나 힘들어, 견딜 수 없는 정신적 고통을 겪고 있다"며 국가를 상대로 안락사 형식의 사형을 집행해줄 것을 요구하는 소송을 제기했다. 거듭된 패소에도 좌절하지 않은 그는 결국 15일 법원으로부터 '안락사를 허용한다'는 판결을 받아내는 데 성공했다. 벨기에 법원의 이번 판결은 사형제가 폐지된 상황에서 무기수의 '죽음을 선택할 권리'를 인정했다는 점에 의미가 있다. AFP통신 등은 반 덴 블레켄이 자신을 '사회에 대한 위협'으로 인정해 가석방을 거부했을 정도로 약물과 상담치료로도 제어할 수 없는 폭력적 충동 때문에 극심한 고통을 겪었다고 전했다. 반 덴 블레켄은 수일 내 모처의 병원으로 이송돼 약물로 안락사에 처해질 예정이다. 벨기에는 세계에서 가장 급진적인 '친안락사' 국가이다. 네덜란드에 이어 세계 두 번째로 2002년 안락사법을 도입한 벨기에는 지난 2월 세계 최초로 12세 미만 어린이 말기환자의 안락사도 허용한 바 있다. 지난 한 해 동안 안락사를 택한 사람이 1,807명에 이른다.[16]

벨기에의 사례에서 알 수 있듯이 종신형도 생명권에 대한 국가 독점이라는 문제에서는 자유롭지 못하다. 국가 권력은 사회의 일탈자를 사형시키거나 종신토록 감옥에 가둠으로써 사회를 통제한다. 이 경우 수형자의 생사여탈권은 사실상 국가가 쥐게 된다.

무기수가 수감생활 도중 안락사를 원함에도 불구하고 국가가 이를 불허한다면, 생사여탈권이 국가에 있다는 사실을 대내외에 전시하려는 의도는 더욱 분명해진다. 베르너 푹스는 국가 권력의 이 같은 의도를 다음과 같이 지적한다.

"사형수가 자살하지 못하도록 철저히 감시당하고, 혹시 자살을 꾀했다가 실패한 경우 건강이 완전히 회복될 때까지 형 집행이 연기되고 치료를 받는 것은, 공권력에 의한 죽음은 공권력 자신만이 집행해야 한다는 지배기구의 의지를 나타내는 것이다. 자살 행위는 사회기구의 이러한 독점권을 결정적으로 약화시키기 때문이다."[17]

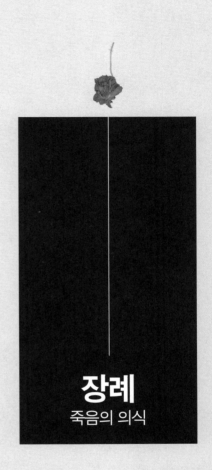

장례
죽음의 의식

나는 어떠한 이유에서건 내 신체가 부검되는 것을 금한다.
나는 내가 죽은 방에서 내 몸이 목관 안에 놓인 채로
뚜껑에 못질을 하지 않고 48시간 동안 머물러 있기를 강력히 요청한다. (…)
내 무덤의 흔적은 그렇게 해서 대지의 표면으로부터 완전히 사라질 것이요,
나로서는 사람들의 뇌리로부터 나에 대한 기억이 깨끗이 사라지는 게
더없이 기쁠 따름이다.
1806년 1월 30일, 온전한 정신과 몸 상태로 생 모리스 샤랑통에서 작성함.

– D.A.F. 사드(Donatien A. F. de Sade)

도쿄에서 첼리스트로 활동하던 다이고는 몸담았던 오케스트라가 해체되자 아내와 함께 고향으로 돌아와 새로운 직장을 찾는다. 여행 도우미를 모집한다는 구인광고를 보고 찾아간 그가 얻게 된 새로운 직업은 이름도 생소한 '납관사(納棺師)'. 죽은 사람의 몸을 깨끗하게 닦고 수의를 입혀 입관하는 일이다. 저 세상으로 가는 망자의 여행을 돕는다는 의미에서 '도우미'가 꼭 잘못된 표현만도 아니지만, 일을 처음 맡은 날 그는 시체 썩는 냄새에 구토까지 하며 납관사가 된 것을 후회한다.

그러나 망자의 얼굴을 화장시켜 아름답게 보내는 모습을 지켜보면서 다이고는 숭고하기까지 한 이 직업에 점차 매력을 느낀다. 하지만 아내와 친구들은 계속해서 그가 하는 일을 못마땅하게 생각하고 심지어 부끄러워하기까지 한다. 죽음을 다룬 영화 〈굿 바이〉(2008)는 죽음의 의식인 장례를 바라보는 우리 사회의 상반된 인식을 보여

준다.

장례는 인생의 '마지막 의식'으로 죽은 사람에 대한 최대한의 예의를 갖추어 엄숙하게 행해진다. 사람이 죽으면 차려지는 빈소(殯所)는 시신이 담긴 관(棺)을 안치해 놓는 장소, 즉 망자의 시신이 장사를 지낼 때까지 머무는 곳을 뜻한다. '죽음(死)'과 '손님(賓)'으로 이루어진 '빈(殯)'이라는 글자에는 죽어서 영원히 손님이 되어버린, 이제 다시는 돌아올 수 없는 곳으로 영영 떠나야 하는 망자에 대한 깊은 슬픔과 아쉬움이 담겨 있는 듯하다. 빈소의 이런 상징적 의미 때문인지 장례식의 엄숙한 분위기 속에서도 유족들과 조문객들의 흐느끼는 울음 소리는 막을 수가 없다. 한국적 전통에서는 이렇게 죽음을 애통해하며 통곡하는 것이 오히려 죽은 자를 위로하는 진혼곡으로 여겨지기도 한다.

그래서 자유롭게 애통해하고 통곡할 수 없는 죽음은 망자에게나 유족에게나 모두 안타깝기 그지없다. 자살로 인한 죽음, 사형수의 죽음처럼 터부시되는 죽음이 그렇다. 박완서는 소설 〈부처님 근처〉에서 빨갱이로 몰려 제대로 장례조차 치르지 못한 아버지와 오빠의 죽음을 마음껏 애도하지 못한 한을 쏟아낸다.

나는 그들로부터 자유로워지고 싶었다. 삼킨 죽음을 토해내고 싶었다. 그 무렵 나는 낯선 길모퉁이 초상집에서 들리는 곡성에도 황홀해져 그곳을 떠나지 못하고 오래 서성대기가 일쑤였다. 저들은 목이 쉬도록, 곡을 함으로써, 엄살을 떪으로써, 그들이 겪은 죽음으로부터 놓여나리라. 나에겐 곡성이 마치 자유로운 노래였다.[1]

에드바르 뭉크 〈병실에서의 죽음〉 1895

뭉크는 누이였던 소피의 죽음을 여러 차례 작품으로 남겼다. 열네 살에 겪은 누이의 죽음을 비롯해 가족을 죽음으로 떠나보낸 충격과 슬픔은 내면에 깊이 각인되어 일생 동안 뭉크를 고통스럽게 했다. 그림은 1895년 작. 정면을 바라보고 멍한 표정을 짓고 있는 여인(뭉크의 다른 누이 라우라) 뒤로 돌아서서 고개를 숙인 뭉크 자신이 있다. 다른 가족들도 모두 기도를 하거나 고개를 숙이거나, 슬픔에 잠겨 방을 나서는 모습이다.

유교적 관습이 남아 있는 한국에서는 보통 3일 동안 장례를 치른다. 사람이 죽으면 시신을 수습하여 염(殮)을 하고 수의를 입혀 입관을 하게 된다. 이청준의 소설《축제》에는 어머니의 죽음을 맞아 아들 준섭이 어머니의 시신을 수습하여 입관하는 과정이 상세하게 묘사되어 있다.

준섭과 함평이 이윽고 병풍을 걷어내고 노인의 자세를 반듯이 하여 홑이불 아래서 차례차례 옷가지들을 벗겨가며 몸을 씻겨 내려가고 있을 때였다. (…) 얼굴에서 목과 어깨 겨드랑이께를 거쳐 가슴과 등쪽까지는 아깟번에 이미 씻김질이 끝나있어 이번에는 함평이 준섭 쪽에 남기고 간 한쪽 팔과 옆구리 쪽을 차례로 닦아 내려갔다. 하다 보니 나중엔 누구보다 노인을 많이 씻겨 드렸을 외동댁까지 달려들어 함평과 준섭이 이미 손을 거쳐 내려간 곳들을 한 번 더 세심하게 씻고 닦고 하였다. 그렇게 셋이서 노인의 아랫몸과 발끝까지 다 닦아 드린 다음에 외동댁이 마지막으로 머리를 감겨 빗겨 드리고, 그 동안에 준섭은 함평과 당신의 손톱 발톱을 깨끗이 깎아 드린 것으로 일을 다 마무리지었다. 이어 노인의 수의를 입혀 드릴 차례였다. (…) 그렇게 셋은 이제 말이 없는 가운데서도 서로 마음을 합해 한겹한겹 노인의 몸을 움직여 가며 요람 속에 다시 감싸듯 당신의 저승길 옷을 입히고, 마지막으로 버선과 고운 꽃신발을 신기고 모자를 씌워 드리는 데까지 일사분란 숙연하게 일을 모두 끝냈다. 준섭은 당신의 먼 저승길 단속으로 입 속에 쌀을 넣어 드리는 반함(飯含) 절차까지 치른 다음, 그래도 뭔가 아쉬운 마음을 달래려 다시 노인의 모자를 벗기고 그 짧은 뒷머리를 한동안 더 정성스럽게 빗겨 드리고 나서야 다음번 절차로 소렴 일을 시작했다. 그런데 이윽고 고인의 유체가 흐트러지지 않도록 몸을 묶어 단속하는 그 소렴 절차까지 거쳐서 노인의 육신이 마침내 관 속으로 옮겨 눕혀지고 나서였다. (…) 이윽고 관 뚜껑이 닫히고 노인을 바깥 뜰 한쪽의 정식 빈소로 옮겨 모시고 나니, 준섭은 비로소 큰일의 한고비가 무사히 넘어간 느낌이었다.[2]

입관이 끝나면 관을 실은 상여(喪輿)나 영구차(靈柩車)는 묘지를 향해 출발한다. 저 세상으로 향하는 길을 의미하는 발인(發靷)은 가슴에 거는 가죽 끈을 의미하는 '인(靷)'과 출발을 의미하는 '발(發)'을 합친 말이다. 발인이라는 말을 들으면 어깨에 단단한 끈을 매고 상여를 옮기는 사람들, 그리고 그렇게 영영 세상을 떠나가는 망자를 떠올리게 된다. 이별의 의식이 한편으로 영원한 단절을 상징하는 것 같아 가슴이 먹먹해진다.

발인을 거쳐 묘지로 운반된 시신은 매장이나 화장으로 장사(葬事)를 지내게 된다. 시신을 화장하고 남은 유골은 봉안당(납골당)에 안치되거나 수목(樹木) 밑에 매장하거나 산이나 바다에 흩뿌려지기도 한다.

한편 기독교인들은 사람이 죽으면 하늘나라(천국)에 간다고 믿는다. 이런 신앙에 따라 기독교식 장례 절차는 입관, 발인(영결식), 하관이 모두 예배의 형식으로 진행되며 대부분 찬송과 기도, 설교로 이루어진다.

천주교(가톨릭) 신자들도 사후에 하느님이 있는 천국으로 간다는 믿음에 따라 가톨릭 예식의 지침인 성교예규(聖敎禮規)에 정해진 미사 형식의 장례를 따른다. 이에 따라 운명을 앞둔 사람에게는 종부성사(終傅聖事)를, 죽음에 이르면 연(煉)미사를, 입관과 하관을 할 때에는 위령(慰靈)미사를 차례로 지낸다.

기독교나 천주교와 달리 불교에서는 '다비(茶毘)'라고 부르는 고유의 장례를 치른다. 불교의 영결식은 착어(着語, 망인을 안정시키는 말), 창혼(唱魂, 극락으로 가서 고이 잠들기를 바람), 소향(향을 피워 고인을 애도함), 사홍서원(四弘誓願, 불도를 이루기를 기원함) 등과 같은 특별한 의식으로 진행된다. 영결식이 끝나면 시신은 주로 화장된다.

장례식이 치러지는 동안 망인을 기억하고 유족을 위로하기 위해 사람들은 장례식장을 찾는다. 조문객들은 망인에게 조화(弔花)를 헌화하고, 깊은 애도의 마음으로 그를 떠나보낸다. 장례가 진행되는 내내 빈소에는 향이 피어오른다. 빈소를 찾는 조문객들은 유족의 장례 비용을 덜어주고자 십시일반으로 조위금(부의금)을 내기도 한다. 우리는 그렇게 장례라는 죽음의 의식을 통해 누군가의 죽음을 함께 애도하고, 서로를 위로한다. 죽음은 이렇게 장례라는 의식을 거침으로써 당사자와 유가족만의 일이 아닌 게 된다.

국기기초생활보장제도에는 장제급여(葬祭給與)가 포함되어 있어 (국민기초생활보장법 제7조 제1항)[3] 아무리 가난한 사람일지라도 죽음의 의식을 치를 수 있도록 보호하고 있다. 나아가 형법은 사체오욕죄 (동법 제195조), 분묘발굴죄(제160조), 사체유기죄(제161조), 사체손괴죄(제162조) 등으로 시신에 대한 오욕을 금지하고 처벌한다. 법이 시

구스타프 쿠르베 〈오르낭의 매장〉 1849-1850

쿠르베의 고향인 프랑스의 작은 마을 오르낭의 가톨릭 장례식을 그린 이 작품은 19세기 리얼리즘의 대표
작으로 꼽힌다. 정치가도, 부르주아도 아닌 평범한 시골 사람들을 가로 3미터가 넘는 대작으로 그려낸 〈오
르낭의 매장〉은 발표 직후 엘리트 평단의 비난을 받았다. 죽음을 신성하고 성스러운 것으로 묘사한 동시대
의 다른 작품들에 반해 〈오르낭의 매장〉은 보편적인 사건으로서 죽음의 의식을 사실적으로 보여준다.

신을 함부로 하지 못하도록 금지하고, 동시에 죽음에 대한 형식적 예우를 강조하는 이유는 무엇일까?

죽음의 수용소로 불리는 아우슈비츠에서는 집단학살로 수많은 사람들의 시신이 쓰레기처럼 버려졌다. 아감벤은 집단수용소의 화장로에서 시체를 태울 때 나는 역겨운 냄새를 가리켜 "인간의 존엄성에 가한 최고의 죄악의 상징"이라고 지적한다.[4] 인류는 아우슈비츠의 기억을 통해 사람의 시체가 함부로 다뤄지면 어떤 모습이 되는지를 확인했다. 죽음을 아무렇게나 내팽개친 아우슈비츠에서는 생명도 손쉽게 버려질 수 있는 것으로 여겨졌다.

"4월은 가장 잔인한 달 / 죽은 땅에서 라일락을 키워내고 / 추억과 욕망을 뒤섞으며 / 봄비로 잠든 뿌리를 뒤흔든다." T. S. 엘리엇(T. S. Eliot)에게 4월이 가장 잔인했던 이유는 그의 절친한 친구들이 제1차 세계대전이 치열하게 벌어졌던 1915년 4월에 전사했기 때문이다. 전쟁터에서 싸우다 죽어 제대로 묻히지도 못한 채 그 유골마저 아무렇게나 굴러다니는 비극 앞에서 엘리엇은 죽은 자에 대한 예의가 사라지고 살아있는 자의 도덕이 땅에 떨어진 우울한 현실을 노래한다.

그러나 나는 등 뒤에서 찬바람 속에
해골이 부딪는 소리와 입이 찢어질 듯한 킥킥대는 웃음소리를 듣는다.
쥐가 한 마리 살며시 풀숲 속으로
끈적거리는 배때기를 끌며 둑 위로 기어갔다.
겨울 어느 날 저녁 때 가스 공장 뒤 편에서였다.
흐릿한 운하에서 나는 낚시하면서

난파한 형왕(兄王)의 일이며

그 이전에 죽은 부왕(父王)의 일을 명상하였다.

허연 시체는 축축한 낮은 땅 위에 알몸으로 노출되고,

낮은 추녀 밑 작은 메마른 다락방에 버려진 해골들은

해마다 쥐 발에만 걸려 덜그럭거릴 뿐이다.[5]

인류의 역사와 문화는 왜 사람의 시신이 존엄하게 처리되어야 하는지를 보여준다. 한 사회가 죽음을 어떻게 대하는지를 보면, 생명의 가치를 어떻게 여기는지를 알 수 있다. 죽음을 기리는 장사는 죽은 사람에 대한 예의이기도 하지만 살아있는 사람의 책임이기도 하다.

장사에도 지켜야 할 법이 있다

장례식장의 설치기준

도스토옙스키(F. Mikhailovich Dostoevskii)의 《카라마조프의 형제들》에는 수도원 장로 조시마의 장례식을 그린 장면이 나온다. 그는 카라마조프의 셋째 아들 알료샤에게 기독교적 사랑의 정신을 가르쳐준 인물로, 살아서 많은 사람들에게 사랑을 베푼 삶 때문에 성인으로 대우받았다. 하지만 그의 시체에서 썩은 냄새가 나자 사람들의 태도는 달라진다.

유해가 썩기 시작했음이 드러나자, 고인이 된 장로의

수도실에 들어오는 수도사들의 얼굴만 보아도 그들이 무엇 때문에 들어왔는지 단번에 알 수 있었다. 그들은 들어왔다가도 오래 머물러 있지 않고, 떼를 지어 바깥에서 기다리고 있는 군중에게 소문이 사실이라는 것을 알리기 위해 서둘러 나가 버리곤 했다. 밖에서 기다리고 있는 사람들 중에는 슬픈 듯이 고개를 설레설레 젓는 사람들도 있었으나, 그 외의 사람들은 악의가 가득 찬 눈길 속에 노골적으로 빛나기 시작한 기쁨의 빛을 숨기려고 하지 않았다. 그리고 이미 아무도 그것을 비난하거나 거기에 대해 변호하는 자가 없었다. 참으로 기이한 일이었다.[6]

사람의 시체는 썩기 마련이다. 아무리 거룩한 삶을 산 성인이더라도 죽어서 시체가 썩으면 냄새가 난다. 장례식장의 주된 임무 가운데 하나는 냄새나는 시체를 보관하여 장례식이 치러지는 동안 살아있는 자의 애도가 방해받지 않도록 하는 것이다. 이를 위해 많은 병원에서는 별도의 장례식장을 운영하며, 장례식은 하나의 영업으로 자리 잡았다.

장사 등에 관한 법률(이하 장사법)은 장례식장 안에 시체를 보관할 때 위생적으로 관리하도록 요구하며 시체 관리의 기준을 제시하고 있다(동법 제29조 제2항). 장례식장에는 시체를 보관하는 시체실과 망자의 몸을 씻어 수의를 입히고 염포(殮布)로 묶는 염습실, 시체약품처리실과 약품보관실 등이 마련돼 있어야 한다. 시체실과 염습실은 실내공기를 깨끗하게 유지하기 위한 환기시설 및 상하수도시설뿐 아니라, 염습실과 시체약품처리실에 출입하는 사람들이 몸을 씻을 수 있는 세척시설도 갖춰져 있어야 한다. 시체실·염습실·약품처리실은 매주 1회 이상 청소와 소독을 하고 이를 기록으로 남겨야 한다.

또 망자가 전염성 질병으로 사망한 경우 시체로부터 질병이 전염될 우려가 있으므로 시설에 출입하는 사람들은 감염 방지에 관한 기본 교육을 받고, 유족을 비롯한 연고자에게 그 사실을 알려야 한다. 감염을 예방하기 위해 보호마스크, 보호장갑 및 위생복을 착용하는 것도 필수다. 덧붙여 시체를 보관하거나 운송할 때는 시설과 장비를 모두 소독해야 하며, 시체실·염습실에서 배출된 폐기물은 폐기물관리법에 따른 의료폐기물에 준하여 관리해야 한다(장사법 시행규칙 제20조 제1항).

법은 어디까지나 장례식장의 관리 기준을 제시하고 있을 뿐, 영업자에게 따로 신고나 허가의 의무를 부과하지는 않는다. 시체의 위생적 관리와 장사에 관한 전문지식과 기술을 가진 사람에게 '장례지도사' 자격이 부여되기도 하지만 장례식장에 반드시 장례지도사 자격을 가진 사람이 고용되어야 하는 것도 아니다.

하지만 죽은 사람의 시신을 처리하는 일은 전문적인 지식과 경험이 필요한 일이다. 사자의 명예와 관련되어 있으며, 공중위생에도 영향을 미친다는 점을 고려하면 장례식장 영업을 규율하는 일정한 시설 기준이 필요하다.

장례식장 영업에 정해진 기준이 없어 발생하는 불편은 비단 위생에 관한 것만이 아니다. 유족이 장례식장 측과 갈등을 빚는 경우도 종종 일어난다. 장례식장이 장례비용을 터무니없이 높게 부른 탓이다. 가족의 죽음으로 경황이 없는 와중에 비용 문제로 장례식장과 언쟁을 벌여 죽은 가족의 마지막 가는 길에 누가 되는 일을 반기는 사람은 아무도 없다. 장례식장이 법의 허점과 유족의 애도하는 마음을 악용하지 못하도록 하기 위해서라도 장례식장 영업에 대한 법적 규제가 필요하다.

장사법은 이런 분쟁을 막기 위해 장례식장 영업자에게 임대료와 각종 수수료, 장례용품의 품목별 가격을 표시한 가격표를 이용자가 보기 쉬운 곳에 게시하도록 하고 있다. 이때 임대료는 오전 12시부터 다음 날 오전 12시까지가 1일로 계산된다(동법 제29조 제3항). 또한 게시된 항목 외의 금품을 받는 행위는 법으로 금지되고(동조 제4항), 이를 위반하면 과태료가 부과된다(동법 제42조 제1항 제12호).

시신을 매장할 때

장사를 규율하는 법률로는 장사법이 제정되어 있다. 이 법률은 장사의 방법을 매장, 화장, 자연장으로 나눈다. 이때 매장(埋葬)은 시체(임신 4개월 이후에 죽은 태아를 포함)나 유골을 땅에 묻어 장사하는 것을, 화장(火葬)은 시체나 유골을 불에 태워 장사하는 것을,[7] 자연장(自然葬)은 화장한 유골의 골분(骨粉)을 수목·화초·잔디 등의 밑이나 주변에 묻어 장사하는 것을 의미한다. 하지만 이것은 단지 구분일 뿐, 법이 특정한 장사를 금지하거나 강제하는 것은 아니다.

사람이 사망하거나 태아가 사산하면 원칙적으로 그로부터 '24시간'이 지나야 매장이나 화장을 할 수 있다(동법 제6조). 여기서 망자의 시신을 굳이 24시간 동안 보존하는 것은 사망 판정을 받았더라도 다시 살아날 수 있는 가능성을 고려한 것으로 보인다. 하지만 임신 7

개월이 되기 전에 죽은 태아, 감염병으로 사망한 시신, 뇌사판정을 받고 장기적출이 끝난 시신 등은 관련법과 시행령에 따라 예외적으로 24시간 이내에 장사를 지낼 수 있도록 하고 있다.

장사는 죽은 사람의 시신을 처리하는 일로서 공중위생과 관련되기 때문에 법의 규율이 필요하다. 이에 따라 매장이나 화장은 공중위생에 해를 끼치지 않도록 해야 하는데 법은 그 방법을 규제하고 있다.

우선 매장을 할 때에는 시체나 화장하지 않은 유골을 위생적으로 처리한 뒤 지면으로부터 1미터 이상의 깊이로 묻어야 한다. 다만 화장한 유골을 매장하는 경우에는 30센티미터 이상이면 된다(장사법 시행령 제7조 제1호).

화장을 할 때에는 시체나 유골을 공중위생에 해를 끼치지 않도록 완전히 태워야 한다. 또 화장할 때 관 속에는 환경오염 발생물질(화학합성섬유, 비닐제품 등)이나 화장로의 고장을 일으킬 수 있는 물질, 폭발 위험의 원인이 되는 물질(휴대 전화, 금속·유리·탄소제품 등)을 넣어서는 안 된다(동조 제2호).

한편 자연장의 경우에는 화장한 유골을 묻기에 적합하도록 분골하여 흙과 섞어 묻어야 한다. 분골한 유골을 용기에 담아 묻으려면 생화학적으로 분해가 가능한 용기를 써야 한다(장사법 제10조 제1항 및 제2항). 이때 골분, 흙, 용기 외의 유품(遺品) 등을 함께 묻는 것은 금지된다(장사법 시행령 제8조 제1항). 용기는 가로, 세로, 높이가 각각 30센티미터 이하인 것을 사용해야 한다(동조 제2항 및 제3항).

장례를 치를 때는 이런 법 규정에 유의할 필요가 있다. 매장·화장·자연장 등 방식과 상관 없이 법이 정한 기준을 위반하면 1년 이하 징역 또는 500만 원 이하의 벌금형을 받기 때문이다. 특히 분골한 유골을 강이나 바다에 흩뿌리는 것은 장사법이 허용하는 자연장의 방법이 아니어서 특별히 주의해야 한다.

묘지의 설치기준

크레온 왕은 안티고네의 오빠인 폴리네이케스가 신전을 파괴하고 동족을 노예로 삼으려 했다는 이유로 그의 장례를 치르지 못하게 엄명을 내린다. 하지만 안티고네는 왕의 명령을 어기고 오빠의 시체를 몰래 가져다가 매장한다. 왕은 이를 알고 안티고네를 사형에 처하려 하지만 그녀는 죽은 자를 장례하는 것은 자연법을 의미하는 '하늘의 법'이라고 주장하며 스스로 목숨을 끊는다.

"그렇습니다. 명하신 법은 제우스신께서 내리신 법이 아니니까요. 땅 아래의 신들과 정의의 신마저 그러한 법을 만들지 않았습니다. 인간의 법전으로는 만들어지지 않은 영원한 하늘의 법도를 어찌 어길 수 있겠습니까? 저는 왕께서 내리신 법이 하늘의 뜻에 맞물려 있다고 생각하지 않습니다. 하늘의 법은 하루아침에 생겨난 것이 아니랍니다. 언제 그 법도가 이루어졌는지조차 알 수가 없는 것입니다. 저는 인간의 자존심 따위엔 별로 신경을 쓰지 않고 있습니다. 단지 신 앞에서 잘못을 범했다고 대답할 이유가 없음을 인정할 뿐입니다."[8]

안티고네의 말대로 장례 자체는 인간의 법을 넘어선 하늘의 법에 속할지 모른다. 하지만 장례의 구체적인 방식은 다르다. 특히 묘지는 인간의 생활터전인 땅을 어떻게 이용하느냐의 문제에서 자유롭지 않다.

법은 특정 구역에 묘지나 화장시설, 봉안시설 또는 자연장지를 설치하거나 조성할 수 없도록 규정하고 있다. 이에 따라 시체를 매장할 때는 '묘지' 외의 장소에 매장할 수 없다(장사법 제7조 제1항). 예를 들어 보호가 필요한 녹지나 상수원 보호구역, 문화재 보호구역 등에는 마음대로 장례시설을 만들 수 없다. 공설묘지나 사설묘지의 설치기준은 법령에 따라 규제된다.

또한 화장시설이 아닌 곳에서 화장을 하는 것도 법으로 금지돼 있다(동조 제2항). 다만 불교의 장례의식을 치를 때 사찰 경내에서 다비의식으로 화장을 하는 경우나 화장시설이 따로 없는 도서 지역에서 감염병의 확산을 막기 위해 화장이 필요한 경우 등은 예외적으로 시설이 아닌 곳에서도 화장을 할 수 있다(장사법 시행령 제6조). 법을 어기고 묘지가 아닌 곳에 매장을 하거나 화장장이 아닌 곳에서 시신을 태운 사람은 1년 이하의 징역 또는 500만원 이하의 벌금형에 처하므로 장사를 지낼 때는 특별한 주의를 기울여야 한다.

한편 묘지의 설치기간은 실정법이 정한 기준에 따라야 한다. 공설묘지나 사설묘지에 설치된 분묘의 설치기간은 원칙적으로 15년으로 제한되는데 이는 국토 훼손을 방지하기 위한 것이다(장사법 제19조 제1항). 다만 설치기간이 지난 묘라 할지라도 관할 지자체장이나 관리자에게 연장을 신청하면 한 번에 15년씩 3회에 한하여 최장 60년까지 보존할 수 있다. 하지만 이 경우에도 묘지가 부족할 경우 조례에 따라 연장 기간이 단축될 수 있다(동조 제4항).

설치기간이 끝나면 묘의 연고자는 1년 이내에 시설물을 철거하고 매장된 유골을 화장하거나 봉안해야 한다(동법 제20조 제1항). 그렇지 않으면 1년 이하의 징역 또는 500만원 이하의 벌금형을 받게 된다 (동법 제40조 제6호). 뿐만 아니라 500만원의 이행강제금도 부과된다 (동법 제43조 제2호). 연고자가 기한 내에 묘지를 철거하지 않으면 공설묘지나 사설묘지의 설치자는 묘를 철거하고 유골을 화장하여 일정 기간 봉안할 수 있다(동조 제2항).

장사법은 묘의 면적, 시설물의 크기와 숫자도 제한하고 있는데 이는 묘지의 무분별한 확장으로 국토가 훼손되는 것을 막기 위함이다. 따라서 공설묘지, 가족묘지, 종중·문중묘지 또는 법인묘지 등은 정해진 규모로 설치되어야 한다. 법에 따르면 공공묘지의 면적은 시설물을 포함해 10제곱미터(합장할 경우 15제곱미터)를, 개인묘지는 30제곱미터를 초과할 수 없다(동법 제18조 제1항). 또한 묘의 높이는 70센티미터, 면적은 2제곱미터를 초과할 수 없다(동조 제2항).

비석이나 상석을 세울 때도 주의가 필요하다. 분묘, 봉안묘 또는 봉안탑 1기당 설치할 수 있는 시설물은 비석 1개, 상석 1개다. 비석의 높이는 2미터 이내, 면적은 3제곱미터 이하로 제한된다. 비석 외의 석물은 1개 또는 1쌍만 세울 수 있는데 이 역시 2미터 이내의 크기여야 하며, 인물상을 세우는 것은 금지돼 있다(장사법 시행령 제23조 제1항). 설치기간과 마찬가지로 규모를 어겼을 시에도 1년 이하의 징역형 또는 500만원 이하의 벌금형(장사법 제40조 제5호)에 더하여,

500만원의 이행강제금을 내야 한다(동법 제43조 제1호).

장례에 관한 질문들

장례의식을 규제해야 하는가

일본에는 시신을 화장하기 전날 유족과 망자의 지인들이 모여 밤을 지새우는 '쓰야(通夜)'라는 장례 문화가 있다고 한다. 쓰야를 지낸 사람들은 다음 날 시신을 화장한 뒤 더 많은 이들과 모여 망자를 떠나보내는 의식을 치른다. 쓰야와 그 뒤의 고별식을 치르는 데는 한화로 대략 2,500만 원 정도가 드는데 최근에는 이런 의식을 간소화하여 약식 장례를 치르는 사람들도 늘고 있다. 그 주된 이유는 비용을 절감하기 위해서다.[9]

일본의 종교학자 시마다 히로미(島田 裕巳)는 《사람은 홀로 죽는다》라는 저서에서 극단적 개인주의로 인한 무연(無緣)사회의 확산과 그로 인해 홀로 죽음을 맞는 고독사의 증가에 주목했다. 특히 고독사한 사람들이 제대로 된 장례식을 치를 수 없는 현실과 함께 조문객이 줄었음에도 여전히 3일장을 고집해 발생하는 높은 장례비용과 허례허식 문화를 꼬집었다.[10]

"모든 고인이 죽기 전에 장례식을 치를 만한 돈을 남길 리는 만무하다. 단독 세대로 고독한 삶을 살아온 사람이라면 더더욱 금전적인 여유는 없을 것이다. 게다가 장례식이란 원래 고인을 애도하는 출발점일 뿐이다."

한국에서도 비슷한 비판이 꾸준히 제기돼 왔다. 장례식이 끝나면 쓰레기처럼 버려지는 화환, 장례식장을 찾는 사람들이 유족들에게 전달하는 조위금, 장례식장에서 조문객들에게 제공되는 술과 음식 등이 비판의 주요대상이다. 많은 사람들이 필요 이상의 허례허식으로 변질된 장례의식에 대해 문제의식을 갖고 있다는 뜻이다.

화려한 장례의식은 엄밀히 말해 죽은 사람을 위한 것이라기보다 살아있는 유족을 위한 것이다. 유족의 사회적 신분과 인맥을 과시하는 데 장례식이 활용되는 것이다. 애도와 예의라는 장례의 본질을 흐리는 이런 과시 문화에는 분명 문제가 있다.

하지만 그렇다고 해서 국가가 장례의식에 과도하게 개입해도 되는 것은 아니다. 장례의식은 죽음을 대하는 그 사회의 '문화'에 속한다. 문화의 본질은 자율성과 다양성이다. 장례에 대한 국가의 개입은 문화에 대한 개입을 의미하고, 자율성과 다양성의 심각한 침해를 불러일으킬 수 있다.

그러므로 일정한 문화와 전통에 따라, 또는 유족이 결정한 방식에 따라 장례의식을 거행하는 것은 문제가 없다. 장례 문화는 시신의 방치와 부패로 공중위생에 해악을 끼치거나 시신을 훼손해 죽은 사람을 모욕하지 않는 한 그 자체로 존중되어야 한다.

나아가 원하는 방식으로 장례를 치르는 것은 개인의 행복추구권에 해당하기도 한다. 헌법재판소는 "개인의 납골시설은 그곳에 봉안된 사자(死者)를 기리기 위한 시설로서 고인에 대한 기억과 추모 감정을 상징하는 공간이고, 친족 공동체가 함께 고인을 추모함으로써 만남과 유대감을 나누면서 종족문화를 공유하고 계승시키는 공간이다. 따라서 개인 또는 문중에 의하여 설치·운영되는 납골시설의 설치가 제한되는 경우에는 그 설치 주체나 구성원의 행복추구권을 제한하는 문제가 발생한다"고 판시한 바 있다.[11] 따라서 장례를 어떤 방식으로 치를지는 기본적으로 유족의 자유로운 결정에 맡겨져야 한다.

장이모우 감독의 영화 〈집으로 가는 길〉(1999)은 40년을 넘게 사랑한 남편을 영원히 떠나보내는 여인의 애틋함을 그리고 있다. 남편과 사별한 디는 굳이 번거롭고 비용도 많이 드는 전통 장례의식을 택해, 사람들이 직접 상여를 옮기기를 원한다. 예의를 다해 사랑하는 사람의 마지막 길을 추억으로 남기고 싶은 유족의 마음을 읽을 수 있는 대목이다. 이런 마음을 생각하면 허례허식이라는 막연한 기준으로 국가가 섣불리 장례의 절차와 규모 재단하는 것이 얼마나 위험스러운지 되묻게 된다.

묘지는 혐오시설인가

《죽음 앞의 인간》에서 필립 아리에스(Philippe Aries)는 죽음을 더 이상 아름다운 것으로 간주하지 않는 19세기 후반의 상황을 다음과 같이 묘사한다.

죽음은 단지 그것의 절대적인 부정성으로 인해 두려움을 불러일으키는 것만이 아니었다. 혐오감을 주는 여느 구경거리와도 같이 구역질나게 하는 것이었다. 인간의 온갖 생명 행위, 즉 육신의 분비와 배설 행위와도 같이 죽음은 '예의에 어긋나는 것'이 되고 있었다. 따라서 죽음을 대중 앞에 공개하는 것은 당연히 '단정치 못한 일'인 것이다. 오줌, 땀, 고름 냄새가 진동하고 시트가 축축이 젖어 있는 침실 안으로 아무나 들어가게 하는 것이 이제는 더 이상 용인되지 않았다. 이런 불쾌감을 참아낼 수 있는 가까운 몇몇 사람과 필수적인 간호자들 외에 출입을 엄격히 금해야 했다. 추하고 더러운 죽음, 그래서 은폐되어야 하는 죽음이라는 죽음의 새로운 이미지가 이렇게 형성되고 있었다.[12]

아리에스는 이반 일리치의 죽음을 상기하며 20세기 후반 이후 일반화된 죽음의 은폐 과정을 더욱 분명하게 드러낸다.

> 안락함, 사생활, 개인 위생, 살균, 이러한 요소들이 빠르게 발전할수록 모두가 까다롭고 예민한 존재들이 되어갔던 것이다. 19세기 초까지만 해도 통증이나 질병과 더불어 일상적 삶의 일부였던 악취와 그러한 장면들을 이제는 우리의 감각이 견뎌내지 못한다. 이렇게 해서 질병으로 인한 생리적 증상들이 일상성을 벗어나 위생, 의학, 도덕의 멸균 처리된 세계로 이송된다.[13]

그는 이어서 죽음이 은폐됨으로써 죽은 자에 대한 애도행위마저도 쇠퇴하고 있다고 지적한다.

> 20세기 초부터 죽음을 사회로부터 격리시키고 가족과 가까운 친지에 한정된 사적인 행위로 만들어 그것이 갖고 있던 공

에밀 놀데 〈환자, 의사, 죽음과 악마〉 1911
환자와 죽음 사이에는 의사만이 임종을 지키고 있다. 죽음에 대비하고, 죽음을
처리하는 일은 어느새 성직자나 가족이 아닌 의사가 주관하게 되었다.

적인 의례로서의 성격을 제거하려는 심리적 메커니즘이 자리잡게 된다. 그러다가 임종 환자들의 병실 입원이 보편화되면서 가족마저도 배제되기 시작한다. 그런데 아직까지 죽어가는 자(혹은 죽음)와 사회 간에 소통이 가능한 두 기간이 존재하고 있었는데, 그것은 임종 환자가 주도권을 지게 되는 마지막 순간과 애도 기간이었다. 오늘날 죽음의 역사에서 두 번째로 중요한 사건은 애도 기간에 대한 거부와 삭제의 움직임이다.[14]

묘지를 혐오시설로 인식하는 관념은 죽음을 대하는 한국인의 문화를 보여준다. 죽음을 부정적으로 인식하다 보면, 당연히 죽은 자에 대한 공포감이 일고 이는 묘지에 대한 혐오감을 불러일으킬 수 있다. 죽은 자의 영혼이 늘 공동묘지와 결합되어 부정적 이미지로 등장하는 것도 이런 혐오감과 무관하지 않다. 묘지에 관한 법을 살펴보면 죽음을 대하는 우리 사회의 시선이 여전히 근대의 그것에 머물고 있음을 알 수 있다.

법은 공설묘지든 사설묘지든 "20호 이상의 인가밀집지역, 학교, 그밖에 공중이 수시로 집합하는 시설 또는 장소로부터 500미터 이상 떨어진 곳"에 설치해야 한다고 규정하고 있다. 학교보건법도 학교 근처에 납골시설을 설치하는 행위를 금지하고 있다(동법 제6조 제5호). 공중위생을 고려하였다면 굳이 20호 이상의 인가밀집지역으로 제한할 필요가 없었을 것이다. 결국 인가나 학교 또는 공중시설로부터 멀리 떨어진 곳에 묘지를 설치하게 한 것은 묘지가 일종의 혐오시설로 인식되고 있음을 보여준다.

그렇다면 묘지는 과연 혐오시설인가? 헌법재판소는 다음과 같이 판시하고 있다.

> 우리 사회는 전통적으로 사망한 사람의 시신이나 무덤을 경원(敬遠)하고 기피(忌避)하여 왔고, 무덤을 살아있는 사람들의 주거지로부터 멀리 떨어진 산에 설치하여 무덤은 곧 산소(山所)를 의미하게 되었다. 최근에 이르러 매장문화가 화장문화로 바뀌어 가고 화장 후의 유골을 봉안하는 납골시설도 많아지고 있지만, 주검이나 무덤·납골시설을 두려워하고 기피하는 풍토나 정서까지 완전히 바뀌었다고 보기는 어렵다. 주검이나 무덤·납골시설을 기피하는 풍토나 정서가 우리 사회 전반에 뿌리 깊게 퍼져 있어서 단기간의 교육이나 노력에 의하여 해소되기 어려울지도 모른다.[15]

납골당의 설치를 둘러싸고 빈번하게 벌어지는 지역주민의 반대 움직임을 헌법재판소까지 나서 정당화하고 있다는 인상을 지울 수 없다.

이런 인식은 묘지뿐 아니라 화장시설에도 그대로 반영된다. 사실 화장시설의 수급불균형은 오래된 문제여서, 화장시설을 설치할 의무가 있음에도 주민의 반대로 설치하지 못한 지방자치단체가 많다. 자신이 사는 곳에 화장시설이 없는 주민은 당연히 가까운 다른 지역의 화장시설을 이용할 수밖에 없다. 문제는 지자체가 화장시설을 설치하면서 해당 지역 관내에 거주하는 주민과 외지인, 즉 다른 지역 주민에게 이용료를 차등적으로 부과한다는 점이다.

서울시만 해도 경기·인천·수원 등 서울 외 지역에서 온 사람들이 서울시립 화장시설을 이용할 때 할증 요금을 부과하고 있다. 예를 들어 서울시가 운영하는 '서울추모공원'의 경우 주민은 이용료를 9만원(대인 기준)만 내면 되지만 다른 지역에서 왔다면 100만원을 지불해야 한다(2014년 현재).

물론 이처럼 화장시설 이용료를 차등 부과 하는 것은 각 지자체가 화장시설을 설치하도록 하는 효과가 있다. 하지만 이용료에 과도한 차이가 난다면 아무리 취지가 타당하더라도 합리적이라고 보기는 어려울 것이다.

미국이나 유럽에서는 인가나 학교와 가까운 인적 드문 곳에 공동묘지가 위치한 것을 종종 볼 수 있다. 죽음을 있는 그대로 인정하고, 일상 속에서 기피하지 않는다는 의미다.

죽은 자에 대한 불필요한 공포감을 제거한다면 비록 묘지가 가까운 곳에 위치한다고 해도 문제 될 것이 없다. 오히려 묘지의 근접성은 죽음을 마주함으로써 삶을 진지하게 성찰하도록 한다. 묘지가 죽은 자를 기쁘게 추억할 수 있는 장소가 될 수도 있다는 뜻이다. 그런 의미에서 헌법재판소의 다음 결정은 눈여겨볼 만하다.

오늘날 어린이와 청소년들은 삶과 죽음에 대하여 깊은 성찰을 할 기회를 갖지 못한 채 성장하고 있다. 유소년 시절부터 입시경쟁을 위한 교육에 내몰려 인간에게 소중한 근원적 질문을 사유하고 토론하는 교육을 받지 못하는 것이 현실이다. 이와 같은 현실에서 삶과 죽음에 대하여 사색할 수 있는 종교 내지 사회시설로서 납골시설이 존재하는 것은 반드시 유해한 환경이라고 단정하기 어렵다. 삶과 죽음에 대한 사유는 인간으로 하여금 다양한 갈등을 새로운 차원에서 성찰할 수 있도록 도와주는 기능을 하기 때문이다. 그렇다면, 오히려 그와 같은 시설을 교육적으로 활용하는 경우 바람직한 청소년보호정책에 활용할 수 있는 시설이라고 할 수 있다. (…) 일본과 구미의 선진국에서는 도심 내부에 납골시설을 설치하면서 이를 공원화하여 죽은 자들의 공간을 살아있는 사람들의 휴식공간이 되도록 설계함으로써 삶과 죽음이 공존하며 일상의 휴식과 영원한 휴식이 교차하는 공간이 될 수 있도록 하는 새로운 문화를 창조하였다. 이와 같은 설계는 죽은 이들의 공간에 살아있는 사람들이 휴식하도록 함으로써 죽음의 공간을 삶이 숨 쉬는 공간으로 변화시키고, 사자들의 공간을 살아있는 사람들의 일상생활 공간인 도심 한가운데로 끌어들임으로써 일상의 삶 속에서 죽음을 사색할 수 있는 공간을 창조한 것이다. 결국, 납골시설이 삶과 죽음에 대하여 사색할 수 있는 문화적 휴식 공간이 될 것인지 여부는 해당 시설이 어떠한 목적에 기하여 설치되고, 어떠한 철학에 기초하여 설계되었으며, 어떠한 미학적 수준을 달성하고 있는가에 따라 크게 영향을 받는 것이라고 할 것이다.

헌법재판소 2009. 7. 30. 선고 2008헌가2 결정

디지털 장의사와 잊힐 권리

2013년 고용노동부는 새롭게 등장한 직업 100개를 선정해 발표했다. 여기에는 고인이 생전에 인터넷에 남긴 흔적을 삭제해주는 '디지털 장의사'도 포함됐다.

미국의 한 디지털 장례식 대행업체는 회원들이 정해진 이용료를 내고 업체 측에 자신의 정보를 어떻게 처리할지 유언을 남기면 그가 사망한 뒤 지인들에게 마지막 이메일을 발송하고 페이스북이나 트위터를 비롯한 SNS와 온라인 커뮤니티의 모든 흔적을 차례로 지우는 디지털 장례식을 진행한다. 우리나라에도 비슷한 서비스가 있어서 돈을 받고 사후에 블로그, SNS 등에 남긴 자신의 기록을 삭제하는 일을 대행해주는 업체가 있다.

이런 풍경들은 이른바 '잊힐 권리(right to be forgotten)'가 강조되면서 나타나고 있는 현상이다. 사람은 죽어도 그가 인터넷에 올린 글과 사진 등은 영원히 남는다. 하지만 본인이 원하면 생전에는 물론 사후에도 자신이 사용하던 인터넷 계정들을 정리하고, 온라인에 올렸던 글과 사진 등을 찾아 삭제할 수 있다.

〈포브스〉는 '모든 것이 사람에 의해 기록되고, 수집되는 세상'에 대한 유럽연합과 미국의 상반된 인식을 보도한 적이 있다.[16] 미국은 인터넷 공간을 일종의 열린 공간, 알 권리의 차원에서 이해하고 있는 반면, 유럽(EU 사법재판소)은 이를 인정하는 동시에 개인정보침해에 우려를 표하고 있는 것이다. 유럽연합이 검색 엔진을 데이터 수집업체로 규정하고 1981년부터 정보 처리에 규제를 가하고 있는 것도 같은 맥락이다.

죽은 뒤에 온라인상의 기록을 어떻게 처리할지는 원칙적으로 당사자의 결정에 맡겨야 한다. 죽어서도 영원히 기억되었으면 하는 사람들은 자신의 흔적을 그대로 둘 것이고, 죽음과 함께 타인의 기억에서 완전히 사라지고 싶은 사람들은 자신이 남긴 모든 글이나 사진을 지울 것이다.

　다만 이 경우에도 예외는 존재한다. 대중의 관심을 받는 공인의 기록 혹은 사회적·역사적으로 의미 있는 기록이라면 본인의 결정과 무관하게 보존될 필요가 있다.

죽음을 이야기할 시간

사람이 죽으면 누구나 일주일 동안 머무는 곳이 있다. 이곳에서 사람들은 자신의 일생에서 가장 인상적이고 행복했던 순간을 하나만 선택해야 한다. 생의 순간들이 기억나지 않는 사람은 그의 전 생애를 기록한 비디오테이프를 볼 수도 있다. 그래도 선택을 하지 못했거나, 하지 않은 사람은 이곳에 머물면서 타인의 기억을 재생하는 일을 돕는다. 죽은 사람이 하나의 기억을 고르면 당시를 재현한 세트장이 만들어진다. 그리고 그 순간을 담은 영화가 상영된다. 영화의 제작 과정에 참여하면서, 또 그렇게 촬영된 영상을 보면서 다른 기억을 모두 지운 채 죽은 사람들은 오로지 단 하나의 기억만 가지고 영원한 시간 속으로 사라진다. 고레에다 히로카즈의 영화 〈원더풀 라이프〉(2001)에 나오는 이야기다.

죽는 순간, 나는 그동안 가장 행복했던 추억으로 무엇을 떠올릴까? 나는 혹여 다른 사람의 가장 행복했던 추억의 한 자리를 차지할 수 있을까?

이 책을 쓰는 동안 아주 가끔씩 책을 다 쓰지 못하고 중간에 죽으면 어떻게 하나 하는 상념이 찾아오곤 했다. 그렇게 되면 책에는 누군가의 '유작'이라는 수식어가 붙을 것이다. 그 덕에 이 글은 생전에 썼던 다른 글보다 상대적으로 더 많은 관심을 받을 것이다. 그러고 보니 사람은 그나마 태어났을 때와 더불어 죽을 때만큼은 다른 사람들의 관심과 주목을 받는다. 살아있을 때 단 한 번도 주목받지 못했던 사람도 장례식에서는 주인공이 된다. 조문객들은 영정 사진을 보며 그를 추억하고, 심지어 전혀 모르는 사람들도 그가 어떤 인생을 살았을지 그려보곤 한다. 그래서 죽음은 두려움이기도 하지만 유혹이기도 하다.

나이 들어 죽고, 병들어 죽고, 사고로 죽고, 죽임을 당해 죽고, 스스로 목숨을 끊어 죽고……. 죽는 이유는 저마다 다르다. 누군가 죽으면 남은 사람들은 보통 그의 죽음을 슬프고 안타깝게 여긴다. 하지만 죽어 마땅한 사람이 죽었다는 말이 나오는 경우도 없는 것은 아니다. 저마다 다른 죽음의 이유와 평가 속에서 나는 어떤 이유로 죽게 되고, 어떤 평가를 받게 될까. 그것은 살아서 이 글을 쓰고 있다는 사실만큼 확실하지는 않다. 나에게 내일이 주어질지도 역시 불확실하다. 그래서 여기서는 부지런히 꼭 하고 싶었던 말만 모아 갈무리하려 한다.

죽음은 회피할 수 없다. 그것은 누구나 경험할 수밖에 없는 '보편적 사건'이다. 그렇지만 죽음이 살아있는 모든 사람에게 동일한 빈도와 강도로 의식되지는 않는다. 태어나자마자 숨진 아이처럼 죽음을 인식조차 못하고 죽는 경우도 있다. 하지만 살아있는 존재로서 우리는 반드시 죽는다는 사실을 인정하고, 죽음과 맞닥뜨려야 한다. 생의 완성은 죽음을 적극적으로 의식하는 데서 이뤄질지도 모르기 때문이다.

죽음을 지금 당장 벌어질 사건으로 가정할 때 인간은 현재의 삶을 반추하고 기획해볼 수 있다. 그래서 죽음은 미래의 사건이지만 어떤 의미에서 현재의 사건이기도 하다. 죽음은 삶을 통째로 무의미하게 만드는 사건으로 이해되어선 안 된다. 어차피 한 번은 죽는다는 사실만으로 삶의 의미가 전부 사라지는 것은 아니기 때문이다. 우리가 살면서 다른 사람들에게 남긴 말과 행동은 그들의 기억을 통해 전달되며 영원히 남는다. 오늘을 사는 우리는 내일이라도 삶의 종말이 찾아올 수 있다는 사실을 인식하고, 기억에 영원히 남을 수 있는 말과 행동을 남겨야 한다.

하지만 그렇다고 해서 죽음을 선택한 사람들을 비난할 수는 없다. 선택된 죽음도 삶의 일부 혹은 죽음 자체로 의미를 가지며, 그 죽음은 이미 다른 사람들의 기억에 영원히 남을 것이기 때문이다. 다만 조금 더 살아서 기억될 수 있는 말과 행동을 더 많이 남길 수 있었더라면 좋았을 텐데 하는 아쉬움이 남을 뿐이다.

살아있는 동안 한 번이라도 죽음을 의식하든 그렇지 않든 죽음의 순간은 누구에게나 동일하게 찾아온다. 그러나 그 풍경까지 모두 같은 것은 아니다. 죽음은 나이 들거나 병에 걸린 사람에게 자연스럽게

다가오기도 하지만 범죄나 사고로 불시에 들이닥칠 수도 있다.

인간은 자연스럽게 찾아오는 '자연사' 혹은 갑작스럽게 닥쳐오는 '변사'로 죽게 된다. 어느 날 청천벽력처럼 죽을병에 걸렸다는 사실을 알게 된 환자는 서서히 병의 진행 과정을 겪으며 죽음에 이른다. 수명을 다하여 죽게 되는 자연사도 어찌 보면 결국 나이가 들어 신체에 병이 생겨 죽는 것이다. 따라서 자연사와 병사는 모두 자연스러운 죽음이라는 의미에서 사실상 동의어로 쓰일 수 있다.

하지만 불치의 질병으로 심한 고통을 겪는 사람이 스스로 죽음을 선택하는 것은 병사(자연사)와 근본적으로 다르다. 생명연장장치를 제거해주도록 요구하거나 의사가 처방해준 약물을 복용하여 죽음에 이르는 이 같은 선택은 일반적인 자살과 구분되어 '안락사'나 '존엄사'로 불리기도 한다. 안락사나 존엄사 혹은 의사 조력자살은 생명이 더 이상 절대적 가치로서 '살아야 할 의무'를 부여하는 근거가 되지 못하고, 오히려 '죽을 권리'가 생의 의무만큼 소중하다는 사실을 보여준다.

오랫동안 심장과 폐의 기능이 불가역적으로 상실되는 시점으로 정의되던 죽음은 최근 들어 뇌의 기능이 불가역적으로 상실되는 시점으로 정의되기도 한다. '뇌사'의 시점을 죽음의 시점으로 규정하려는 이런 시도는 체외수정이나 생명복제를 통해서 생명의 창조에 개입할 뿐만 아니라 생명의 중단에도 개입하겠다는 인간의 의지를 드러내 보여준다.

한편 변사는 자연스럽지 않을 뿐더러 보다 사회적인 의미를 띤다. 변사를 당한 사람은 스스로 죽음을 초래하는 '자살'이나 타인에 의해 죽음이 초래되는 '타살' 혹은 사고로 죽게 되는 '사고사'로 사망하게 된다. 사고사는 홍수나 지진 같은 자연재해로 인한 죽음이거나 교통사고 같은 인재(人災)로 인한 죽음을 말한다.

자살은 순수하게 자발적인 의사로 감행될 수도 있지만 불가피하게 자살을 선택할 수밖에 없는 외부적 요인에 의한 것일 수도 있다. 후자는 자살이면서 타살인 '사회적 타살'로 불릴 수 있을 것이다. 분신과 같은 극단적 형태의 자살처럼 심지어 자살은 자신의 감정이나 의사를 다른 사람들에게 전달하고자 하는 '고백적 자살'로 나타날 수도 있다. 자살의 다양한 양상은 죽음을 단순하게 자살과 타살로 구분할 수 없다는 사실을 잘 보여준다. 섣부른 일반화는 자칫 죽음에 대한 오해를 불러일으킬 수 있기 때문이다.

죽음이 자연스럽든 부자연스럽든 그것을 논할 때는 당사자로서 인간의 주체적 결정이 중요하게 여겨진다. 죽음은 인간이 스스로 결정할 수 없는 것이 아니라, 타인에 의해서 방해받지 않고 스스로 결정할 수 있는 것으로 이해될 수도 있다.

죽음은 개인적 사건이지만 사회적 사건이기도 하다. 죽음을 바라보는 관점은 실존적 차원을 넘어 사회적 차원으로 확대되어야 한다. 실존적 관점에서 죽음은 회피할 수 없는 보편적 사건이지만 사회적 관점에서 죽음은 유예할 수 있는 맥락적 사건이다. 회피할 수 없는 죽음의 의미에 대한 실존적 성찰과 함께 피할 수 있었던 죽음의 원인에 대한 사회적 반성이 필요한 이유다.

죽음은 불가피한 사건이지만 그것이 '억울한 사건'이어서는 안 된

올곧은

다. 공동체는 범죄나 사고의 예방과 함께 외부적 요인으로 촉발된 자살의 방지를 위하여 끊임없이 대안을 모색해야 한다. 충분히 예방될 수 있는 범죄 혹은 사고로 인한 죽음을 비롯해 빈곤, 가혹행위, 괴롭힘, 스트레스처럼 완전히 제거되거나 완화될 수 있는 외부적 요인으로 인한 죽음은 더 이상 없어야 한다.

생명은 보호받아야 할 중대한 법익이다. 때문에 죽음에 대한 법적 개입은 불가피하다. 죽음은 우리 사회의 곳곳에서 법적 쟁점을 야기한다. 가령 사람을 살해해 생명을 빼앗는 행위는 범죄에 해당한다. 같은 이유로 부탁이나 승낙을 받아 사람을 살해하는 행위도 죄가 된다. 자살은 범죄가 아니지만 자살을 교사하거나 방조함으로써 타인의 자살에 관여하는 행위는 범죄가 될 수 있다. 죽음은 때로 보험사기의 대상이 되기도 하고, 타살이 자살이나 사고사로 위장되어 사인이 불분명한 '의문사'가 되기도 한다. 이렇게 범죄로 인한 죽음에는 법이 개입될 수밖에 없다. 특히 어떤 죽음이든 그 원인을 밝히는 것은 당사자에게나 사망과 관련된 타인에게나 모두 중요하다. 사망의 원인을 규명할 수 있는 '검시제도'의 구축이 반드시 필요한 이유다.

또한 죽음은 당사자 자신에게 일어난 일이지만 동시에 외부 요인, 즉 타자와의 관계 속에서 일어난 일이기도 하다. 타인을 위하여 자신의 목숨을 희생한 '의사자', 국가나 민족 혹은 신념을 위하여 목숨을 바친 '열사'의 경우가 대표적이다. 타인의 범죄로 목숨을 잃은 '범죄희생자'의 경우에도 죽음은 타인과 관련이 있다. 타자인 국가에 의하여 죽음이 초래된다는 점에서 '사형'도 마찬가지로 타자와 관련된 죽음에 속한다. 죽음으로 개시되는 상속도 타자와의 관계라는 측면에서 이해될 수 있다.

한편 죽은 자의 시신은 산 자들에 의해서 처리된다. 사람의 신체였던 시신은 함부로 훼손될 수 없다. 또 그것이 부패되어 살아있는 사람의 건강을 해쳐서도 안 된다. 그래서 '장사(장례)'에도 법적 규율이 요구된다. 이렇게 거의 모든 죽음은 타인과 관련되어 있고, 법의 규율하에 있다.

죽음은 더 이상 말조차 꺼내기 부담스러운 그런 주제가 아니다. 실존적으로 보면 모든 인간이 반드시 부딪혀야 하는 사건이고, 사회적으로 보면 우리 주변에서 일상적으로 벌어지고 있는 사건이다. 그럼에도 불구하고 죽음에 관한 논의가 여전히 터부시되거나, 죽음이 두려움 혹은 혐오의 대상이 되는 것은 적절하지 않다. 나아가 스스로 선택한 죽음일지라도 그 가치가 타인들에 의해 함부로 훼손될 수는 없다. 자살의 당사자와 유가족은 오히려 당당하게 죽음을 얘기할 수 있어야 할 뿐 아니라, 누구라도 죽음을 공개적인 논의 주제로 삼을 수 있어야 한다. 죽음이 공적 의제가 되어 공론의 장으로 당당하게 나올 때 비로소 그것의 실존적 의미가 공유되고, 사회적 원인이 제거될 수 있기 때문이다.

죽음에 관한 논의는 죽음 자체에 관한 것이기도 하지만 삶과 죽음의 관계를 규명함으로써 삶에 관한 이야기가 되기도 한다. 죽음에 관한 논의는 삶에 관한 논의처럼 이제 자연스럽고 일상적이며 유쾌해야 한다. 죽음은 일상적인 대화에서 가벼운 주제로 자주 등장하고 이야기되어야 한다. 죽음에 관한 논의, 특히 실존적 차원을 넘어 사회적 차원의 논의가 중요해진 시점에서 죽음에 대한 법적 사유는 더 이상 미룰 수 없다.

주註

프롤로그

1 알베르 까뮈, 《이방인》, 김화영 역, 2011, 134면: "내가 살아온 이 부조리한 전 생애 동안, 내 미래의 저 밑바닥으로부터 항시 한 줄기 어두운 바람이, 아직도 오지 않은 세월을 거슬러 내게 불어 올라오고 있었다. 내가 살고 있는, 더 실감 난달 것도 없는 세월 속에서 나에게 주어지는 것은 모두 다, 그 바람이 불고 지나가면서 서로 아무 차이가 없는 것으로 만들어 버리는 것이었다."

2 성경은 십자가형을 앞두고 있는 예수의 죽음에 대한 두려움을 다음과 같이 표현한다. 마태복음 26장 37절~39절: "베드로와 세베대의 두 아들을 데리고 가실새 고민하고 슬퍼하사 이에 말씀하시되 내 마음이 매우 고민하여 죽게 되었으니 너희는 여기 머물러 나와 함께 깨어 있으라 하시고 조금 나아가서 얼굴을 땅에 대시고 엎드려 기도하여 이르시되 내 아버지여 만일 할 만하시거든 이 잔을 내게서 지나가게 하옵소서 그러나 나의 원대로 마시옵고 아버지의 원대로 하옵소서 하시고."

자연사

1 에마뉘엘 레비나스, 《시간과 타자》, 강영안 역, 2001, 83면.

2 열자(列子), 《열자》, 제7편 〈양주〉편: "楊朱曰萬物所以異者生也."

3 Shelly Kagan, 《Death》, 2012, 212/233면 참조. 케이건에 따르면 죽음이 나쁜 근본적인 이유는 죽음이 "살면서 얻을 수 있는 좋은 것(good things in life)"에 대한 "박탈(deprivation)"을 의미하기 때문이다.

4 Jeff Malpas/Robert C. Solomon, 《Death and Philosophy》, New York, 2002, 서문 참조.

5 마르틴 하이데거, 《존재와 시간》, 전양범 역, 2008, 319면 이하 참조. 하이데거는 죽음이 현존재(Dasein)로서 인간에게 다가오는 의미를 다음과 같이 설명한다. "존재가능성으로서의 현존재는 죽음의 가능성을 추월할 수 없다. 죽음은 현존재가 반드시 불가능해질 가능성이기 때문이다. 이로써 죽음이란 가장 고유하고 몰교섭적이며 추월이 불가능한 가능성임이 밝혀졌다. 죽음은 이런 가능성으로서 현존재의 눈앞에 뚜렷하

게 닥쳐온다."(같은 책, 321면.) 물론 하이데거는 염려(두려움)와 불안을 구분한다. 하이데거에 따르면 염려는 외적인 것과 관계를 맺는 것이라면, 불안은 그 대상이 현존재, 달리 말하면 자기 존재와 관련을 맺는 것으로 "염려는 외적인 것, 불안은 내적인 것"으로 구분한다. 이에 하이데거는 죽음을 "현존재가 그 자체 밖의 어떤 것과 갖는 관계가 아니라, 현존재가 그 자체와 갖는 관계"로서, 즉 존재 내적 현상으로 파악하는 바, 인간이 죽음을 마주함에 느끼는 감정은 '염려'가 아닌 '불안'이라고 주장한다. 요컨대 죽음을 살아있는 육체가 시체로 변하는 생물학적인 죽음, 즉 육체의 기능 소실과 같이 주체와 분리된 외적인 현상으로 파악하는 것을 거부한다. 하이데거에 따르면 죽음은 주체와 분리되기는커녕 오히려 주체를 진정으로 가능하게 만드는 것으로, "가장 자기 고유의 불안"인 "죽음 앞에서의 불안"은 인간으로 하여금 가장 자기 고유의 단독자의 길을 걷게 만든다. 왜냐하면 염려가 우리를 본래적 자기로부터 회피하게 한다면 불안은 오히려 감추어졌던 본래적 자기 앞에 직면하도록 만들기 때문이다.

6 레프 톨스토이, 《이반 일리치의 죽음》, 박은정 역, 2009, 41면.

7 Sigmund Freud, Thoughts for the Times on War and Death, James Strachey 편역, 《The Standard Edition of the Complete Psychological Works of Sigmund Freud, Vol. XIV》, 1957, 289면.

8 무라카미 하루키, 《먼 북소리》, 윤성원 역, 2004, 184면.

9 까뮈, 《시지프 신화》, 김화영 역, 1998, 185면. 까뮈는 시지프를 "부조리한 영웅"이라고 지칭하면서 그의 운명을 다음과 같이 묘사한다. "신들에 대한 멸시, 죽음에 대한 증오, 그리고 삶에 대한 열정은 아무것도 성취할 수 없는 일에 전 존재를 다 바쳐야 하는 형용할 수 없는 형벌을 그에게 안겨주었다. 이것이 이 땅에 대한 정열을 위하여 지불해야 할 대가이다." 그러면서 이 부조리한 영웅의 운명을 사실적이면서도 극적으로 그리고 있다. "경련하는 얼굴, 바위에 밀착한 뺨, 진흙에 덮인 돌덩어리를 떠받치는 어깨와 그것을 고여 버티는 한쪽 다리, 돌을 되받아 안은 팔끝, 흙투성이가 된 두 손 등 온통 인간적인 확신이 보인다. 하늘 없는 공간과 깊이 없는 시간으로나 헤아릴 수 있는 이 기나긴 노력 끝에 목표는 달성된다. 그때 시지프는 돌이 순식간에 저 아래 세계로 굴러 떨어지는 것을 바라본다. 그 아래로부터 정점을 향해 이제 다시 돌을 끌어 올려야만 하는 것이다. 그는 또다시 들판으로 내려간다." 다만 정확히 말하면 시지프가 반항하는 것은 부조리나 불일치이기 때문에 시지프는 죽음 그 자체에 반항하는 것이 아니라 영원에 대한 인간의 갈구와 인간의 죽음 가능성 간에 존재하는 간극 또는 절대적 가치와 의미를 향한 인간의 정열과 삶의 무의미 사이에 건널 수 없는 '불일치'에 반항한다.

10 프리드리히 니체, 《차라투스트라는 이렇게 말했다》, 장희창 역, 2004, 125면: "나는 삶을 완성시키는 죽음, 산 자에게 가시가 되고 굳은 맹세가 될 죽음을 그대들에게 보여주고자 한다. 삶을 완성시키는 자는 희망을 가진 자와 맹세하는 자들에 둘러싸여 승리에 찬 죽음을 맞는다."

11 조나단 스위프트, 《걸리버 여행기》, 신현철 역, 2005, 266면.

12 출생 또는 그 밖의 사유로 처음으로 가족관계등록부에 등록을 하는 경우에는 '등록기준지'를 정하여 신고하여야 하고, 등록기준지는 정해진 절차에 따라 변경할 수 있다(가족관계의 등록 등에 관한 법률 제10조). 등록기준지는 원칙적으로 ① 당사자가 자유롭게 정할 수 있지만 ② 출생의 경우에는 부 또는 모의 특별한 의사표시가 없으면 자녀가 따르는 성과 본을 가진 부 또는 모의 등록기준지가 등록기준지가 되고, ③ 외국인이 국적취득 또는 귀화한 경우에는 그 사람이 정할 수 있으며, ④ 국적을 회복한 경우에는 국적회복자가 정할 수 있고, ⑤ 가족관계등록창설의 경우에는 당사자의 의사표시가 없으면 가족관계등록을 창설하고자 하는 사람이 신고한 주민등록지가 등록기준지가 되며, ⑥ 부 또는 모가 외국인인 경우에는 당사자의 의사표시가 없으면 대한민국 국민인 부 또는 모의 등록기준지가 등록기준지가 된다(가족관계등록 등에 관한 규칙 제4조 제2항). 한편 가족관계등록법 시행과 동시에 최초로 등록부를 작성하는 경우에는 종전 호적이 존재하는 사람은 종전 호적의 본적이 등록기준지가 된다(동조 제1항).

13 유엔아동권리협약(CRC) 제7조: 1. 아동은 출생 즉시 등록되어야 하고, 태어날 때부터 이름을 가질 권리, 국적을 획득할 권리, 가급적 자신의 부모를 알고 부모에 의한 양육을 받을 권리를 가져야 한다(The child shall be registered immediately after birth and shall have the right from birth to a name, the right to acquire a nationality and, as far as possible, the right to know and be cared for by his or her parents).

14 검사가 사건을 불기소처분하는 경우에 결정의 주문은 ① 기소유예, ② 혐의없음(범죄인정안됨 또는 증거불충분), ③ 죄가안됨, ④ 공소권없음, ⑤ 각하 가운데 하나를 선택해야 한다(검찰사건사무규칙 제69조 제3항).

15 법원이 공소기각결정을 해야 하는 경우로는 ① 공소가 취소되었을 때, ② 피고인이 사망하거나 피고인인 법인이 존속하지 아니하게 되었을 때, ③ 제12조(동일사건과 수개의 소송계속) 또는 제13조(관할의 경합)의 규정에 의하여 재판할 수 없는 때, ④ 공소장에 기재된 사실이 진실하다 하더라도 범죄가 될 만한 사실이 포함되지 아니하는 때가 있다(형사소송법 제328조 제1항).

16 상속인의 유류분은 ① 피상속인의 직계비속의 경우에 그 법정상속분의 2분의 1, ② 피상속인의 배우자의 경우에 그 법정상속분의 2분의 1, ③ 피상속인의 직계존속의 경우에 그 법정상속분의 3분의 1, ④ 피상속인의 형제자매의 경우에 그 법정상속분의 3분의 1이다(민법 제1112조). 여기서 법정상속분은 동순위의 상속인이 여러 명인 경우에는 그 상속분을 균분하여 정해지고, 피상속인의 배우자에게 돌아가는 상속분은 직계비속과 공동으로 상속하면 직계비속의 상속분의 5할을 가산하고, 직계존속과 공동으로 상속하면 직계존속의 상속분의 5할을 가산한다(동법 제1009조 제1항 및 제2항).

뇌사

1 멜라니 킹(Melanie King),《거의 모든 죽음의 역사》, 이민정 역, 2011, 251면 참조.

2 심폐사의 경우에도 심장과 폐의 기능이 정지하고, 이러한 정지는 '불가역적 (irreversible)'이어야 하는데 객관적으로 회복이 불가능하다는 의미에서의 '불가역적 정지'와 회복시킬 의도가 없다는 의미에서의 "영원한(permanent) 정지"를 구분 하면서 불가역적 정지가 아니라 영원한 정지만으로도 사망을 판정하는 데 충분하다는 견해가 주장되기도 한다. James L. Bernat, How the Distinction between "Irreversible" and "Permanent" Illuminates Circulatory-Respiratory Death Determination, Journal of Medicine and Philosophy, Vol. 35 No. 3, 2010, 246면 이하 참조.

3 '불가역적'이라는 용어는 흔히 현재의 의학기술로는 영원히 회복이 불가능한 상태를 의미하지만 이 용어의 불명확성에 대한 비판도 끊임없이 제기된다. 예컨대 Stuart J. Youngner and Robert M. Arnold, Philosophical Debates About the Definition of Death: Who Cares?, Journal of Medicine and Philosophy, Vol. 26 No. 1, 2001, 531면 이하 참조.

4 죽음의 정의와 뇌사의 인정에 관한 논의에 대해서는 Gail A. Van Norman, A Matter of Life and Death: What Every Anesthesiologist Should Know about the Medical, Legal, and Ethical Aspects of Declaring Brain Death, Anesthesiology (American Society of Anesthesiologists), Vol. 91 No. 1, 1999, 276면 이하 참조.

5 Maurice Goulon/P. Babinet/N. Simon, Brain Death and Coma Dépassé, in: J. Tinker/M. Rapin(편), Care of the Critically Ill Patient, 765면(제45장) 이하 참조.

6 하버드대학 의과대학 특별위원회가 제시한 뇌사의 기준은 다음과 같다. 1. 무수용과 무반응: 환자가 외부적 자극에 대해서 전혀 의식하지 못하고 심한 자극에 대해서도 아무런 반응도 하지 않는 상태(Unreceptivity and unresponsitivity - patient shows total unawareness to external stimuli and unresponsiveness to painful stimuli); 2. 무동작 또는 무호흡: 자발적인 근육의 움직임이나 자발적인 호흡, 자극에 대한 반응이 전혀 없는 상태(No movements or breathing - all spontaneous muscular movement, spontaneous respiration and response to stimuli are absent); 3. 무반사: 눈동자가 고정되고 팽창되어 있으며, 눈을 만지거나 돌리거나 찬물을 귀에 떨어뜨렸을 때에도 눈의 움직임이 없고, 유해한 자극에 대해서 반응이 없을 뿐만 아니라 힘줄의 반사가 일어나지 않는 상태(No reflexes - fixed, dilated pupils; lack of eye movement even when hit or turned, or ice water is placed in the ear; lack of response to noxious stimuli; unelicitable tendon reflexes).

7 UDDA 제1조, 사망의 판정(Determination of Death). 사람은 (1) 혈액순환과 호흡의 기능이 불가역적으로 정지된 상태 또는 (2) 뇌간을 포함한 뇌 전체의 모든 기

능이 불가역적으로 정지된 상태가 지속된 경우에 사망한 것으로 본다. 사망의 판정은 인정된 의학적 기준에 따라 내려져야만 한다(An individual who has sustained either (1) irreversible cessation of circulatory and respiratory functions, or (2) irreversible cessation of all functions of the entire brain, including the brain stem, is dead. A determination of death must be made in accordance with accepted medical standards).

8   David Randolph Smith, Legal Recognition of Neocortical Death, Cornell Law Review, Vol. 71, 1986, 850면 이하, 특히 856면 이하 참조.

9   장기를 기증받고자 하는 사람은 장기이식등록기관에 등록 신청을 해야 한다(장기 등 이식에 관한 법률 제14조 제1항). 하지만 신청을 한다고 모두 등록되는 것은 아니다. 장기이식희망자는 소정의 신체검사를 받아야 하며 그 결과에 따라 장기이식에 적합한 경우에만 '이식대기자'로 등록될 수 있다. 이렇게 이식대기자로 등록되면 그 사실이 국립장기이식관리기관으로 통보된다(동조 제3항). 통보를 받은 기관은 별도의 기준에 따라 장기를 이식받을 대상자를 선정하게 된다. 하지만 안구를 이식받을 경우나, 선정을 기다리다 이식 시기를 놓칠 가능성이 높은 경우에는 꼭 이런 절차를 거치지 않아도 된다. 법은 부득이한 사유가 있는 경우를 인정해 의료기관도 이식대상자를 선정할 수 있도록 하고 있다(동조 제2항). 또한 본인이 직접 이식대상자를 선택할 수 있는 경우도 있다. 살아있는 사람으로서 16세 이상의 장기기증 희망자, 20세 미만의 골수 기증 희망자가 이에 해당한다(동조 제3항). 다만 이 경우에도 본인의 가족과 배우자의 가족에게 기증하는 경우가 아니라면 정해진 기준과 절차를 따라야 한다. 특히 미성년자의 경우에는 보다 엄격한 기준이 요구된다. 가령 살아있는 사람으로서 16세 이상인 미성년자의 장기 등은 배우자, 직계존비속, 형제자매, 4촌 이내의 친족에게만 장기를 이식할 수 있다(장기이식법 제11조 제4항). 다만 이 경우 골수는 제외된다. 이처럼 장기이식의 법적 절차가 마련돼 있음에도 불구하고, 그 절차를 따르지 않아도 되는 예외의 경우 역시 존재한다. 따라서 이식대상자의 선정이 완전히 합리적이라고 말하기에는 어려운 측면이 있다.

10   〈뉴스데일리〉, 2011년 12월 25일자.

11   Robert D. Truog/Walter M. Robinson, Role of brain death and the dead-donor rule in the ethics of organ transplantation, Critical Care Medicine (Society of Critical Care Medicine), Vol. 31 No. 9, 2003, 2391면 이하 참조.

12   D. Alan Shewmon, The Brain and Somatic Integration: Insights Into the Standard Biological Rationale for Equating "Brain Death" With Death, Journal of Medicine and Philosophy, Vol. 26 No. 5, 2001, 457면 이하 참조.

13   D. Alan Shewmon, 위의 논문, 472면 참조.

14   '국립장기이식관리기관'은 장기 등의 이식에 관한 사항을 적정하게 관리하기 위하여 설치되는데 보건복지부 소속 기관 중에서 보건복지부령으로 정하는 기관이 되고(장기

이식법 제10조 제1항), 보건복지부령인 '장기 등 이식에 관한 법률 시행규칙'에 따르면 '질병관리본부'가 국립장기이식관리기관이 된다(동시행규칙 제2조). 국립장기이식관리기관은 ① 이식대상자의 선정, ② 장기 등 기증희망자의 등록 및 관리, 장기 등 기증자 및 장기 등 이식대기자의 인적사항과 신체검사결과에 관한 자료의 관리, ③ 장기이식 등록기관, 뇌사판정기관, 뇌사판정대상자관리전문기관, 장기구득기관 및 장기이식의 료기관에 대한 지도 · 감독, ④ 장기 등의 적출 및 이식에 관한 조사 · 연구, 정보 · 통계의 관리 및 홍보, ⑤ 그밖에 장기 등의 적출 및 이식에 관하여 대통령령으로 정하는 업무를 주요업무로 한다(장기이식법 제10조 제2항).

15 국립장기이식관리기관의 장에게 제출되는 통보서에는 ① 의료기관 개설허가증 또는 의료기관 개설신고증명서 사본, ② 정해진 시설 · 장비 · 인력 등을 갖추었음을 확인 할 수 있는 서류, ③ 뇌사판정위원회의 위원의 명단이 첨부되어야 한다(장기이식법 시 행규칙 제9조).

16 뇌사판정기준은 국가마다 차이를 보이는데 세계 각국의 뇌사판정기준에 대해서 는 Eelco F.M. Wijdicks, Brain death worldwide: Accepted fact but no global consensus in diagnostic criteria, Neurology (American Academy of Neurology), Vol. 58 No. 1, 2002, 20면 이하 참조.

17 미국 텍사주에서 발생한 이 사건에 대한 자세한 소개는 〈CNN〉 인터넷 판 2014년 1 월 27일자 기사(http://edition.cnn.com/2014/01/26/health/texas-pregnant-brain-dead-woman/index.html?iref=allsearch) 참조.

18 텍사스 주법 제8편(Texas Statute Title 8) A절 671장 § 671.001 (b) 인공연명장치 때문 에 자발적인 호흡기능과 순환기능이 정지했다는 결정이 불가능한 경우에는 의료관행 상 일반적으로 사용되는 기준에 따라 모든 자발적인 뇌기능이 불가역적으로 손상되 었다는 의사의 판정이 표명되었을 때 사망한 것으로 본다. 사망은 중요한 기능이 정 지한 시점에 발생한 것으로 본다(If artificial means of support preclude a determination that a person's spontaneous respiratory and circulatory functions have ceased, the person is dead when, in the announced opinion of a physician, according to ordinary standards of medical practice, there is irreversible cessation of all spontaneous brain function. Death occurs when the relevant functions cease).

19 텍사스 주법 제2편(Texas Statute Title 2) H절 166장 § 166.049 임신부로부터 생명연 장 장치를 제거하거나 임신부에게 생명연장 장치 제공을 거부하는 행위는 금지된다 (A person may not withdraw or withhold life-sustaining treatment under this subchapter from a pregnant patient).

20 〈세계일보〉, 2013년 1월 5일자.

21 Claire E. Wakefield/John Reid/Judi Homewood, Religious and ethnic influences on willingness to donate organs and donor behavior: an Australian perspective, Progress in Transplantation (American Association of Critical-Care Nurses), Vol. 21 No. 2, 2011, 161면 이하 참조.

22 뇌사를 둘러싸고 이슬람세계에서 진행되고 있는 논쟁에 대해서는 Aasim I. Padela/
Hasan Shanawani/Ahsan Arozullah, Medical Experts & Islamic Scholars
Deliberating over Brain Death: Gaps in the Applied Islamic Bioethics
Discourse, The Muslim World, Vol. 101 No. 1, 2011, 53면 이하 참조.

23 Kerry W. Bowman/Shawn A. Richard, Culture, brain death, and transplantation,
Progress in Transplantation (American Association of Critical-Care Nurses), Vol. 13
No. 3, 2003, 214면 이하 참조.

24 민법에 규정된 유언의 방식에 대해서는 이 책 부록 [민법] 참조.

안락사

1 Thomas More,《Utopia》, Book 2, 1516.

2 W.L. Adeyemo, Sigmund Freud: smoking habit, oral cancer and euthanasia,
Nigeria Journal of Medicine, Vol. 13 No. 2 (2004), 189면 이하 참조.

3 S. Freud, Jenseits des Lustprinzips, Leipzig/Wien/Zürich, 1920.

4 M. 스캇 팩,《이젠, 죽을 수 있게 해줘》, 조종상 역, 2013, 173면.

5 환자의 명시적인 동의가 없는 상태에서 시행되는 비자발적 안락사는 안락사에 반대
하는 환자의 명시적인 의사가 있음에도 그에 반하여 시행되는 강제적 안락사와 구분
되기도 한다.

6 대표적으로 정현미, 안락사의 형법적 허용한계,《형사법연구》(한국형사법학회), 제16
호, 2001, 244면 이하 참조.

7 적극적 안락사의 불법성보다 소극적 안락사의 불법성을 낮게 평가하는 이유는 적극
적 안락사는 환자를 죽게 하는 어떤 행동을 했지만 소극적 안락사는 환자의 죽음에
대해서 아무런 행동도 하지 않았다는 점인데 이에 대하여 소극적 안락사의 경우에도
환자가 죽도록 내버려두는 어떤 행위를 했다는 점에서 다르지 않다는 견해가 주장되
기도 한다. 예를 들어 James Rachels, Active and Passive Euthanasia, in: Nancy S.
Jecker/Albert R. Jonsen/Robert A. Pearlman(편), 〈Bioethics: An Introduction to
the History〉, Methods and Practice, London, 1997, 81면 참조.

8 칼럼 전문은 그의 웹사이트(www.andrewsolomon.com)에서 볼 수 있다..

9 오리건주의 존엄사법에 따른 의사 조력자살의 현황에 대한 경험적 분석으로 Arthur
E. Chin/Katrina Hedberg/Grant K. Higginson/David W. Fleming, Legalized
Physician-Assisted Suicide in Oregon — The First Year's Experience, The New
England Journal of Medicine, Vol. 340 No. 7, 1999, 577면 이하 참조. 이 연구에

따르면 존엄사법이 시행된 다음해인 1998년에 23명의 말기환자에게 의사로부터 치명적 약물이 처방되었었는데 이 가운데 15명이 처방된 약물을 복용하고 사망한 것으로 보고되었다.

10 Washington v. Glucksberg, 521 U.S. 702, 1997 및 Vacco v. Quill, 521 U.S. 793, 1997 참조.

11 견해에 따라서 소극적 안락사와 고통완화치료를 포함하는 의미로 존엄사를 사용하기도 한다. 예컨대 신동일, 존엄사에 대한 형법적 물음, 형사정책연구(한국형사정책연구원), 제20권 제1호, 2009, 326면 이하 참조.

12 응급의료에 관한 법률에 따르면 "응급의료"는 "응급환자가 발생한 때부터 생명의 위험에서 회복되거나 심신상의 중대한 위해가 제거되기까지의 과정에서 응급환자를 위하여 하는 상담 · 구조(救助) · 이송 · 응급처치 및 진료 등의 조치"로 정의된다(동법 제2조 제2호). 여기서 특히 "응급처치"는 "응급의료행위의 하나로서 응급환자의 기도를 확보하고 심장박동의 회복, 그 밖에 생명의 위험이나 증상의 현저한 악화를 방지하기 위하여 긴급히 필요로 하는 처치"를 의미한다(동조 제3호).

13 〈피플〉, 1975년 3월 17일자 기사(http://www.people.com/people/archive/article/0,,20065057,00.html) 참조.

14 반 두센 박사의 전기에 대해서는 프린스턴 대학의 웹사이트(http://etcweb.princeton.edu/CampusWWW/Companion/van_dusen_henry.html) 참조.

15 안락사와 의사 조력자살에 대한 세계 각국의 입법례와 구체적 현황에 대해서는 José Pereira, Legalizing euthanasia or assisted suicide: the illusion of safeguards and controls, Current Oncology, Vol. 18 No. 2, 2011, 38면 이하 참조. 특히 벨기에와 네덜란드의 최근 안락사 현황에 대해서는 Kenneth Chambaere/Johan Bilsen/Joachim Cohen/Bregje D. Onwuteaka-Philipsen/Freddy Mortier/Luc Deliens, Physician-assisted deaths under the euthanasia law in Belgium: a population-based survey, Canadian Medical Association Journal, Vol. 182 No. 9, 2010, 895면 이하 및 Bregje D Onwuteaka-Philipsen/Arianne Brinkman-Stoppelenburg/Corine Penning/Gwen J F de Jong-Krul/Johannes J M van Delden, Agnes van der Heide, Trends in end-of-life practices before and after the enactment of the euthanasia law in the Netherlands from 1990 to 2010: a repeated cross-sectional survey, The Lancet, Vol. 380 Iss. 9845, 2012, 1면 이하 참조.

16 〈동아일보〉 2008년 11월 12일자.

17 M. 스캇 팩, 위의 책, 307면.

병사

1 〈경향신문〉, 2014년 12월 31일자.

2 〈서울신문〉, 2007년 12월 31일자.

3 헌법재판소 1995. 4. 20. 선고 91헌바11 결정; 2009. 11. 26. 선고 2007헌마734 결정; 2013. 9. 26. 선고 2010헌마204 결정.

4 헌법재판소 2013. 9. 26. 선고 2010헌마204 결정.

5 헌법재판소 2003. 12. 18. 선고 2002헌바1 결정.

6 헌법재판소 2003. 10. 30. 선고 2000헌마801 결정.

7 헌법재판소 2003. 10. 30. 선고 2000헌마801 결정.

8 헌법재판소 2012. 5. 31. 선고 2009헌마299 결정.

9 헌법재판소 2014. 4. 24. 선고 2012헌마865 결정.

10 헌법재판소 2003. 10. 30. 선고 2000헌마801 결정.

11 〈뉴스1〉, 2013년 10월 17일자.

12 헌법재판소 2005. 2. 24. 선고 2003헌마31 결정.

13 헌법재판소 2012. 2. 23. 선고 2011헌마123 결정.

14 〈머니투데이〉, 2014년 5월 2일자 참조.

의사

1 에밀 뒤르켐, 《자살론》, 황보종우 역, 2008, 268면.

2 베르너 폭스, 〈지배와 폭력〉, 김광윤 역, 《죽음의 철학》, 1986, 195면 참조.

3 이 책에서는 주제에 따라 타인을 위한 희생으로 사망한 사람으로 한정하지만, 그 의미는 부상을 입은 사람까지 포함하는 의사상자로 확장될 수 있다.

4 의사자로 인정받기 위하여 신청할 때 제출해야 하는 서류로는 ① 의료기관이 발행한 사체검안서 또는 사망진단서 1부, ② 구조행위를 증명할 수 있는 경찰관서 · 소방관서 등의 사건사고 확인서류 사본 1부, ③ 신청인과 구조행위자의 관계를 증명할 수 있는 가족관계증명서 또는 사실혼관계 · 친생자관계존재확인의 소 판결문 등의 서류 1부(주민등록표 등본으로 그 관계를 확인할 수 없는 경우에만 해당)가 있다(의사상자 등 예우 및 지원에 관한 법률 시행규칙 제2조 제1항).

자살

1. 최근에는 괴롭힘, 특히 SNS를 통한 괴롭힘이나 따돌림이 청소년의 자살률을 증가시키고 있다는 연구결과도 제시되고 있다. 예컨대 Hinduja S, Patchin, Bullying, cyberbullying, and suicide, Archives of Suicide Research, Vol. 14 Iss. 3, 2010, 31면 이하 참조.

2. 암묵적 자살의 문제에 대한 논의로 Robert I. Simon, Silent Suicide in the Elderly, Journal of the American Academy of Psychiatry and the Law, Vol. 17 No. 1, 1989, 83면 이하 참조. 원인에 따른 자살의 유형을 분류한 연구로는 문국진, 생명의 종말과 법,《대한법의학회지》(대한법의학회), 제12권 제2호, 1988, 4면 이하 참조.

3. 까뮈,《시지프 신화》, 83~84면: "따라서 유일하게 일관성 있는 철학적 태도는 곧 반항이다. 반항은 인간과 그 자신의 어둠과의 끊임없는 대면이다. 반항은 어떤 불가능한 투명(透明)에의 요구다. 반항은 한 순간 한 순간마다 세계를 재고할 대상으로 문제삼는다. 위험이 인간에게 반항해야 할 유일무이한 기회를 제공하듯이, 형이상학적 반항은 경험 전반에 의식을 펼쳐놓는다. 반항은 인간이 자신에게 끊임없이 현존함을 뜻한다. 반항은 갈망이 아니다. 반항에는 희망이 없다. 반항은 짓눌러오는 운명의 확인이다. 그러나 그런 확인에 따르기 마련인 체념을 거부한 채의 확인인 것이다."

4. 장 폴 샤르트르,《구토》, 방곤 역, 1999. 328면.

5. S. Kagan, 위의 책, 334면 이하 및 353면 이하 참조.

6. 역사적으로 거슬러 올라가면 고대나 중세처럼 자살을 처벌했던 시기도 존재한다. 자세한 내용은 박무원, 형법을 통한 생명의 보호,《의료법학》, 제11권 제1호, 2010, 316면 참조.

7. 헌법재판소도 국민의 생명이나 신체에 대한 제3자의 침해로부터 보호해야 할 의무를 인정한다. 헌재 2008. 7. 31. 2006헌마711: "헌법 제10조의 규정에 의하면, 국가는 개인이 가지는 불가침의 기본적 인권을 확인하고 이를 보장할 의무를 지고 기본권은 공동체의 객관적 가치질서로서의 성격을 가지므로, 적어도 생명 · 신체의 보호와 같은 중요한 기본권적 법익 침해에 대해서는 그것이 국가가 아닌 제3자로서의 사인에 의해서 유발된 것이라고 하더라도 국가가 적극적인 보호의 의무를 진다." 헌법재판소는 이러한 의무를 "기본권보호의무"로 지칭하면서 다음과 같이 정의한다. 헌재 2009. 2. 26. 2005헌마764: "기본권 보호의무란 기본권적 법익을 기본권 주체인 사인에 의한 위법한 침해 또는 침해의 위험으로부터 보호하여야 하는 국가의 의무를 말하며, 주로 사인인 제3자에 의한 개인의 생명이나 신체의 훼손에서 문제 되는데, 이는 타인에 의하여 개인의 신체나 생명 등 법익이 국가의 보호의무 없이는 무력화될 정도의 상황에서만 적용될 수 있다."

8. 헌법재판소 2003. 10. 30. 2002헌마518, 판례집 15-2하, 185 199~200면 참조. 같은 취지의 판례로 헌재 2008. 4. 24. 2006헌마954, 판례집 20-1상, 689, 694면도 참조.

9 문국진, 자살의 판단과 판정, 《대한법의학회지》(대한법의학회), 제20권 제2호, 1996, 88면 참조.

10 뒤르켐, 위의 책, 161면 이하 참조.

11 대법원 2014. 4. 10 선고 2013다18929 판결 참조.

12 〈주간조선〉, 2010년 4월 19일자(2010호).

사회적 타살

1 카를 뢰비트(Karl Löwith), 〈죽음의 자유〉, 김광윤 역, 《죽음의 철학》, 1986, 140면 참조.

2 정정훈, 돌볼 필요가 없는 생명, 살 가치가 없는 생명 – 자살의 사회적 차원과 자본-권력의 동맹체 –, 《문화과학》, 통권 74호, 2013, 37~38면.

3 은기수, 경제적 양극화와 자살의 상관성: 1997년 외환위기를 전후하여, 《한국인구학》(한국인구학회), 제28권 제2호(2005), 116면 이하 참조.

4 예컨대 상대적 빈곤보다는 절대적 빈곤이 자살률을 증가시킨다는 경험적 연구로 Thomas J. Young/Laurence A. French, Suicide and homicide rates among US Indian health service areas: The income inequality hypothesis, Social Behavior and Personality, Vol. 24 Nr. 4, 1996, 365면 이하 참조.

5 〈조선일보〉, 2014년 2월 28일자.

6 〈경향신문〉, 2014년 3월 6일자, 남기철, '자살 조장하는 복지 사각지대' 참조.

7 〈경향신문〉, 2013년 10월 16일자.

8 천정환, 《자살론 : 고통과 해석 사이에서》, 2013, 332면 참조.

9 대법원 1993. 10. 22. 선고 93누13797 판결: "사망이 비록 자살에 의한 것이라 하더라도 업무상의 질병…이 악화되어 그로 인한 정신적인 이상증세를 일으켜 자살에 이르게 된 것으로 봄이 상당하다 하여 … 망인의 사망이 업무상의 재해에 해당한다."

10 대법원 1993. 12. 14. 93누9392 판결.

11 국가배상법에 따르면 "국가나 지방자치단체는 공무원 또는 공무를 위탁받은 사인(이하 "공무원"이라 한다)이 직무를 집행하면서 고의 또는 과실로 법령을 위반하여 타인에게 손해를 입히거나, 「자동차손해배상 보장법」에 따라 손해배상의 책임이 있을 때에는 이 법에 따라 그 손해를 배상하여야 한다"(동법 제2조 제1항). 다만, "군인·군무원·경찰공무원 또는 향토예비군대원이 전투·훈련 등 직무 집행과 관련하여 전사(戰死)·순직(殉職)하거나 공상(公傷)을 입은 경우에 본인이나 그 유족이 다른 법령에 따

라 재해보상금 · 유족연금 · 상이연금 등의 보상을 지급받을 수 있을 때에는 이 법 및 「민법」에 따른 손해배상을 청구할 수 없다."

12 대법원 2004. 3. 12. 2003두2205 판결: "자해행위로 인한 사망은 자유로운 의지에 따른 사망을 의미한다고 할 것인데, 군인이 상급자 등으로부터 당한 가혹행위가 자살을 결의하게 하는 데 직접적인 동기나 중요한 원인이 되었다는 것만으로는 자유로운 의지에 따른 것이 아니라고 할 수 없고, 자살이 자유로운 의지에 따른 것인지의 여부는 자살자의 나이와 성행, 가혹행위의 내용과 정도, 자살자의 신체적 · 정신적 심리상황, 자살과 관련된 질병의 유무, 자살자를 에워싸고 있는 주위상황, 가혹행위와 자살행위의 시기 및 장소, 기타 자살의 경위 등을 종합적으로 고려하여 판단하여야 할 것이다." 그 밖에 자살한 군인의 국가유공자 인정 여부에 관한 판례에 대해서는 전극수, 군의무복무중 자살한 병에 대한 국가유공자 인정 – 자해행위로 인한 사망에 대한 해석과 판례를 중심으로 –,《공법연구》(한국공법학회), 제38집 제1호 제2권, 2009, 275면 이하 참조.

13 대법원 2004. 5. 14. 2003두13595 판결: "망인이 내성적인 성격으로 낯선 지역적 · 문화적 환경 속에서 엄격한 통제와 단체행동이 요구되는 부대생활에 제대로 적응하지도 못한 상태에서 상급자들의 모욕적이고 위압적인 질책과 언어폭력, 구타 등으로 인하여 극심한 정신적 스트레스로 말미암아 우울증이 발병하였고, 그에 대한 효과적인 치료를 받지 못하여 우울증의 정신병적 증상이 발현되어 자살에 이르렀다고 추단함이 상당하므로 망인의 사망은 공무상의 질병의 발현에 기인한 것으로서 공무와 사이에 상당인과관계가 있고, 결국 망인의 사망은 국가유공자 등 예우 및 지원에 관한 법률 제4조 제1항 제5호에 정하여진 공무상의 질병으로 인하여 사망한 자에 해당하며, 망인의 자살은 그의 정상적이고 자유로운 의지의 범위를 벗어난 것이므로 같은 법 시행령 제3조의2 단서 제4호에 정하여진 '자해행위로 인한 사망'에 해당하지 아니한다." 같은 취지의 판례로 2012. 6. 18. 선고 2010두27363 판결 참조. 이 판례에 대한 평석으로 군인이 군 복무 중 자살한 경우 국가유공자 해당 여부,《대법원판례해설》(법원도서관), 제91호, 2012, 772면 이하 참조.

14 차별과 자살률의 밀접한 관계를 보여주는 경험적 연구로 Judelysse Gomez/Regina Miranda/ Lillian Polanco, Acculturative Stress, Perceived Discrimination, and Vulnerability to Suicide Attempts Among Emerging Adults, Journal of Youth and Adolescence, Vol. 40 Iss. 11, 2011, 1465면 이하 참조. 특히 인종차별이 만성적 스트레스로 작용하여 정신질환을 증가시킨다는 연구결과로 Apu Chakraborty/ Kwame McKenzie, Does racial discrimination cause mental illness?, The British Journal of Psychiatry, Vol. 180 Iss. 6, 2002, 475면 이하 참조.

15 강초록/조영태, 사회적 차별이 자살생각에 미치는 영향: 성 · 연령 · 경제상황에 따른 차별인지 중심으로,《한국인구학》(한국인구학회), 2012.

16 〈한국일보〉, 2013년 8월 22일자.

17 대표적으로 헌법재판소 1996. 10. 4. 93헌가13 및 2008. 10. 30. 2004헌가18 참조.

18 대법원 2010. 4. 22. 선고 2008다38288 판결 참조.

고백적 죽음

1 〈조선일보〉 1991년 5월 5일자, 김지하, '죽음의 굿판을 걷어치워라' 참조.

2 〈서울신문〉, 2008년 3월 15일자.

3 박형민,《자살, 차악의 선택》, 2010, 95면 이하 참조.

4 박형민, 위의 책, 255면 이하 참조.

5 〈미디어오늘〉, 2014년 12월 23일자.

6 〈한겨레〉, 2014년 12월 9일자.

변사와 검시

1 통계청은 사망원인통계를 작성하면서 변사자의 사망원인을 '사망의 외인(외부요인)'으로 분류하고 있다.

2 미국의 NVDRS에 대한 자세한 설명은 Sharyn E. Parks/Linda L. Johnson/Dawn D. McDaniel/Matthew Gladden, Surveillance for Violent Deaths - National Violent Death Reporting System, 16 States, 2010, Morbidity and Mortality Weekly Report (Centers for Disease Control and Prevention), Vol. 63 No. 1, 2014, 1면 이하 참조.

3 NVDRS가 출범한 2003년에 참여한 주로는 알래스카, 메릴랜드, 매사추세츠, 뉴저지, 오리건, 사우스캐롤라이나, 버지니아가 있고, 2004년에는 콜로라도, 조지아, 노스캐롤라이나, 오클라호마, 로드아일랜드, 위스콘신이, 2005년에는 캘리포니아, 켄터키, 뉴멕시코, 유타가, 2010년에는 오하이오와 미시건이 NVDRS에 참여하게 되었다.

4 검사가 '검증'을 하기 위해서는 범죄수사에 필요한 때로 피의자가 죄를 범하였다고 의심할 만한 정황이 있고 해당 사건과 관계가 있다고 인정할 수 있는 것에 한정하여 지방법원판사에게 '영장'을 청구하여 발부받아야 한다(형사소송법 제215조 제1항).

5 〈세계일보〉, 2011년 7월 21일자.

6 M. 리 고프,《파리가 잡은 범인》, 황적준 역, 2002, 141~144면 참조.

7 M. 리 고프, 위의 책, 역자의 추천의 말, 10면 참조.

8 책임운영기관은 ① 기관의 주된 사무가 사업적·집행적 성질의 행정 서비스를 제공하는 업무로서 성과 측정기준을 개발하여 성과를 측정할 수 있는 사무 또는 ② 기관 운영에 필요한 재정수입의 전부 또는 일부를 자체적으로 확보할 수 있는 사무에 해당하는 경우에 설치된다(책임운영기관의 설치·운영에 관한 법률 제4조 제1항). 이러한 책임운영기관은 안전행정부장관이 기획재정부 및 해당 중앙행정기관의 장과 협의하여 설치하거나 해제할 수 있고, 이 경우 안정행정부장관은 해당 중앙행정기관의 장의 의견을 존중하여야 한다(동조 제2항).

9 〈연합뉴스〉, 2014년 7월 28일자.

10 〈조선일보〉, 2012년 6월 13일자.

11 영국의 검시관제도에 대한 자세한 설명은 영국 법무부(Ministry of Justice)가 발간한 〈Guide to Coroner Services〉 및 〈Coroner investigation - A short guide〉 참조.

12 2007년 6월 미국 법무부가 발행한 보고서 〈Medical Examiners and Coroners' Offices, 2004〉 참조.

13 미국 검시관제도의 역사와 현황에 대해서는 Randy Hanzlick, Medical Examiner and Coroner Systems: History and Trends, The Journal of the American Medical Association, Vol. 279, No. 11 (1998), 870면 이하 참조. 이 논문에서는 검시관제도를 6가지 유형, 즉 ① 카운티검시관제도, ② 지역검시관제도, ③ 주검시관제도, ④ 위탁감시관제도, ⑤ 특별제휴검시관제도, ⑥ 자율·독립검시관제도로 구분하고 있다. 우선 '카운티검시관제도'는 의사자격이 없는 검시관(coroner)은 검시 절차에 참여할 수 없고 오로지 의사자격이 있는 검시관(medical examiner)만이 검시 절차에 참여하는 제도로서 하나의 주에 속해 있는 모든 카운티가 이 제도를 채택하기도 하고, 대부분의 카운티 또는 일부의 카운티가 이 제도를 채택하기도 한다. 다음으로 '지역검시관제도'는 몇 개의 카운티를 묶어 이 지역을 공동으로 관리하는 검시관을 두는 제도로서 의사자격이 없는 검시관은 검시 절차에 참여할 수 없다. 그리고 '주검시관제도'는 하나의 주 전체를 담당하는 검시관을 두고 의사자격이 없는 검시관은 검시 절차에 참여할 수 없는 제도인데 1개의 중앙기관을 설치하기도 하고 지역마다 여러 개의 사무소를 설치하기도 한다. 한편 '위탁감시관제도'는 검시 절차에 관한 권한을 우선적으로 의사자격이 없는 검시관(coroner)이 가지면서 의사자격이 있는 검시관은 이를 지원하는 형태로 이루어지는데 주에 위탁감시관을 두기도 하지만 카운티에 위탁감시관을 두기도 한다. 또한 '특별제휴검시관제도'는 검시 절차를 의사자격이 없는 검시관(coroner)가 주관하면서 의사자격이 있는 검시관(medical examiner)을 활용하는 형태로 이루어진다. 위탁감시관제도에서 의사자격이 있는 검시관은 법적으로 검시 절차에 반드시 참여하는 주체가 되지만 특별제휴검시관제도에서는 그렇지 않다는 점에서 차이가 있다. 마지막으로 '자율·독립검시관제도'는 의사자격이 없는 검시관을 인정하지 않는 제도이다.

14 이를테면 조지아(Georgia)주에서 검시관(coroner)은 4년 임기로 선출되는데 자격요건

으로는 25세 이상인 미국시민으로서 고등학교 이상의 학력이면 충분하고 선출된 후
에 180일을 넘지 않는 범위에서 경찰학교의 교육을 이수하면 된다(조지아주 § 45-16-1).

15 〈동아일보〉, 2014년 1월 3일자.

16 뉴욕시 검시과에 대해서는 그 웹사이트(www.nyc.gov) 참조.

살인

1 범죄로 인한 사회적 비용을 구체적인 요소에 기초하여 상세하게 수량화한 연구결과
가 있다. Ted R. Miller/Mark A. Cohen/Shelli B. Rossman, Victim costs of violent
crime and resulting injuries, Health Affairs, Vol. 12 No. 4, 1993, 186면 이하 참조.

2 〈KBS 뉴스〉, 2014년 7월 29일자.

3 유족구조금을 받을 수 있는 최우선순위는 배우자(사실상 혼인관계를 포함한다) 및 구조
피해자의 사망 당시 구조피해자의 수입으로 생계를 유지하고 있는 구조피해자의 자
녀에게 있고, 다음으로 구조피해자의 사망 당시 구조피해자의 수입으로 생계를 유지
하고 있는 구조피해자의 부모, 손자·손녀, 조부모 및 형제자매, 마지막으로 위의 두
가지 경우에 해당하지 않는 구조피해자의 자녀, 부모, 손자·손녀, 조부모 및 형제자
매 순이다(범죄피해자 보호법 제18조 제1항).

4 〈헤럴드경제〉, 2014년 11월 18일자.

5 '지구심의회'는 해당 지구심의회가 설치된 지방검찰청의 차장검사를 위원장으로 하
고, 해당 지방검찰청 소속 공무원, 법관 및 의사 중에서 법무부장관이 임명하거나 위
촉하는 위원 4명으로 구성된다(범죄피해자 보호법 시행령 제27조). 한편 '본부심의회'의
위원장은 법무부차관이 되고, 위원은 법무부 소속 공무원, 법관, 변호사, 의사 및 범죄
피해 구조업무에 관한 경험과 식견을 갖춘 사람 중에서 법무부장관이 6명을 임명하
거나 위촉하되, 법무부 소속 공무원, 법관, 변호사 및 의사 각 1명이 포함되어야 한다
(동시행령 제35조 제1항 및 제2항).

6 〈쿠기뉴스〉, 2009년 10월 13일자.

7 〈세계일보〉, 2008년 12월 18일자 참조.

8 〈서울경제〉, 2014년 11월 17일자 참조.

열사

1 나이토 치즈코(內藤 千珠子), 《암살이라는 스캔들》, 고영란 등역, 2011, 278면.

2 헤르베르트 마르쿠제, 《에로스와 문명》, 김인환 역, 1996, 231면.

3 마르쿠제, 위의 책, 189면.

4 지그문트 바우만/카를로 보르도니, 《위기의 국가 : 우리가 목도한 국가 없는 시대를 말하다》, 안규남 역, 2014, 47면.

5 모신 하미드, 《주저하는 근본주의자》, 왕은철 역, 2012, 66~67면.

6 하미드, 위의 책, 160면.

7 Robert A. Pape, 《Dying to Win: The Strategic Logic of Suicide Terrorism》, 2005, 4~6면 참조.

8 찰스 타운센드, 《테러리즘, 누군가의 해방 투쟁》, 심승우 역, 2010, 9면.

9 타운센드, 위의 책, 11면.

10 발터 벤야민, 〈폭력의 비판을 위하여〉, 자크 데리다, 《법의 힘》, 진태원 역, 2004, 164면.

11 조르조 아감벤, 《호모 사케르 : 주권권력과 벌거벗은 생명》, 박진우 역, 2008, 148면 참조.

12 지오반나 보라도리, 《테러 시대의 철학 : 하버마스, 데리다와의 대화》, 손철성 외 역, 2004, 110~111면.

13 보라도리, 위의 책, 125면.

14 보라도리, 위의 책, 271면.

15 톰 빙험(Tom Bingham), 《법의 지배 : 법의 탄생에서 테러리즘까지, 법치주의의 모든 것》, 김기창 역, 2013, 11장 참조.

16 대법원 1966. 3. 5. 66도63; 1984. 6. 12. 84도683; 1992. 12. 22. 92도2540; 2005. 9. 30. 2005도3940; 2007. 4. 26. 2007도1794 판결: "정당방위가 성립하려면 침해행위에 의하여 침해되는 법익의 종류, 정도, 침해의 방법, 침해행위의 완급과 방위행위에 의하여 침해될 법익의 종류, 정도 등 일체의 구체적 사정을 참작하여 방위행위가 사회적으로 상당한 것이었다고 인정할 수 있는 것이어야 한다."

의문사

---

1   수상 연설문은 노벨상위원회의 웹사이트(www.nobelprize.org) 참조.

2   장준하 사건에 대한 의문사 진상규명 위원회의 조사과정에 대해서는 이 위원회의 조사관으로 활동하면서 장준하 사건을 조사한 고상만, 《장준하, 묻지 못한 진실》, 2012, 참조.

3   장준하의 유골과 관련된 의혹에 대해서는 〈SBS 그것이 알고 싶다〉 860회(2012년 9월 1일 방영) '유골은 무엇을 말하는가 – 장준하, 그 죽음의 미스터리' 편 참조.

4   '의문사 진상규명 위원회'는 위원장 1인과 상임위원 2인을 포함한 9인의 위원으로 구성되었는데 위원은 ① 판사·검사·군법무관 또는 변호사의 직에 10년 이상 재직한 자, ② 공인된 대학에서 부교수 이상의 직에 8년 이상 재직한 자, ③ 법의학을 전공한 자로서 관련 업무에 10년 이상 종사한 자, ④ 3급 이상 공무원의 직에 5년 이상 있거나 있었던 자 가운데 국회의 동의를 얻어 대통령이 임명하며, 위원장은 위원 중에서 대통령이 임명하였다.

5   ① 진정이 의문사 진상규명 위원회의 조사대상에 속하지 아니하는 경우, ② 진정의 내용이 그 자체로서 명백히 허위이거나 이유없다고 인정되는 경우에는 진정이 각하되었다.

6   의문사위원회가 조사한 사건에 대한 상세한 분석은 박래군, 〈의문사진상규명 활동의 한계와 전망 –1기 의문사 진상규명 위원회 활동 평가–〉, 민주법학(민주주의법학연구회), 제24호, 2003, 79면 이하 참조.

7   의문사위원회의 활동에 대한 자세한 소개는 이철호, 〈과거청산 특별입법과 특별기구 –의문사 진상규명 위원회와 민주화보상관련자명예회복및보상심의위원회를 중심으로–〉, 헌법학연구(한국헌법학회), 제9권 제2호, 2003, 159면 이하 참조.

8   '진실·화해를 위한 과거사정리위원회'는 상임위원 4인을 포함한 15인의 위원으로 구성되었는데 위원은 ① 공인된 대학에서 전임교수 이상의 직에 10년 이상 재직한 자, ② 판사·검사·군법무관 또는 변호사의 직에 10년 이상 재직한 자, ③ 3급 이상 공무원으로서 공무원의 직에 10년 이상 재직한 자, ④ 성직자 또는 역사고증·사료편찬 등의 연구활동에 10년 이상 종사한 자 가운데 어느 하나에 해당하는 자 중에서 국회가 선출하는 8인(상임위원 2인을 포함), 대통령이 지명하는 4인(상임위원 2인을 포함), 대법원장이 지명하는 3인을 대통령이 임명하였다.

9   과거사위원회가 각하할 수 있는 사유로는 ① 진실규명 신청이 위원회의 진실규명 조사대상에 해당하지 아니한 경우, ② 진실규명 신청 내용이 그 자체로서 명백히 허위이거나 이유 없다고 인정되는 경우, ③ 위원회가 각하한 신청과 동일한 사실에 관하여 다시 신청한 경우(신청인이 종전의 신청에서 제출하지 아니한 중대한 소명자료를 갖춘 경우에는 예외)가 있다(과거사정리법 제21조 제1항).

10 박주상/문재태/김태곤, 〈군내 의문사 발생현황 및 개선방안에 관한 연구〉, 한국범죄심리연구(한국범죄심리학회), 제5권 제1호, 2009, 76면 참조.

11 윤민재, 〈한국사회의 군대문화와 군자살사고에 대한 사회학적 고찰〉, 《담론21》, 제11권 제1호, 2008, 172면 참조.

12 군의문사위원회는 위원장 1인과 상임위원 1인을 포함한 7인의 위원으로 구성되는데 위원은 ① 판사 · 검사 · 군법무관 또는 변호사의 직에 10년 이상 있었던 사람, ② 공인된 대학에서 8년 이상 전임 경력이 있는 사람으로 부교수 이상의 직위에 있는 사람, ③ 법의학을 전공한 자로서 관련 업무에 5년 이상 종사한 사람, ④ 3급 이상 공무원의 직에 5년 이상 있었던 사람, ⑤ 성직자로 10년 이상 종사한 사람 가운데 어느 하나에 해당하는 사람 중에서 대통령이 임명하였다(군의문사법 제5조 제1항 및 제2항).

13 군의문사법에 따른 각하사유로는 ① 진정이 위원회의 조사대상에 속하지 아니하는 경우, ② 진정의 내용이 그 자체로서 명백히 거짓이거나 이유가 없다고 인정되는 경우, ③ 위원회가 각하한 진정의 내용과 같은 사실에 관하여 다시 진정한 경우(진정인이 종전의 진정에서 제출하지 아니한 중대한 소명자료를 갖춘 경우에는 예외), ④ 진정의 내용과 같은 사실에 관하여 「진실 · 화해를 위한 과거사정리 기본법」 제22조 제1항 또는 동법 부칙 제3조의 규정에 따라 과거사위원회가 조사개시결정을 한 경우가 있다(군의문사법 제17조 제1항).

14 거창양민학살사건의 자세한 내용은 도경옥, 거창양민학살사건의 국제형사법적 분석, 《서울국제법연구》(서울국제법연구원), 제10권 제1호, 2003, 88면 이하 참조. 그밖에도 거창양민학살사건을 다룬 영화로 〈청야〉(2013)가 있다.

15 거창사건법의 문제점과 대안에 대해서는 한인섭, 거창양민학살사건의 법적 해결 -관련법의 개정방안을 중심으로-, 《서울대학교 법학》(서울대학교 법학연구소), 제42권 제4호, 2001, 188면 이하 참조.

16 헌법은 '고문받지 않을 권리'를 보장하고 있고(헌법 제12조 제2항), 고문으로 인해 강요된 자백의 증거능력을 부인할 뿐만 아니라 자백이 유일한 증거일 때 유죄를 인정하지 않음으로써(헌법 제12조 제6항) 자백과 고문에 의존하는 이 같은 수사관행에 제동을 걸고 있다.

사형

1 헤겔, 《법철학》, 임석진 역, 2008, 211면.

2 사형선고의 인종적 불평등에 관해서는 David C. Baldus/Catherine M. Grosso/George Woodworth/Richard Newell, Racial Discrimination in the Administration of the Death Penalty: the Experience of the United States

Armed Forces (1984-2005), The Journal of Criminal Law & Criminology, Vol. 191 No. 4 (2012), 1227면 이하 참조.

3 〈한겨레〉, 2014년 10월 27일자 참조.

4 프리든 사혜브잠, 《The Stoning of Soraya M.: A Story of Injustice in Iran》, Richard Seaver 영역, 2011.

5 공지영, 《우리들의 행복한 시간》, 2005, 243면.

6 Jean Améry, 《At the Mind's Limits: Contemplations by a Survivor on Auschwitz and Its Realities, Sidney Rosenfeld/Stella P. Rosenfeld 영역, 1980, 64/70/72면, 조르조 아감벤, 《아우슈비츠의 남은 자들》, 정문영 역, 2012, 151면에서 재인용.

7 하인리히 폰 클라이스트, 〈버려진 아이〉, 같은 이, 《버려진 아이 외》, 진일상 역, 2005, 273면.

8 발터 벤야민, 〈폭력의 비판을 위하여〉, 자크 데리다, 《법의 힘》, 진태원 역, 2004, 150면.

9 조르조 아감벤, 《호모 사케르 : 주권권력과 벌거벗은 생명》, 박진우 역, 2008, 96면.

10 대법원 2001. 3. 9. 선고 2000도5736 판결.

11 대법원 2002. 2. 8. 선고 2001도6425 판결 참조.

12 〈세계일보〉, 2014년 11월 27일자.

13 헌법재판소 1996. 11. 28. 선고 95헌바1 결정 및 2010. 2. 25. 선고 2008헌가23 결정 참조.

14 헌법재판소 2010. 2. 25. 선고 2008헌가23 결정.

15 〈동아일보〉, 2012년 8월 21일자.

16 〈문화일보〉, 2014년 9월 16일자.

17 베르너 폭스, 〈지배와 폭력〉, 김광윤 역, 《죽음의 철학》, 1986, 203면.

장례

1 박완서, 〈부처님 근처〉, 같은 이, 《부끄러움을 가르칩니다》, 2006, 110~111면.

2 이청준, 《축제》, 1996, 184~193면.

3 장제급여는 수급자가 사망한 경우에 사체의 검안(檢案)·운반·화장 또는 매장, 그 밖의 장제조치를 하는 것을 내용으로 하고, 실제로 장제를 실시하는 사람에게 장제에 필요한 비용을 지급하는 것으로 하되, 그 비용을 지급할 수 없거나 비용을 지급하는

것이 적당하지 않다고 인정하는 경우에는 물품으로 지급할 수도 있다(국민기초생활보장법 제14조).

4   조르조 아감벤,《아우슈비츠의 남은 자들》, 정문영 역, 2012, 122면 참조.

5   T. S. 엘리엇,《T. S. 엘리엇 전집 : 시와 시극》, 이창배 역, 1988, 64~65면.

6   도스토옙스키,《카라마조프의 형제들》, 채수동 역, 제2판, 2007, 523~524면.

7   화장한 유골은 분골하여 함에 담아 매장할 수도 있고, 봉안시설에 안치할 수도 있으며 흙과 섞어 산에 뿌릴 수도 있으므로 엄격히 말하면 매장과 화장이 대비되는 개념은 아니다.

8   소포클레스, 〈안티고네〉, 같은 이,《오이디푸스 왕》, 강세운/신윤철 역, 2005, 158~159면.

9   〈동아일보〉, 2013년 3월 28일자.

10 시마다 히로미,《사람은 홀로 죽는다》, 이소담 역, 2011, 177면.

11 헌법재판소 2009. 7. 30. 선고 2008헌가2 결정.

12 필립 아리에스,《죽음 앞의 인간》, 고선일 역, 2004, 1000~1001면.

13 필립 아리에스, 위의 책, 1002면.

14 필립 아리에스, 위의 책, 1011면.

15 헌법재판소 2009. 7. 30. 선고 2008헌가2 결정.

16 〈포브스〉, 2014년 5월 16일자, 'Europe's 'Right To Be Forgotten' Clashes With U.S. Right To Know' 참조.

[표1] 사망자수 및 조사망률 추이

(단위:명)

연도	사망자수			조사망률(인구 10만 명당)			사망률 성비 (남/여)	1일 평균 사망자수
	전체	남성	여성	전체	남성	여성		
2000	246,163	136,486	109,677	517.9	571.9	463.3	1.23	673
2001	241,521	134,058	107,463	504.5	557.8	450.7	1.24	662
2002	245,317	134,742	110,575	509.7	557.9	461.2	1.21	672
2003	244,506	134,887	109,619	506.1	556.6	455.4	1.22	670
2004	244,217	135,218	108,999	503.7	556.1	451.0	1.23	667
2005	243,883	134,382	109,501	501.0	550.5	451.1	1.22	668
2006	242,266	133,725	108,541	495.6	545.7	445.2	1.23	664
2007	244,874	134,922	109,952	498.4	547.9	448.7	1.22	671
2008	246,113	136,932	109,181	498.2	553.1	443.0	1.25	672
2009	246,942	137,735	109,207	497.3	553.7	440.7	1.26	677
2010	255,405	142,358	113,047	512.0	570.0	454.0	1.26	700
2011	257,396	143,250	114,146	513.6	571.1	456.0	1.25	705
2012	267,221	147,372	119,849	530.8	585.1	476.4	1.23	730
2013	266,257	146,599	119,658	526.6	579.8	473.4	1.22	729

자료 : 통계청, 〈사망원인통계〉

[표2] 사망원인 및 사망원인 순위

(단위:인구 10만명당 명)

사망원인	2004	2005	2006	2007	2008	2009	2010	2011	2012	2013
전체	503.7	501	495.6	498.4	498.2	497.3	512	513.6	530.8	526.6
악성신생물(암)	134.2	135.3	135.8	139.1	141.4	142.5	146.6	145	149	149
내분비/대사성 질환	25.5	25.5	25	24.3	22.4	21.3	22.3	23.4	24.9	23.4
순환기계통 질환	119.9	115.6	114.7	117.2	112.3	109.2	112.5	113.5	117.1	113.1
호흡기계통 질환	29.2	29.2	29.1	30.3	32.4	34.3	37.1	39.8	45.2	44.5
소화기계통 질환	24.9	23	21.8	21.9	21.8	21.5	22.2	22.2	22.4	22.1
사망의 외부요인	62.9	63.4	60.4	61.3	61.7	65.8	65.4	64.7	61.9	61.3

자료 : 통계청, 〈사망원인통계〉

[가족관계의 등록 등에 관한 법률]

제9조(가족관계등록부의 작성 및 기록사항) ① 가족관계등록부(이하 "등록부"라 한다)는 전산정
보처리조직에 의하여 입력·처리된 가족관계 등록사항(이하 "등록사항"이라 한다)에 관한
전산정보자료를 제10조의 등록기준지에 따라 개인별로 구분하여 작성한다.

② 등록부에는 다음 사항을 기록하여야 한다.

1. 등록기준지

2. 성명·본·성별·출생연월일 및 주민등록번호

3. 출생·혼인·사망 등 가족관계의 발생 및 변동에 관한 사항

4. 가족으로 기록할 자가 대한민국 국민이 아닌 사람(이하 "외국인"이라 한다)인 경우에는
성명·성별·출생연월일·국적 및 외국인등록번호(외국인등록을 하지 아니한 외국인의 경우
에는 대법원규칙으로 정하는 바에 따른 국내거소신고번호 등을 말한다. 이하 같다)

5. 그 밖에 가족관계에 관한 사항으로서 대법원규칙으로 정하는 사항

제84조(사망신고와 그 기재사항) ① 사망의 신고는 제85조에 규정한 사람이 사망의 사실을
안 날부터 1개월 이내에 진단서 또는 검안서를 첨부하여 하여야 한다.

② 신고서에는 다음 사항을 기재하여야 한다.

1. 사망자의 성명, 성별, 등록기준지 및 주민등록번호

2. 사망의 연월일시 및 장소

③ 부득이한 사정으로 인하여 진단서나 검안서를 얻을 수 없는 때에는 사망의 사실을 증
명할 만한 서면으로써 이에 갈음할 수 있다. 이 경우 신고서에 그 진단서 또는 검안서를
얻지 못한 사유를 기재하여야 한다.

제85조(사망신고의무자) ① 사망의 신고는 동거하는 친족이 하여야 한다.

② 친족·동거자 또는 사망장소를 관리하는 사람, 사망장소의 동장 또는 통·이장도 사망
의 신고를 할 수 있다.

제86조(사망신고의 장소) 사망의 신고는 사망지·매장지 또는 화장지에서 할 수 있다. 다
만, 사망지가 분명하지 아니한 때에는 사체가 처음 발견된 곳에서, 기차나 그 밖의 교통기
관 안에서 사망이 있었을 때에는 그 사체를 교통기관에서 내린 곳에서, 항해일지를 비치
하지 아니한 선박 안에서 사망한 때에는 그 선박이 최초로 입항한 곳에서 할 수 있다.

제87조(재난 등으로 인한 사망) 수해, 화재나 그 밖의 재난으로 인하여 사망한 사람이 있는
경우에는 이를 조사한 관공서는 지체 없이 사망지의 시·읍·면의 장에게 통보하여야 한
다. 다만, 외국에서 사망한 때에는 사망자의 등록기준지의 시·읍·면의 장에게 통보하여
야 한다.

제88조(사형, 재소 중 사망) ① 사형의 집행이 있는 때에는 교도소장은 지체 없이 교도소 소
재지의 시·읍·면의 장에게 사망의 통보를 하여야 한다.

② 제1항은 재소 중 사망한 사람의 사체를 찾아갈 사람이 없는 경우에 준용한다. 이 경우
통보서에 진단서 또는 검안서를 첨부하여야 한다.

[사망신고서]

[양식 제19호]

사 망 신 고 서
(년   월   일)

※ 뒷면의 작성방법을 읽고 기재하시되 선택항목은 해당번호에 "○"으로 표시하여 주시기 바랍니다.

<table>
<tr><td rowspan="9">①
사
망
자</td><td rowspan="2">성명</td><td>한글</td><td colspan="2"></td><td>성 별</td><td>주민등록
번 호</td><td colspan="2">-</td></tr>
<tr><td>한자</td><td colspan="2"></td><td>①남 ②여</td><td></td><td colspan="2"></td></tr>
<tr><td colspan="2">등록기준지</td><td colspan="5"></td></tr>
<tr><td colspan="2">주소</td><td colspan="3"></td><td>세대주·관계</td><td colspan="2">의</td></tr>
<tr><td colspan="2">사망일시</td><td colspan="5">년   월   일   시   분(사망지 시각: 24시각제로 기재)</td></tr>
<tr><td rowspan="2">사망장소</td><td>장소</td><td colspan="5">시(도)   구(군)   동(읍,면)   리   번지</td></tr>
<tr><td>구분</td><td colspan="5">①주택내   ②의료기관   ③시설기관(양로원, 고아원 등)   ④산업장
⑤ D.O.A(병원 이송 중 사망)   ⑥공로(도로,차도)   ⑦기타(   )</td></tr>
</table>

②기타사항

<table>
<tr><td rowspan="3">③
신
고
인</td><td>성명</td><td colspan="2">㉑ 또는 서명</td><td>주민등록번호</td><td colspan="2">-</td></tr>
<tr><td>자격</td><td colspan="5">①동거친족 ②비동거친족 ③동거자 ④기타(자격 :   )</td></tr>
<tr><td>주소</td><td colspan="2"></td><td>전화</td><td>이메일</td><td></td></tr>
<tr><td>④제출인</td><td>성 명</td><td colspan="2"></td><td>주민등록번호</td><td colspan="2"></td></tr>
</table>

358

※ 다음은 국가의 인구정책 수립에 필요한 자료로「통계법」제32조 및 제33조에 의하여 성실응답 의무가 있으며 개인의 비밀사항이 철저히 보호되므로 사실대로 기입하여 주시기 바랍니다.

<table>
<tr><td rowspan="4">⑤
사
망
종
류</td><td rowspan="4">①병사
②사고사⇒
③기타</td><td rowspan="4">⑥
사
고</td><td>종류</td><td colspan="2">①교통사고 ②자살 ③추락사고 ④익사사고 ⑤타살 ⑥기타(   )</td></tr>
<tr><td>발생
지역</td><td colspan="2">①현주소지와 같은 시군구 ②다른 시군구(시도,   시군구)
③기타</td></tr>
<tr><td>발생
장소</td><td colspan="2">①주택 ②공공장소(학교, 병원 등) ③도로 ④상업·서비스시설(상점, 호텔 등)
⑤산업건설현장 ⑥농장(논밭, 축사, 양식장 등)⑦기타(   )</td></tr>
</table>

<table>
<tr><td rowspan="5">⑦
사
망
원
인</td><td>㉮</td><td>직접 사인</td><td></td><td>⇒</td><td rowspan="4">발병부터
사망까지
기간</td></tr>
<tr><td>㉯</td><td>㉮의 원인</td><td></td><td>⇒</td></tr>
<tr><td>㉰</td><td>㉯의 원인</td><td></td><td>⇒</td></tr>
<tr><td>㉱</td><td>㉰의 원인</td><td></td><td>⇒</td></tr>
<tr><td colspan="3">기타의 신체상황</td><td colspan="2">진단자 ①의사 ②한의사 ③기타</td></tr>
</table>

<table>
<tr><td rowspan="4">⑧
사
망
자</td><td>국적</td><td>①한국인 ②귀화한 한국인(이전국적:)</td></tr>
<tr><td>최종 졸업학교</td><td>①무학 ②초등학교 ③중학교 ④고등학교 ⑤대학(교) ⑥대학원이상</td></tr>
<tr><td>발병(사고)당시 직업</td><td>혼인상태 ①미혼 ②배우자 있음③이혼④사별</td></tr>
</table>

※ 아래사항은 신고인이 기재하지 않습니다.

<table>
<tr><td>읍면동접수</td><td>가족관계등록관서 송부</td><td>가족관계등록관서 접수 및 처리</td></tr>
<tr><td></td><td>년   월   일(인)</td><td></td></tr>
</table>

[민법]

제1066조(자필증서에 의한 유언) ① 자필증서에 의한 유언은 유언자가 그 전문과 연월일, 주소, 성명을 자서하고 날인하여야 한다.

② 전항의 증서에 문자의 삽입, 삭제 또는 변경을 함에는 유언자가 이를 자서하고 날인하여야 한다.

제1067조(녹음에 의한 유언) 녹음에 의한 유언은 유언자가 유언의 취지, 그 성명과 연월일을 구술하고 이에 참여한 증인이 유언의 정확함과 그 성명을 구술하여야 한다.

제1068조(공정증서에 의한 유언) 공정증서에 의한 유언은 유언자가 증인 2인이 참여한 공증인의 면전에서 유언의 취지를 구수하고 공증인이 이를 필기낭독하여 유언자와 증인이 그 정확함을 승인한 후 각자 서명 또는 기명날인하여야 한다.

제1069조(비밀증서에 의한 유언) ① 비밀증서에 의한 유언은 유언자가 필자의 성명을 기입한 증서를 엄봉날인하고 이를 2인 이상의 증인의 면전에 제출하여 자기의 유언서임을 표시한 후 그 봉서표면에 제출연월일을 기재하고 유언자와 증인이 각자 서명 또는 기명날인하여야 한다.

② 전항의 방식에 의한 유언봉서는 그 표면에 기재된 날로부터 5일 내에 공증인 또는 법원서기에게 제출하여 그 봉인 상에 확정일자인을 받아야 한다.

제1070조(구수증서에 의한 유언) ① 구수증서에 의한 유언은 질병 기타 급박한 사유로 인하여 전4조의 방식에 의할 수 없는 경우에 유언자가 2인 이상의 증인의 참여로 그 1인에게 유언의 취지를 구수하고 그 구수를 받은 자가 이를 필기낭독하여 유언자의 증인이 그 정확함을 승인한 후 각자 서명 또는 기명날인하여야 한다.

② 전항의 방식에 의한 유언은 그 증인 또는 이해관계인이 급박한 사유의 종료한 날로부터 7일 내에 법원에 그 검인을 신청하여야 한다.

③ 제1063조 제2항의 규정은 구수증서에 의한 유언에 적용하지 아니한다.

제1091조(유언증서, 녹음의 검인) ① 유언의 증서나 녹음을 보관한 자 또는 이를 발견한 자는 유언자의 사망 후 지체 없이 법원에 제출하여 그 검인을 청구하여야 한다.

② 전항의 규정은 공정증서나 구수증서에 의한 유언에 적용하지 아니한다.

제1092조(유언증서의 개봉) 법원이 봉인된 유언증서를 개봉할 때에는 유언자의 상속인, 그 대리인 기타 이해관계인의 참여가 있어야 한다.

제1093조(유언집행자의 지정) 유언자는 유언으로 유언집행자를 지정할 수 있고 그 지정을 제삼자에게 위탁할 수 있다.

제1095조(지정유언집행자가 없는 경우) 전2조의 규정에 의하여 지정된 유언집행자가 없는 때에는 상속인이 유언집행자가 된다.

제1096조(법원에 의한 유언집행자의 선임) ① 유언집행자가 없거나 사망, 결격 기타 사유로 인하여 없게 된 때에는 법원은 이해관계인의 청구에 의하여 유언집행자를 선임하여야 한다.

② 법원이 유언집행자를 선임한 경우에는 그 임무에 관하여 필요한 처분을 명할 수 있다.

[표3] 외부요인에 의한 사망자수 및 사망률 추이

(단위:명)

		사망자수	사망률(인구 10만 명당)							
			사망률	운수 사고	추락 사고	익사 사고	화재 사고	중독 사고	자살	타살
전체	2006	29,504	60.4	15.9	7.0	1.5	0.8	0.6	21.8	1.6
	2007	30,137	61.3	15.5	6.1	1.5	0.6	0.4	24.8	1.4
	2008	30,475	61.7	14.7	5.0	1.4	0.6	0.5	26.0	1.4
	2009	32,661	65.8	14.4	4.3	1.2	0.5	0.4	31.0	1.4
	2010	32,644	65.5	13.7	4.3	1.3	0.6	0.4	31.2	1.3
	2011	32,445	64.7	12.6	4.3	1.3	0.5	0.4	31.7	1.1
	2012	31,153	61.9	12.9	4.2	1.4	0.6	0.6	28.1	1.1
	2013	30,623	61.3	11.9	4.6	1.2	0.6	0.5	28.5	1.1
남성	2006	19,987	81.6	23.3	8.4	2.4	1.0	0.8	29.5	1.6
	2007	20,076	81.5	22.8	7.8	2.3	0.9	0.7	31.5	1.5
	2008	20,401	82.4	21.8	6.7	2.3	0.9	0.7	33.4	1.5
	2009	21,866	87.9	21.3	6.3	1.9	0.7	0.6	39.9	1.4
	2010	22,158	88.7	20.1	6.5	2.0	0.8	0.7	41.4	1.4
	2011	22,254	88.7	18.7	6.4	2.0	0.7	0.6	43.3	1.2
	2012	21,108	83.8	19.0	6.3	2.3	0.9	0.8	38.2	1.2
	2013	20,908	83.6	17.4	7.0	1.9	0.8	0.7	39.8	1.2
여성	2006	9,517	39.0	8.5	5.6	0.7	0.6	0.4	14.1	1.6
	2007	10,061	41.1	8.1	4.4	0.6	0.4	0.2	18.1	1.4
	2008	10,074	40.9	7.7	3.3	0.5	0.4	0.2	18.7	1.3
	2009	10,795	43.6	7.5	2.4	0.4	0.2	0.2	22.1	1.3
	2010	10,486	42.1	7.3	2.0	0.6	0.3	0.2	21.0	1.1
	2011	10,191	40.7	6.5	2.1	0.6	0.3	0.2	20.1	1.0
	2012	10,045	39.9	6.8	2.1	0.6	0.4	0.3	18.0	1.0
	2013	9,715	39.1	6.4	2.3	0.5	0.4	0.3	17.3	1.0

1) 운수사고는 사람이나 화물을 운반하기 위한 기계장치와 관련된 사고를 의미하며 육상, 수상, 항공의 교통 및 비교통 사고(논밭의 트랙터 사고 등)를 포함.
2) 추락사고는 미끄러지거나 넘어지는 사고를 포함.

자료 : 통계청, 〈사망원인통계〉

[검시조서]

검 시 조 서

. . . 00:00 ○○○○검찰청 검사 ○○○의 명에 의하여 사법경찰관 ○○ ○○○는 (은) 사법경찰리 ○○ ○○○를(을) 참여하게 하고 다음의 변사자에 대하여 이를 검시하다.

변사자	성 명		성 별		연 령	세
	직 업		국 적			
	등록기준지					
	주 거					
변 사 장 소						
검 시 장 소						
사체의 모양 및 상 황						
변 사 연 월 일						
사 인						
발 견 일 시						
발 견 자						
의사의 검안 및 관계자의 진술						
소 지 금 품 및 유 류 품						
사체 및 휴대품의 처 리						
참 여 인						
의 견						

이 검시는 . . . 00:00에 시작하여 . . . 00:00에 끝나다.

. . . .

○○○○경찰서

사법경찰관
○○ ○○○ (인)
사법경찰리
○○ ○○○ (인)

[행정검시조서]

<table>
<tr><td colspan="4" align="center">행 정 검 시 조 서</td></tr>
<tr><td colspan="4">20　.　.　.　경찰서장의 명에 따라　　　　지구대·파출소장　　　은
　　　　을 참여하게 하고 다음의 사체에 대하여 행정검시하다.</td></tr>
<tr><td rowspan="3">사
망
자</td><td>(1) 성명</td><td></td><td>(2) 주민등록번
호</td></tr>
<tr><td>(3) 주거</td><td colspan="2"></td></tr>
<tr><td>(4) 등록기준지</td><td colspan="2"></td></tr>
<tr><td rowspan="2">사
망</td><td>(5) 일시</td><td colspan="2"></td></tr>
<tr><td>(6) 장소</td><td colspan="2"></td></tr>
<tr><td colspan="2">(7) 사체의 모양 및 상황</td><td colspan="2"></td></tr>
<tr><td colspan="2">(8) 사　　　　　　인</td><td colspan="2"></td></tr>
<tr><td colspan="2">(9) 검　시　장　소</td><td colspan="2"></td></tr>
<tr><td colspan="2">(10) 발견일시 및 발견
자</td><td colspan="2"></td></tr>
<tr><td colspan="2">(11) 의사의　검안　및
　　관계인의 진술</td><td colspan="2"></td></tr>
<tr><td colspan="2">(12) 소지금품 및 처리</td><td colspan="2"></td></tr>
<tr><td colspan="2">(13) 참　　여　　인</td><td colspan="2"></td></tr>
<tr><td colspan="2">(14) 의　　　　　견</td><td colspan="2"></td></tr>
<tr><td colspan="4" align="center">이 검사는 20　.　.　.에 시작 20　.　.　.에 끝나다.

20　.　.　.

지구대·파출소장　　　　(인)</td></tr>
</table>

[시체 해부 및 보존에 관한 법률]

제2조(시체의 해부)

시체를 해부할 수 있는 경우는 다음 각 호의 어느 하나에 해당하는 경우로 한다.

1. 의과대학(치과대학과 한의과대학을 포함한다. 이하 같다)의 해부학 · 병리학 또는 법의학을 전공한 교수 · 부교수 또는 조교수가 직접 해부하거나 의학을 전공하는 학생으로 하여금 자신의 지도하에 해부하게 하는 경우

2. 제6조에 따라 해부하는 경우

3. 「형사소송법」 제140조 또는 제173조 제1항에 따라 해부하는 경우

4. 「검역법」 제15조 제1항 제5호에 따라 해부하는 경우

5. 그 밖에 특별자치시장 · 특별자치도지사 · 시장 · 군수 · 구청장(구청장은 자치구의 구청장을 말한다. 이하 같다)이 시체 해부가 필요하다고 인정하여 시체를 해부하게 하는 경우. 이 경우 시체를 해부할 사람 등 시체 해부에 필요한 사항을 정하여야 한다.

제4조(유족의 승낙) ① 시체를 해부하려면 그 유족의 승낙을 받아야 한다. 다만, 다음 각 호의 어느 하나에 해당할 때에는 그러하지 아니하다.

1. 시체의 해부에 관하여 「민법」 제1060조에 따른 유언이 있을 때

2. 사망을 확인한 후 60일이 지나도 그 시체의 인수자가 없을 때. 다만, 사회복지시설 수용자는 제외한다.

3. 2명 이상의 의사(치과의사를 포함한다. 이하 같다)가 진료하던 환자가 사망한 경우 진료에 종사하던 의사 전원이 사인(死因)을 조사하기 위하여 특히 해부가 필요하다고 인정하고 또한 그 유족이 있는 곳을 알 수 없어 유족의 승낙 여부가 판명될 때까지 기다려서는 해부의 목적을 달성할 수 없을 때. 이 경우 다음 각 목의 어느 하나에 해당하는 사람이 해부하여야 한다.

　가. 제2조 제2호부터 제5호까지의 규정에 따라 시체를 해부한 경험이 있는 사람

　나. 의과대학의 해부학 · 병리학 또는 법의학을 전공한 교수 · 부교수 또는 조교수

4. 제2조 제2호부터 제4호까지의 규정에 따라 해부할 때

② 제1항 본문에 따른 승낙은 서면으로 하여야 한다.

③ 제1항 제2호에 따른 시체의 인수자가 있는지를 확인하기 위한 방법 · 절차 등에 관한 사항은 대통령령으로 정한다.

[사망진단서(시체검안서)]

사망진단서(시체검안서)

※ [ ]에는 해당되는 곳에 "✔" 표시를 합니다.

병록번호		연 번 호		원본 대조필인	
① 성 명				② 성 별	[ ]남[ ]여
③주민등록번호	-	④실제생년월일	년 월 일	⑤ 직 업	
⑥ 등록 기준지					
⑦ 주 소					
⑧ 발 병 일 시		년 월 일 시 분(24시각제에 따름)			
⑨ 사 망 일 시		년 월 일 시 분(24시각제에 따름)			

⑩ 사 망 장 소	주소	
	장소	[ ] 주택 [ ]의료기관 [ ] 사회복지시설(양로원, 고아원 등) [ ] 공공시설(학교, 운동장 등) [ ] 도로 [ ] 상업·서비스시설(상점, 호텔 등) [ ] 산업장 [ ] 농장(논밭, 축사, 양식장 등) [ ] 병원 이송 중 사망 [ ] 기타( )

⑪ 사망의 원인	(가)	직접 사인		발병부터
※(나)(다)(라) 에는 (가)와 직접 의학적 인과관계가 명확한 것만을 적습니다	(나)	(가)의 원인		사망까지의
	(다)	(나)의 원인		기간
	(라)	(다)의 원인		
	(가)부터 (라)까지와 관계없는 그 밖의 신체상황			
	수술의사의 주요소견		수술 연월일	년 월 일
	해부의사의 주요소견			

⑫ 사망의 종류		[ ]병사 [ ]외인사 [ ]기타 및 불상				
⑬ 외인사 사항	사고 종류	[ ] 운수(교통) [ ] 중독 [ ] 추락 [ ] 익사 [ ] 화재 [ ] 기타( )		의도성 여 부	[ ] 비의도적 사고 [ ] 자살 [ ] 타살 [ ] 미상	
	사고발생 일시	년 월 일 시 분(24시각제에 따름)				
	사고발생 장소	주소				
		장소	[ ] 주택 [ ]의료기관 [ ] 사회복지시설(양로원, 고아원 등) [ ] 공공시설(학교, 운동장 등) [ ] 도로 [ ] 상업·서비스시설(상점, 호텔 등) [ ] 산업장 [ ] 농장(논밭, 축사, 양식장 등) [ ] 기타( )			

위와 같이 진단(검안)함

년   월   일

의료기관 명칭 :
　　　　주소 :

의사, 치과의사, 한의사 면허번호 제   호

　　　　　　　　　　　　　　성 명:　　　　　　　　　(서명 또는 인)

유 의 사 항

　사망신고는 1개월 이내에 관할 구청·시청·읍·면·동사무소에 신고하여야 하며, 지연신고 및 미신고시 과태료가 부과됩니다.

[표4] 범죄로 인한 사망자수 현황

(단위:명)

	2004	2005	2006	2007	2008	2009	2010	2011	2012	2013
사망자수	1,888	1,786	1,729	1,505	1,551	1,408	538	1,056	1,860	1,559
살인	499	494	496	422	392	385	184	402	435	352
강도	67	65	69	45	31	45	22	37	18	25
강간/강제추행	4	2	7	1	10	10	2	4	13	18
방화	52	46	71	31	27	21	11	17	8	25
폭행	123	108	87	76	74	79	40	88	94	108
상해	131	123	122	82	128	89	29	91	95	95
공갈	–	–	–	–	1	–	–	–	1	–
약취/유인	–	–	–	2	2	–	–	–	–	–
체포/감금	–	4	5	3	1	–	–	2	3	3
과실치사	978	854	828	804	838	739	243	408	1,152	929
실화	20	15	28	14	9	9	–	5	4	–
유기	6	9	5	7	6	5	4	2	29	–
낙태	–	–	–	1	–	1	–	–	–	1
기타	8	5	6	11	19	10	2	–	–	–
폭처법	–	61	5	6	13	15	1	–	8	3

* 폭처법: 폭력행위 등 처벌에 관한 법률

자료: 경찰청, 〈범죄통계〉

[표5] 살인 범죄의 처벌 규정

살인죄	형법 §250 ① 사람을 살해한 자는 사형, 무기 또는 5년 이상의 징역에 처한다.
존속살해죄	형법 §250 ② 자기 또는 배우자의 직계존속을 살해한 자는 사형, 무기 또는 7년 이상의 징역에 처한다.
영아살해죄	형법 §251 직계존속이 치욕을 은폐하기 위하거나 양육할 수 없음을 예상하거나 특히 참작할 만한 동기로 인하여 분만 중 또는 분만 직후의 영아를 살해한 때에는 10년 이하의 징역에 처한다.
촉탁 · 승낙에 의한 살인죄	형법 §252 ① 사람의 촉탁 또는 승낙을 받아 그를 살해한 자는 1년 이상 10년 이하의 징역에 처한다.

[유족구조금에 대한 배수]

	유족의 수가 2명 이상인 경우	유족의 수가 1명인 경우
1. 제22조제1호	6/6	
2. 제22조제2호	6/6	5/6
3. 제22조제3호	3/6(법 제18조제1항제3호의 유족 중 구조피해자의 손자, 손녀, 조부모 및 형제자매의 경우에는 1/6)	

비고
1. 구조피해자의 수입으로 생계를 유지하고 있는 구조피해자의 자녀, 손자, 손년, 형제자매는 각각 19세 미만인 사람으로 한정하고, 구조피해자의 수입으로 생계를 유지하고 있는 구조피해자의 부모, 조부모는 각각 60세 이상인 사람으로 한정한다.
2. 〈장애인복지법〉 제32조에 따라 장애인으로 등록된 사람은 제1호의 연령 제한을 받지 않는다.

[집단살해범죄의 예방과 처벌에 관한 규약]

체약국은, 집단살해는 국제연합의 정신과 목적에 반하며 또한 문명세계에서 죄악으로 단정한 국제법상의 범죄라고 국제연합총회가 1946년 12월 11일부 결의 96(1)에서 행한 선언을 고려하고, 역사상의 모든 시기에서 집단살해가 인류에게 막대한 손실을 끼쳤음을 인지하고, 인류를 이와 같은 고뇌로부터 해방시키기 위하여는 국제협력이 필요함을 확신하고, 이에 하기에 규정된 바와 같이 동의한다.

제 1 조 체약국은 집단살해가 평시에 행하여졌든가 전시에 행하여졌든가를 불문하고 이것을 방지하고 처벌할 것을 약속하는 국제법상의 범죄임을 확인한다.

제 2 조 본 협약에서 집단살해라 함은 국민적, 인종적, 민족적 또는 종교적 집단을 전부 또는 일부 파괴할 의도로서 행하여진 아래의 행위를 말한다.

(a) 집단구성원을 살해하는 것

(b) 집단구성원에 대하여 중대한 육체적 또는 정신적인 위해를 가하는 것

(c) 전부 또는 부분적으로 육체적 파괴를 초래할 목적으로 의도된 생활조건을 집단에게 고의로 과하는 것

(d) 집단 내에 있어서의 출생을 방지하기 위하여 의도된 조치를 과하는 것

(e) 집단의 아동을 강제적으로 타 집단에 이동시키는 것

제 3 조 다음의 제 행위는 이를 처벌한다.

(a) 집단살해

(b) 집단살해를 범하기 위한 공모

(c) 집단살해를 범하기 위한 직접 또는 공연한 교사

(d) 집단살해의 미수

(e) 집단살해의 공범

제 4 조 집단살해 또는 제3조에 열거된 기타 행위의 어떤 것이라도 이를 범하는 자는 헌법상으로 책임 있는 통치자이거나 또는 사인이거나를 불문하고 처벌한다.

제 5 조 체약국은 각자의 헌법에 따라서 본 협약의 규정을 실시하기 위하여 특히 집단살해 또는 제3조에 열거된 기타의 행위의 어떤 것에 대하여도 죄가 있는 자에 대한 유효한 형벌을 규정하기 위하여 필요한 입법을 제정할 것을 약속한다.

제 6 조 집단살해 또는 제3조에 열거된 기타 행위의 어떤 것이라도 이로 인하여 고소된 자는 행위가 그 영토 내에서 범행된 국가의 당해재판소에 의하여 또는 국제형사재판소의 관할권을 수락하는 체약국에 관하여 관할권을 가지는 동재판소에 의하여 심리된다.

제 7 조 집단살해 또는 제3조에 열거된 기타 행위는 범죄인 인도의 목적으로 정치적 범죄로 인정치 않는다. 체약국은 이러한 경우에 실시중인 법률 또는 조약에 따라서 범죄인 인도를 허가할 것을 서약한다.

제 8 조 체약국은 국제연합의 당해 기관이 집단살해 또는 제3조에 열거한 기타 행위의 어떤 것이라도 이를 방지 또는 억압하기 위하여 적당하다고 인정하는 국제연합헌장에 기한 조치를 취하도록 요구할 수 있다.

제 9 조 본 협약의 해석 적용 또는 이행에 관한 체약국간의 분쟁은 집단살해 또는 제3조에 열거된 기타 행위의 어떤 것이라도 이에 대한 국가책임에 관한 분쟁을 포함하여 분쟁 당사국 요구에 의하여 국제사법재판소에 부탁한다.

「이 도서의 국립중앙도서관 출판시도서목록(CIP)은
서지정보유통지원시스템 홈페이지(http://seoji.nl.go.kr)와
국가자료공동목록시스템(http://www.nl.go.kr/kolisnet)에서 이용하실 수 있습니다.
(CIP제어번호: CIP 2015005114)」

13가지 죽음

ⓒ 이준일

1쇄 발행 2015년 3월 16일
2쇄 발행 2015년 12월 7일

지은이 이준일
발행인 이진영
편집인 윤을식

책임편집 박은아

펴낸곳 도서출판 지식프레임
출판등록 2008년 1월 4일 제 322-2008-000004호

주소 서울시 서초구 방배동 981-32 봉황빌딩 B1
전화 (02)521-3172 ㅣ **팩스** (02)6007-1835

이메일 editor@jisikframe.com
홈페이지 http://www.jisikframe.com

ISBN 978-89-94655-36-9 (03360)